Input &Output

신림 청년 이야기

Input&Output 신림 청년 이야기

초판 1쇄 찍은 날 · 2007년 10월 25일 | 초판 1쇄 펴낸 날 · 2007년 10월 31일

지은이 · 배요한 | 펴낸이 · 김승태

편집 · 이덕희, 방현주 | 디자인 · 이훈혜, 이은희
영업 · 변미영, 장완철 | 물류 · 조용환, 엄인휘

등록번호 · 제2-1349호(1992. 3. 31.) | 펴낸 곳 · 예영커뮤니케이션
주소 · (110-616) 서울 광화문우체국 사서함 1661호 | 홈페이지 www.jeyoung.com
출판사업부 · T. (02)766-8931 F. (02)766-8934 e-mail: jeyoungedit@chol.com
출판유통사업부 · T. (02)766-7912 F. (02)766-8934 e-mail: jeyoung@chol.com
제작 예영 B&P · T. (02)2249-2506~7

copyright ⓒ 2007, 배요한

ISBN 978-89-8350-453-1 (03230)

값 9,000원

Input&Output 신림 청년 이야기

배요한 지음

예영커뮤니케이션

CONTENTS

십자가를 자랑하는 교회

그러나 내게는 우리 주 예수 그리스도의 십자가 외에 결코 자랑할 것이 없으니(갈 6:14)

오래전부터 한국교회가 위기라고 말들은 하지만, 정작 그 위기의 본질을 깨닫지 못하는 것 같다. 단언컨대 한국교회 위기의 본질은 강대상에서 선포되는 말씀의 위기이다. 십자가의 복음(롬 1:16)을 부끄러워하는 시대가 되었다. 이 땅의 수많은 종교인들(참 신앙인이 아닌 자들, 종교적 의식을 강조하는 자들)은 '십자가의 복음'을 미련하고 거리끼는(역겨운) 것(고전 1:23)으로 여긴다. 그래서 복음을 고상하게(?) 만들어 버렸다. 피비린내나는 보혈의 복음을 세상의 온갖 조미료를 첨가하여 혼합물로 만들어 버렸고, 생명의 복음을 고상한 헬라 철학으로 코팅해 버렸다. 철학이나 세상의 온갖 이데올로기로 코팅된 복음에는 더 이상 생명이 없다.

이 땅의 진정한 부흥은 화려한 미국의 헐리우드에서 찾을 것이 아니라, 초라한 예루살렘의 갈보리에서 찾아야 한다. 고상한 헬라 철학에서가 아니라,

생명의 십자가에서 찾아야 한다. 사람이 북적이는 광장에서 찾을 것이 아니라, 오직 십자가에 외에는 아무것도 없는 갈보리 언덕에서 찾아야 한다. 그런데 지금 이 땅의 몸 된 교회는 엉뚱한 데서 부흥을 찾고 있다. 이는 곧 청년의 위기로 이어진다. 장년들은 어떠한 경우에도 교회를 지키려 노력하지만 민감한 청년들은 교회를 떠나고 있다. 그래서 대부분의 한국 교회 지도자들은 이들을 프로그램(문화, 체육, 축제 등)으로 다시 끌어들이려고 한다. 그러나 진정한 부흥은 체계적인 프로그램을 통해 오는 것이 아니라, 십자가의 말씀을 통해서 온다고 확신한다. 이것은 어떤 새로운 혁신적인 프로그램을 추구하는 것이 아니라, 가장 기본적인 십자가의 말씀, 보혈의 복음으로 돌아가는 것이다. 이것이 진정한 회복이며, 진정한 부흥이다.

신림청년교회는 바로 십자가의 말씀만을 자랑하는 교회이다. 필자가 아는 서울의 어느 대형교회(주일 장년출석 6,000여 명)도 청년예배 출석이 300여 명 안팎인데 비해, 매주일 청장년 출석이 1,200여 명에 이르는 그리 크지 않은 신림교회에서 청년 출석 수는 매주 450~500여 명이다. 이는 단지 신림동(고시촌, 서울대)이라는 특수한 환경 때문이 아니라, 가장 기본적이면서도 본질적인 것, 즉 프로그램이 아니라 말씀과 십자가를 중심으로 하는 교회이기 때문이다. 그 흔한 체육시설하나 없고, 현대교회 부흥의 핵심이라고 할 수 있는 주차장 시설도 없고, 본당 시설도 열악하고, 청년에게 매력을 주는 그 어떤 고급 문화 프로그램도 없이, 오직 피 묻은 십자가의 말씀이 선포되는 곳이 신림청년교회이다.

신림청년교회는 단순히 시시각각으로 변화는 환경이나 특수한 상황에 반응하는 것이 아니라, 시대와 환경과 여건과 상황을 초월하는 생명의 말씀에 반응하고, 어떤 상황과 환경에도 적용될 수 있는 십자가의 보혈을 자랑하는 교회이다. 왜냐하면 모든 청년들도 바로 이 십자가의 보혈로 피뿌림을 받아야 하는 죄성을 가진 청년들이기 때문이다. 그렇기에 이 땅의 모든 청년들은 자신의 삶의 자리의 어떠함에 상관없이 동일하게 십자가의 주님을 만나야 하고, 그 십자가에서 흐르는 보혈로 피뿌림을 받아야 하고, 그 보혈로 샤워해야하는 자들이다. 이 십자가의 복음에 감격하며 반응하는 자들이 신림청년교회 지체들이다.

강대상에서 공공연히 "양육 받지 않고(싫어하고), 자신의 삶의 자리에서 선교사적인 삶을 살지 않고, 교회를 Tour하는 자들은 교회를 떠나라"고 호통을 치지만, 청년들은 오히려 기를 쓰고 교회로 들어온다. 그렇다고 신림교회가 외형적으로 그렇게 매력이 있는 것도 아니다. 본당에는 비라도 조금 많이 오면 여지없이 이음새 부근에 물방울이 떨어진다. 본당(청년1부 예배 장소)과 Youth Hall(청년2부 예배 장소, 2007년 5월부터는 본당으로 옮김)은 환풍과 통풍이 여의치 않다. 때문에 여름에는 온갖 땀 냄새와 화장품 냄새가 혼합되어 예배드리기가 그렇게 녹록치 않다. 겨울에는 탁한 공기와 건조함으로 인해 사람을 매우 힘들게 하는 환경을 가지고 있다. 그럼에도 불구하고 청년들이 예배드리겠다고 꾸역꾸역 모여들고 있다. 필자도 사역자이면서 예배자이기에 이렇게 열악한 환경을 찾아 예배드리러 올라오는 청년들을 보고 있으면 마음속 깊은 곳에서 감사와 감동이 밀려오곤 한다. 필자는 1997년에 전임으로 부임하여, 1999년부터 지금까지(2007년 1월) 청년부를 섬겨오고 있다.

신림교회의 청년교회를 통해서 정말로 하나님이 기뻐하시는 청년의 모습, 하나님의 기뻐하시는 청년교회의 모습이 어떤 것인지를 나누고 싶다. 신림청년교회의 가장 중요한 핵심 키워드는 십자가이며, 그 위에 예수 그리스도의 보혈이 흐르고, 그 보혈로 샤워한 청년들이 각자의 삶에서 제자로서의 삶, 선교사적인 삶을 살아가고 있다.

따라서 이 자료집에는 필자의 생각뿐만 아니라, 청년교회의 주체라 할 수 있는 청년들의 삶의 고백, 느낀 소감, 간증들을 많이 실으려고 노력했다. 사역자의 고백이나 표현보다도 살아 있는 현장의 소리를 전하는 것이 훨씬 이 책의 목적에 부합한다고 생각했기 때문이다.

그들의 삶의 자리에서 있었던 신앙의 투쟁 이야기, 실패한 자리에서 일어나서 다시 십자가를 붙드는 이야기, 진정한 소망은 말씀과 말씀이 육신이 되어 우리 가운데 거하신 주님과 그분의 보혈과 십자가에 있음을 체험한 지체들의 이야기, '자가 발전'으로 사는 것이 아니라, '자기희생'으로 사는 이야기, 주님의 십자가 앞에 영적으로 '무장해제' 당하고, 영적으로 '파산선고' 당한 이야기, 결국에는 다시 눈을 들어 십자가를 붙드는 이야기 등을 소개하고자 하였다.

신림청년교회에는 십자가와 예수 그리스도의 보혈이 선명하다. 그리고 그 십자가를 지고 따르는 제자들이 있다. 신림청년교회에 특별한 것이 있다면 세 번에 걸쳐 실시된 "말씀 수련회"라고 할 수 있을 것이다. 1998년, 2002년, 2006년에 있었던 말씀 수련회를 통해, 리더와 조원들이 오직 말씀 연구와 묵상 외에는 그 어떤 프로그램도 없었고, 이러한 세 번의 말씀 수련회를 통해 신림청년교회는 폭발적인 힘을 공급받게 되었다. 이때의 말씀의 영향력이 전체 신림청년교회를 이끌어 나가고 있다고 해도 과언이 아닐 것이다. 이 말씀 수련회를 통해서 말씀(복음)의 높이와 깊이와 넓이와 길이를 체험하게 되었다.

십자가 앞에 단순히 머물러 있는 자는 성도이지만, 그 주님의 십자가를 지고(take up) 십자가를 통과하는 자는 제자이다.

1부

'보혈' 로 숨쉬는 신림청년교회

신림교회는 대한 예수교 장로회(통합)에 속한 교회이며, 1974년 3월 17일에 창립되었다. 뒤쪽으로는 고시촌이 있고, 앞쪽으로는 서울대학교가 자리 잡고 있다. 초대 전계백 목사님의 '신림교회가 세계 선교의 전진센터가 되게 해 달라는' 기도의 열매가 조금씩 열매를 맺어가고 있다. 현재 전준식 목사가 제4대 담임으로 부임(1995년 부임)하면서 교회가 영적으로 양적으로 비약적인 부흥을 이루었다. 전준식 목사가 부임할 당시 청·장년의 출석이 400여 명 안팎이었는데, 지금(2006년 12월 현재) 주일 출석이 1,200여 명에 이르고, 특별한 것은 부임 낭시 60여 명 안팎이었던 청년부가 지금은 매 주일 출석만 500여 명에 이르고 있다는 것이다. 현재 81년생(또래)을 기준으로 Holy Passion(청년2부-어린 또래)과 Holy Mission(청년1부-윗 또래)으로 나뉘어 있다.

예루살렘 교회 vs 안디옥 교회

> 만나매 안디옥에 데리고 와서 둘이 교회에 일 년간 모여 있어
> 큰 무리를 가르쳤고 제자들이 안디옥에서 비로소 그리스도인
> 이라 일컬음을 받게 되었더라(행 11:26)

청년들의 영적 성장에 가장 큰 요인 중의 하나로 담임목사의 목회 철학을
꼽을 수 있다. 청년들에게 계속해서 도전을 주는 목회 철학이 중요하다고 생
각한다. 신림교회의 영적 리더십을 발휘하는 담임목사의 목회 철학을 한마디
로 요약하면 '양육과 선교'이다. 이 양육과 선교의 구체적인 목회의 장을 초
대교회에서 찾는다면 단연코 안디옥 교회이다(행 13장). 신림청년교회 리더

십의 목회 핵심은 초대교회 중 '선교하는 안디옥 교회'를 지향하는 목회 철학이다. 따라서 현재의 담임목사 부임 이후 교회의 모든 영역들이 선교지향적인 체질로 바뀌었으며, 지금도 진행중이다.

목회 철학의 샘플을 안디옥교회에 찾을 때 좋은 비교가 되는 것으로 초대교회 중 다른 하나인 예루살렘 교회를 들 수 있다. 한마디로 신림교회는 예루살렘 교회를 지향하는 것이 아니라, 안디옥 교회를 지향하는 교회이다. 비록 교회의 규모는 예루살렘 교회보다 작고, 재정도 예루살렘 교회보다는 부족하지만, 선교에 대한 열정이 있고, 지연과 학연과 가문을 뛰어넘어 그리스도 안에서 하나됨을 보여주는 안디옥 교회를 참 교회의 모델로 삼고 나아가고 있다.

사도행전 13장 1절에 보면, 안디옥교회의 영성을 단적으로 볼 수 있는데, 그 교회의 교사, 즉 말씀의 지도자들은 예루살렘 교회에서는 감히 상상할 수도 없는 인물들로 구성되어 있다. 이들 중에는 예수 믿는 자들의 원수였던 '사울'은 말할 것도 없이, 흑인 출신(니게르) 시므온도 포함되어 있었고, 철천지 원수인 헤롯의 이복 동생 마나엔도 안디옥 교회에서 지도력을 행사하고 있었던 것이다. 성찬식을 할 때, 흑인이 전달하는 예수님의 떡과 잔을 거리낌 없이 동일한 감격으로 받았던 교회라고 보면 틀림없다.

그렇기에 신림교회는 초대교회의 영성을 이야기할 때, 예루살렘 교회의 영성이 아니라, 안디옥 교회의 영성을 계속적으로 강조하고 있다. 따라서 우리가 흔히 말하는 "초대교회로 돌아가자"라고 했을 때는, 영적으로 비둔하여 더 이상 열방을 향하여 영향력을 행사하지 못하는 예루살렘 교회로 돌아가는 것이 아니다. 숫자를 자랑하는 교회가 아니다. 히브리파 과부와 헬라파 과부가 구제 문제로 인해서 내부적으로 싸움과 분쟁을 일으키는 예루살렘 교회가 아니다. 오히려 규모나 재정에 있어서 작지만 교회의 리더급을 선교사로 파송할 수 있는 그런 영성을 소유한 안디옥 교회를 계속해서 강조하고 벤치마킹하고 있으며, 이것을 계속적으로 청년들과 성도들에게 강조하고 있다.

안디옥 교회처럼 선교하는 교회를 지향하는 목회 철학으로 인해 기존의 성도나 청년들뿐만 아니라, 타교회의 성도들과 청년들에게도 많은 도전을 주고 있다. 지역교회의 특성상 다른 교회를 모교회로 하면서, 신림교회에 다니는 교인들이 많이 있다. 수요 예배 때나, 또는 주일 예배 때도 가끔 있고, 또한 새벽기도회 때도 신림교회에 나와서 예배를 드리는 경우가 많다. 그때 분명하게 강조하는 것이 하나 있는데, 주중에 한번이라도 신림교회에서 예배를 드린다면, 십일조 및 각종 감사헌금은 모 교회에서 하되 선교헌금 만큼은 반드시 본 교회에 하라고 강조한다.

또한 청년들에게 어떻게든지 시간과 물질을 들여서 현장으로 나갈 것을 강력하게 권고한다. 선교지뿐만 아니라, 청년들의 도움을 기다리는 사역의 현장으로 나길 것을 도전한다. 고시를 합격하고, 연수원에 들어가기 전 등의 시기에는 교회가 섬기는 베트남의 한국어 학당에 들어가서 섬기는 것을 권면하고 있으며, 이에 청년들은 순종함으로 반응하고 있다.

또한 신림교회는 one in spirit을 강조하는데, '양육과 선교'에 초점을 맞추다 보면 취약한 부분이 있다. 예를 들면, 지금은 선교적 측면에서 긍휼사역과 서울역 사역을 전임사역자를 두고 할 만큼 교회의 역량을 주님께서 넓혀 주셨지만, 예전에는 긍휼사역 쪽에 간절함과 비전과 소망이 있는 청년들의 갈급함을 채워주지 못하는 부분도 있었다. 그럴 때는 갈등 없이 그런 쪽에 소망을 가지고 헌신할 수 있는 교회를 소개해 주고, 자유함으로 그들을 보내준다. 이 경우에는 사역자들도 마찬가지이다. 주님의 교회이지만 실제적으로 모든 영역을 다 감당하지 못함을 인정하기 때문이다.

팽창-확장주의 vs 영적 다이어트

> 너희는 세상의(not 교회 안의) 소금이라, 너희는 세상의(not
> 교회 안의) 빛이라(마 5:13-14)

담임목사의 목회철학에서 가장 중요한 것 중의 하나가, 맹목적인 교회 확장주의를 경계한다는 점이다. 다이어트에 실패한 공룡이 지구상에서 사라졌듯이 교회가 몸집만 키우고 영적으로 흘려보내지 않으면(Diet) 동일한 운명에 처하게 된다는 점을 강조한다. 처음부터 신림교회는 문어발식 대형교회주의를 포기하는 것을 선포하였다. 본당이 무너지지 않는 한 본당을 확장하지 않는 것으로 선포하고, 기도원을 짓지 않고, 수양관도 갖지 않으며, 교회 묘지 또한 마련하지 않기로 공개석상에서 선포하였다. 그래서 전국의 모든 기도원과 수양관이 곧 우리의 기도원과 수양관이라고 선포하였다. 필요에 따라 이용하기만 하면 되는 것이다.

몇 년 전부터 예배 인원의 증가와 열악한 본당 환경으로 인해, 자연스럽게 성도들과 장로님들로부터 건축에 대한 필요성이 제기되었고, 때가 이르러 건축을 해야 할 시점에 이르게 되었다. 당회와 모든 성도들은 본당 건축을 희망하였지만, 담임목사는 본당을 신축하지 않고, 선교 교육관과, 선교사 게스트 룸(안식관)과 교육공간을 확보하는 것이 더 중요하다는 의견을 말하였다. 이는 영적 리더의 목회철학에서 나온 것이다. 그렇지만 당회에서는 여러 가지 이유로(건축 헌금문제, 한계에 이른 주일 예배 인원 등) 본당 건축을 주장하였지만, 영적 리더의 고집(?) 때문에 결국 본당은 그대로 두고 선교교육관을 완성하였다. 그리고 힘들게 사는 성도들의 부담을 줄이기 위해, 긴축재정을 운영하여 건축을 진행했다. 이러한 목회 철학이 청년들에게 많이 어필하고 있다. 이는 인위적인 교회 성장주의에 한계성을 역설하고, 앞으로도 계속 사용할 수 있는 본당을 다시 신축하는 것보다 장기적으로 선교 교육관을 짓는 것이 바람직하다는 담임목사의 철학 때문이다. 또한 제자 양육의 공간으로 이곳을 활용할 뿐만 아니라, 안식년으로 들어오시는 선교사님과 가정이 쉴 수 있는 게스트룸 확보에 우선적인 관심을 두었기 때문이다.

여기에 신림교회에서 장소를 빌려 선교훈련을 하던 중 담임목사의 목회 철학에 은혜를 받고, 한 장의 편지와 함께 1,000만 원의 선교 교육관 건축 헌금을 보내주신 선교사님이 있어서 간단히 그 내용을 소개한다(자신의 신분은 밝히지 않았다).

하나님의 귀한 일꾼 되신 담임목사님께

이름도 모르고 얼굴도 모르는 목사님께 이렇게 글로써 인사드리게 되이 죄송한 마음 전합니다. … 저는 몇 달 전 신림교회의 장소 제공으로 어떤 훈련에 참석하게 되었습니다. 그리 크지 않은 교회에서 하나님의 일꾼들을 위해 기도와 물질로 동참하도록 격려하시고, 가난한 학생들과 선교사님들께 아낌없는 지원을 해 주시고 선교의 부흥을 위해 앞장서시며 귀하게 사역하시는 목사님의 아름다운 모습에 경의를 표합니다.

저 또한 가난하게 자라고 가진 것 없는 연약한 자이지만, 주님의 일꾼으로 부르심을 받고 훈련받았던 터라 많은 은혜와 격려가 되었습니다. 목사님에 대해 전혀 아는 것이 없지만 성령님의 인도하심으로 부족한 제가 목사님의 기도의 동역자가 되기를 원합니다. 여기에 작은 동참을 바라며 선교관 건축 헌금을 드립니다. 과부의 지극히 작은 두 렙돈밖에 되지 않지만, 주님이 기뻐하시는 사역 위에 쓰여지기를 원합니다. 특별히, 저와 같은 연약하고 부족한 선교사들을 위해 사용되는 선교관이 되기를 바랍니다.

혹 저를 위해 기도해 주신다면, 일만 명의 군사를 얻음과 같은 힘을 얻을 수 있으리라 확신합니다. 이 글이 처음이자 마지막의 편지가 되리라 생각되어 장기 기도제목을 드립니다. (1) 주의 음성에 민감하게 하시고, (2) 하나님께서 주신 일들을 감당할 수 있는 건강을 주소서(약한 체질입니다). (3) 평생의 동역자를 만날 수 있도록 하시고 (4) 필요를 공급하시는 하나님을 신뢰하며 믿음으로 나가게 하소서… 하나님께서 허락하신 아름다운 먼 나라에서 무명의 선교사 후보자가 두 손으로 드립니다.

한편, 또 한 가지 중요한 것은 영적 리더와 교회가 교인들을 절대로 신림교회 '소유'의 교인으로 만들려고 하지 않는다는 것이다. 그들을 의미 없이 붙잡아 두려고 하지 않는다. 오히려 양육을 마쳤으면 주저함 없이 각자의 삶의 자리에 선교사로 나가라고 등 떠밀고 있다. 갈등 없이 각자의 삶에서 제자로서, 군사로서, 선교사로서 살아갈 것을 요구하고 있다. 멀리 이사를 가면, 가까운 교회에서 주님의 제자답게 살라고 권면한다. 또한 군대를 보낼 때도 군대 선교사로, 직장을 옮길 때는 그곳의 직장 선교사로 파송한다. 공부로 인해 다른 지역(해외 또는 국내)으로 가면 학원 선교사로 갈등 없이 파송하여 보낸다. 내 교회의 교인이 아니라, 주님의 제자로서, 선교사로서 세움 받기를 강력하게 요구하고 있는 것이다.

주님이 우리 모두를 소금으로 빛으로 부르셨다. 그런데 중요한 것은 신림교회 내에서의 소금과 빛이 아니라, 이 세상의 소금과 빛으로 서라고 요구하신다는 점이다. 오늘날의 한국교회가 바로 '이 세상에서의 소금과 빛'이라는 주님의 말씀을 온전히 실천하지 못하고, 자기 교회 내에서 '빛'을 내고 다니고, '소금'을 치고 다녀서 문제가 일어난다. 어두운 이 세상에 빛을 비추는 것이 아니라, 서로에게 빛을 비추어서 서로를 눈 멀게(?)하고 있다. 교회 내에서 소금 덩어리로 모여 자기들끼리만 교제 공동체를 이루고 있다. 그러다가 연약한 자들이 교회에 들어오면 그들에게 소금을 뿌려 말라 죽게 한다. 소금은 이 세상을 향해 흩어지고 깨어지고 부서져 자신을 녹여야 한다는 것을 기억해야 한다.

주님은 왜 우리를 세상에서 부르셨는가? 우리를 구별하여 세우신 이유는 무엇인가? 우리끼리 즐기라고 그렇게 하신 것이 아니라, 주님의 교회에서 양육 받고 훈련 받고, 제자 되고 군사 되어 흩어지라고, 우리를 부르고 구별하

18

신 것이다. 역설적이게도 성도는 흩어지기 위해서 모이는 것이다. 깨지고 부서지기 위해서 모이는 것이다. 십자가에서 죽기 위해서 이 세상에 사셨던 예수님처럼 말이다.

종합 병원 vs 논산 훈련소(교회론)

> 너는 그리스도 예수의 좋은 병사로 나와 함께 고난을 받으라
> 병사로 복무하는 자는 자기 생활에 얽매이는 자가 하나도 없나
> 니 이는 병사로 모집한 자를 기쁘게 하려 함이라(딤후 2:3-4)

담임목사의 목회 철학에서 가장 중요한 것 중의 하나가 교회론인데, 교회가 무엇인지를 제대로 알 때 주님의 교회로서 온전히 서 가는 것을 보게 된다. 청년들도 교회가 어떤 곳인지 모르기에 상처 받고, 시험에 들고, 교회를 떠나는 경우가 허다하다. 신림교회는 교회를 단순한 종합병원으로 보는 것이 아니라, 영적인 논산 훈련소로 보고 있다.

물론 교회의 기능에는 종합병원으로서의 기능도 있다. 그렇지만, 성경속의 교회는 하나님 나라의 영적인 군사를 키워내는 '훈련소' 로서의 기능이 더 크다는 것을 강조하고 있다. 따라서 신림교회에서 인간적인 위로나 격려를 바라고 왔다가는 실망하는 경우가 많다.(실제로 신림교회의 첫 느낌을 "포근하다, 따뜻하다"라고 말하는 새가족들이 많다.) 그 사랑은 주의 은혜를 받은 사람들로부터 나오는 사랑이지, 절대로 인간적인 사랑이 아니다. 교회는 은혜가 넘쳐야 하겠지만, 결코 값싼 은혜가 되어서는 안 된다. 은혜를 은혜 되게 하는 것이 중요하다.

교회는 청년들을 향해 이곳에서 훈련받고 싶지 않은 청년들은 교회를 떠나라고 공공연하게 이야기한다. 공동체에 들어와 훈련을 받지 않고 단순히 이곳저곳 기웃거리며, 교회를 구경하거나 사랑을 구걸하는 자들은 신림교회에

서는 제대로(?) 대접을 받지 못한다. 여러모로 부족하지만 자신을 오픈하고 공동체에 들어와 양육 받는 청년들은 교회가 온전히 책임을 지지만, 여러 가지 이유로 공동체에 들어와서 양육을 받지 않는 자들에게는 담임목사가 예배 마치고 나갈 때 악수도 하지 않고, 인사도 하지 않을 정도이다. 이로 인해 오해가 있기도 했지만, 오히려 이러한 담임목사의 목회 철학에 청년들이 도전을 받는 경우가 많다. 이로 인해 청년들과 성도들이 상처를 받아 교회를 떠나는 것이 아니라, 오히려 기를 쓰고 공동체에 들어오는 청년들이 더 많다.

교회를 타이타닉호와 같은 유람선으로 생각하기가 쉽다. 그렇지만 신림교회에서는 교회가 단순한 유람선이 아니라, "거친 파도를 헤치고 어둠의 영들을 공격하며, 하나님 나라의 확장을 위해서 세상의 바다를 항해하는 항공모함(인명구조선)"이라고 강조한다. 밀려오는 파도를 보고 두려워하고, 무서워하며, 그래서 자기들끼리 위로하고 격려하는 공동체는 진정한 교회 공동체가 아니다. 오직 그 파도를 발로 밟고 오시는 주님처럼 그렇게 나아가는 교회가 성경적인 교회이며, 신림교회는 이를 지향하고 있다.

한국교회가 이 민족과 사회를 향해서 제대로 된 영향력을 행사하지 못하게 된 것은 바로 교회가 '유람선'으로 전락했기 때문이다. 그래서 전준식 담임목사가 부임하면서 교회의 체질을, 교제하고 친목하는 공동체에서 과감하게 말씀과 선교를 강조하는 공동체로 바꾸어 갔다. 그래서 최근까지 모든 남·여 선교회와 공동체에 의미 없는 야유회와 친목 모임을 자제하도록 권면하였다. 따라서 모이면 말씀을 나누고, 긍휼 사역을 하고, 선교사를 돕는 방향으로 모임을 갖도록 교회가 지도하였다. 지금은 교회의 체질이 단순한 교제 차원을 넘어서 양육 받고, 훈련 받고 선교하는 방향으로 많이 바뀌었다. 아래에 《예닮지》*에 실린 담임목사의 글의 일부를 소개한다.

---

* 《예닮지》는 신림청년교회의 통합 소식지(주보)이다. '예닮'은 '예수를 닮은 사람들'에서 따온 말이다.

… 어느 책에서 읽은 내용을 그대로 인용하자면 콜롬비아 대학교의 전임 총장 니콜라스 머리 버틀러는 "이 세상에는 세 종류의 사람이 있는데 그들은 무엇이 일어나는지 모르고 있는 사람들, 일어나고 있는 것을 지켜보고 있는 사람들, 이들이 일어나도록 만드는 사람들"이라고 했다. 그는 이어서 참된 지도자는 "일들이 일어나기를 바라는 사람이 아니라 일어나도록 만드는 데 도움을 주는 사람"이라고 했다. 푸르른 나무들은 우리가 건강하게 설 수 있도록 우리를 돕는 존재들이다. 우리 교회의 새벽이슬 같은 청년들은 미래의 지도자를 꿈꾸며 훈련을 받아야 한다. 물론 훈련은 힘든 것이다. 힘든 것이 당연하다. 그러기 때문에 더욱 해야 한다. 왜냐하면 우리는 어두움에 사는 사람도 아니요, 방관자도 아니요, 무슨 일이 일어나도록 돕는 자들이기 때문이다. 그런 의미에서 바울과 바나바는 참으로 훌륭한 지도자들이었다. 바울은 가는 곳마다 일을 만들어 내는 사람이었다. 그럴 때마다 바나바는 말없이 돕는 자의 위치에서 서로 섬기며 사역을 했다.

    신림교회의 특징을 한마디로 말한다면 젊은 청년들이 많은 교회라고 할 수 있다. 신림교회는 결코 대형교회가 아니다. 그렇지만 주일 청·장년 출석 인원이 1,200여 명 중에서 공식적인 청년 예배인 4-1부와 4-2부에만 400명이 넘는 청년들이 매주 출석하고 있다. 다른 예배 때(1,2,3, 그리고 5부) 드리는 청년들의 숫자를 합하면 약 매주 약 500여 명 넘는 청년들이 예배를 드리고 있다. 신림청년교회를 구성하는 가장 큰 집단은 고시생과 대학생(서울대를 비롯한)들이다. 최근에는 직장에 다니는 청년들의 수가 늘어나고 있는 추세이다. 아래에서 청년교회의 특징과 청년교회가 중점을 두는 강조점에 대해서 살펴볼 수 있다.

두개의 기둥(Pole)으로 나아가는 교회

주님은 이 땅에 선교사로 오셨고 제자들을 양육하셨다

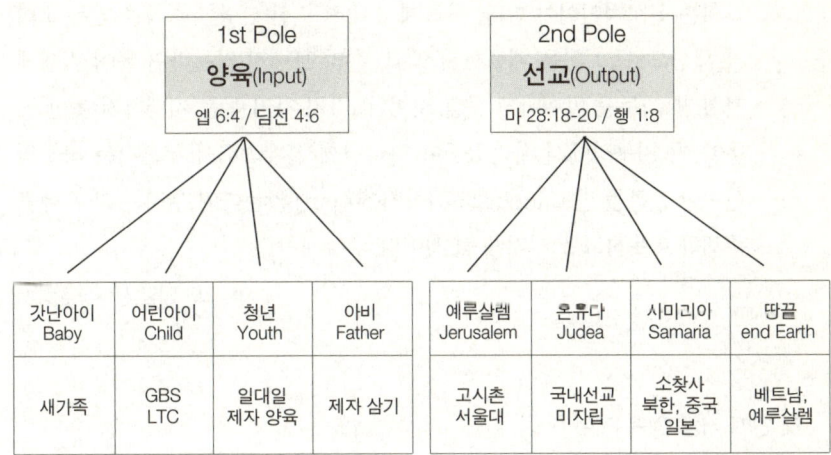

1st Pole 양육(Input) 엡 6:4 / 딤전 4:6				2nd Pole 선교(Output) 마 28:18-20 / 행 1:8			
갓난아이 Baby	어린아이 Child	청년 Youth	아비 Father	예루살렘 Jerusalem	온유다 Judea	사미리아 Samaria	땅끝 end Earth
새가족	GBS LTC	일대일 제자 양육	제자 삼기	고시촌 서울대	국내선교 미자립	소찾사 북한, 중국 일본	베트남, 예루살렘

신림교회에는 두개의 큰 기둥이 있다. 하나의 기둥은 양육(In-Put)이다. 그리고 또 하나의 기둥은 선교(Out-Put)이다. 물론 두 기둥의 기초는 예수 그리스도이다. 이 두 기둥은 우리가 만든 것이 아니라 예수님께서 정하신 기둥이다. 교회는 병원의 기능보다 병영의 기능이 우선되어야 한다. 왜냐하면 사도 바울은 우리 그리스도인을 환자라고 부르기보다는 군사로 부르고 있기 때문이다. 신림교회는 교회를 정의할 때 유람선이 아닌 항공모함으로 정의한다. 그리고 청년과 성도들의 정체성을 군사로 정의하는데, 이는 하나님 나라를 건설하는 군사들을 뜻한다. 따라서 성도들에게 단순히 개인 구원 차원에서 머무는 신자가 아닌 하나님 나라의 군사로서의 역할을 강조한다. 군사는 훈련을 받아야 한다. 그래서 신림교회는 새벽이슬 같은 주의 청년들을 날카

2장 신림청년교회의 특징

로운 타작기계로 쓰임 받을 수 있도록 격려하고 있다. 또한 훈련을 받은 군사에게는 자신이 받은 훈련에 합당한 미션이 있다. 바로 그 미션이 각자의 삶에서 선교사로서 살아가는 것이다(no pains no gains, no cross no crown).

교회는 어떤 곳인가? 우리 모두가 교회의 사도성을 부인하지 않는다면 교회는 선교적이어야 한다. 하늘에서 내려 주신 신령한 축복을 받은 교회가 세상으로 그 힘을 배출하지 않고, 흘려 보내지 않는다면 몸이 비대해져서 제 기능을 발휘하지 못할 것이다. 마치 자기 몸을 지탱하지 못한 공룡이 이 지구상에서 사라졌듯이 하나님께서 계속해서 부으시는 하늘의 신령한 은혜를 받고(input)도 전하지(output) 않는다면 우리는 그 은혜를 주체하지 못하고 쓰러지게 될 것이다.

신림교회 입양 자료집 중에서

첫 번째 기둥: 양육 Pole

신림교회는 성경을 진정한 하나님의 말씀으로 고백하면서 말씀 안에서 신앙의 성장을 추구하고 있다. 하나님 앞에서, 말씀 안에서 예수 그리스도의 장성한 분량에 이르도록 교회는 모든 성도들을 양육하고 있다. 신림교회가 강조하는 것은, 살아 있는 말씀 외에는 그 어떤 것도 교회와 청년들을 주장할 수 없게 해야 하며, 이것이 성경적인 교회라는 점이다. 새가족부 교육(등록한 후 4주간의 새가족부 과정을 이수해야 정식 Membership을 갖게 됨), 일대일 제자훈련(16주 과정인 일대일 제자 양육 과정을 이수하지 않으면 신림교회 제직이 될 수 없다), 40일 성경탐구, 아버지학교, 선교학교, 중보기도학교, 예배학교 등의 시간을 통해서 성도 모두가 양육 받고 있다. 모든 지체들은 신림공동체에서 가르치든지 배우든지 해야 한다.

두 번째 기둥: 선교 Pole

신림교회는 성도 개인과 교회가 양육 받고 성장하고 성숙하는 데 머물지 않고 우리가 받은 하나님의 사랑과 은혜를 흘려 보내는 일에 많은 관심을 가지고 있다. 이것이 바로 영적인 다이어트이다. 비대해진 교회는 사도행전의 '그 교회'가 아닐 것이다. 신림교회는 미전도 종족인 V국의 참족을 입양하여 참족의 사람들이 하나님께 예배하는 그날까지 기도와 물질로 후원하고 있다. 또한 최근에는(2007년) 또 다른 미전도 종족을 입양하기 위해 기도 중이다. 아울러 한 민족 한 형제 자매인 북한을 위한 선교적 마인드를 가지고 통일을 준비하는 교회로서 나아가고 있다. 그 일환으로 '새터민'(탈북자들의 모임) 출신 전도사님을 전담사역자로 청빙하여 사역하게 하고, 여명학교(자유터 학교)와 긴밀한 관계를 유지하고 있다. 그리고 세계 열방에 나가 계시는 선교사님을 후원하고, 중보하는 일에 힘쓰고 있다. 그밖에도 신림동 고시촌과 서울대를 위하여 기도하고 있으며, 국내의 미자립 교회를 섬기고 있다. 부족하지만 주님의 지상명령을 감당하기 위하여 중보함으로 선교하며 나아가고 있다.

2006년 현재 신림교회의 현황을 살펴보면, ① 전임 파송 선교사 3가정, 파송 목사 1가정 ② 파송 훈련 선교사 3가정 ③ 단기 선교사 5가정 ④ 협력 선교사 14 가정 ⑤ 국내 선교사(OMD-워십댄스) 1명을 지원·협력하고 있으며, 또한 19개의 국내 미자립 교회와 기관 및 단체를 섬기고 있다. 2006년 현재, 순수한 선교 헌금으로 재정의 20% 이상을 사용하고 있다.

특히 온 나라가 IMF로 인해 어려움을 겪으면서 수많은 선교사들도 선교비 삭감으로 인한 큰 어려움에 있을 때, 신림교회는 다른 교회에서 선교비를 삭감할 것이기 때문에 선교사들의 재정이 힘들 것을 예상하고 오히려 선교비를 더 올려 주기로 결정했다.

카리스마 리더십 vs 섬김의 리더십

> 겉옷을 벗고 수건을 가져다가… 대야에 물을 떠서 제자들의
> 발을 씻으시고(요 13장)

카리스마의 리더십은 칼에 있다(일명 "칼 이스마"). 그러나 성경적 리더십은 칼이 아닌 수건과 대야의 물로 섬기는 리더십이다. 이것은 주님이 제자들에게 친히 보여 주신 리더십이다. 신림교회의 리더십(항존 직분자들)도 철저하게 섬김에 있다. 따라서 항존 직분자들의 피택 기준도 연륜이나, 재력이나, 학력이나, 사회적 지위나, 교회 창립멤버 여부가 아니라, 철저하게 섬김의 본을 보이는 자가 피택된다. 더 소중한 것은 피택되고 난 이후에도 이들은 그 섬김의 정신을 잃지 않는다. 장로님이 되시고 난 이후에는 더 낮아진 모습으로 섬기신다. 교회의 안내 역할은 물론 주일에 땀을 뻘뻘 흘리시면서 보조 의자를 본당에 놓고 다시 접는 분들이 장로님들이다.

동일하게 신림청년교회의 리더십도 연륜으로 결정되지 않는다. 물론 신앙의 경력으로도 결정되지 않는다. 신림교회 토박이인지 그렇지 않은지가 영적 리더십 결정의 절대적 조건이 되지 않는다. "굴러온 돌이 박힌 돌 빼낸다"는 자조 섞인 말이 신림청년교회에서는 통용되지 않는다. 실제로 요 몇 년간 청년교회에서는, 특히 Holy Passion(어린 또래 청년들)의 임원들 중에 많은 수는 교회 등록한 지 1년 정도밖에 안 된 지체들이 임원으로 섬겨주고 있다. 놀라운 것은 2007년을 섬길 Holy Passion 임원들 중에서는 등록한 지 6-7개월밖에 되지 않은 지체들도 있다. 물론 이들도 이전에 다른 교회에서 신앙생활을 계속한 청년들이 대부분이다. 그렇지만 청년교회의 리더십은 세상적인 기준이 아니라, Holy Passion을 향한 하나님의 마음이 있는지, 그것에 대한 분명한 기름 부으심이 있는지, 헌신됨이 있는지를 보고 공동체가 결정한다.

물론 임원으로 선다는 것은 그렇게 많은 사람들이 자원하는 영역은 분명히 아니다. 시간을 들이고, 어떤 때는 물질을 드려야 하는 역할이기 때문에 그렇다. 그래서 고시생과 학생들에게는 적잖은 부담이 될 수 있다. 신림청년교회는 철저하게 예수 그리스도에게서 나오는 리더십을 존중하고자 한다. 그것은 세상적인 카리스마가 아닌, 섬김의 리더십을 강조하는 것이다.

여기에 이번에(2007년) 새롭게 임원으로 뽑힌 한 청년의 이야기를 들어보자. 이번에 교육 총무를 맡게 되었는데, 교회 등록한 지 6개월로 접어든 형제이다. GBS 조원들을 향한 마음을 아래의 글에서 읽을 수 있다.

완전 딴딴하게 뭉친 우리 조! 든든한 지체들이 있어서 그런지 만나기만 하면 자연스럽게 함께 하나님께로 흘러갑니다. 처음 맡아보는 리더이고, 교회에 온 지 얼마 안 되어 가끔은 적응하기 힘들기도 하지만 우리 GBS 조원들과 함께 있으면 왠지 아무 두려움이 없네요. 항상 섬겨주고 사랑해 주는 우리 조원들 너무 감사해요. GBS 리더 엠티 너무너무 좋았습니다. 리더로 서기로 결정하고 개인적으로 훈련하던 지난 말씀 수련회가 생각나네요. 거의 3일간 밤새며 열심히 말씀 공부했던 기억이 나요. 훌륭한 리더에 대한 사모함으로! 엠티에서 밤을 새면서 지난 수련회 때 다짐하고 헌신했던 리더로서의 저의 마음이 많이 사그라진 느낌을 받았어요. 우리 조원들에게 너무 부끄럽고 미안하네요. 그래서! 어제 다시 헌신했습니다. 우리 조원들 더더욱 사랑하기로! 이번 주 이성교제 발제를 나누었는데, 다짐했어요. 여인을 사랑하는 그 마음보다 더 뜨겁게 우리 조원들 사랑하렵니다. 조원들 위해 매일 기도합니다. (결코 거짓말 아님) 제가 리더로서 있는 한 여러분 위해 헌신적으로 기도할게요. 그 마음의 소원 하나하나 하나님 앞에서 모두 이루어져 가길! 예수님이 절 사랑하신 그 사랑, 목사님이 절 사랑하신 그 사랑, 제가 받은 그 사랑 그대로 우리 GBS를 섬기기 바래요. 우리 조를 위해 여러분 기도해 주세요. 아름다운 하나님의 가족 공동체 되도록. 우리가 모이면 그 자리에 하나님의 나라가 이루어집니다. 우리 GBS 파이팅!!"

계속해서 아래에는 교육총무로서 임하는 자세와 각오를 다음과 같이 밝히고 있다.

안녕하세요? 차기 교육총무 85또래 OO입니다! 괜히 QT 광고 한 번 했다가…(농담입니다) 올 07년 한 해 동안 교육총무로서 Holy Passion을 섬기게 되었습니다. 비록 무투표 당선에, 당선 과정에 많은 비리(?)가 있었지만 헌신적으로 우리 공동체 섬기고 싶어요. 항상 태클 걸어 주시고 지적해 주시길!! 우리 새로운 임원들, 어리지만 열정적인 임원들이 여러분과 함께 만들어 갈 Holy Passion 공동체! 기대하세요. 사랑합니다. 더 많이 사랑하게 되길.

Holy Passion 싸이월드에서 발췌

청년교회의 강조점(Focus)-3
열등감(나의 관점) vs 자존감(주님의 관점)

주 여호와께서 나를 도와주시니 조금도 자존심이 상하지 않았다. 도리어 나는 내 얼굴을 부싯돌처럼 만들었다. 따라서 내가 부끄러움을 당하지 않을 것을 안다(사 50:7, 우리말성경).

모든 청년들에게는 열등감이 있다. 아울러 상대적으로 우월감을 갖고 사는 자도 소수지만 있다. 신림교회는 앞쪽으로는 서울대학교가 자리 잡고 있고, 뒤쪽으로는 고시촌이 자리 잡고 있다. 우리나라 최고의 대학이라는 서울대학교 학생들을 상대하다 보면 의외로 열등감에 시달리는 청년들이 많음을 본

28

다. 모든 사람들이 부러워하는 학교에 다니면서도 또 그 안에서 자신의 능력의 한계 때문에, 열등감에 시달리는 청년들이 많다.

또한 전국 각 지방에서 내로라하던 청년들이 이 고시촌으로 들어온다. 그 지방에서는 날고 기던 청년들이 청운의 꿈을 품고 행정고시, 사법고시, 외무고시, 변리사, 각종 국가고시 및 공무원 시험을 준비하러 이곳으로 온다. 그 안의 치열한 경쟁 가운데서 많은 사람들이 열등감에 시달린다. 이런 지체들에게 중요한 것은 그 열등감 자체의 해결이 아니라, 그들에게 자존감을 회복시켜 주어야 한다는 것이다. 신림청년교회는 이들을 위해 존재한다고 해도 과언이 아니다.

모든 청년들의 심령에 뿌리 깊게 자리 잡고 있는 열등감과 우월감이란 무엇인가? 이는 공히 자기 자신의 시각으로 자신과 세상을 바라보는 것이며, 세상적인 기준으로 자신을 바라보는 것이다. 그러면 반드시 열등감에 빠지거나, 아니면 교만함에 빠질 수밖에 없다. 그렇다면 진정한 겸손과 진정한 자존감이 무엇인가? 하나님의 시각으로 자신을 바라보는 것이다. 하나님이 청년들을 향하여 "너는 강한 용사"라고 보신다면, 우리는 우리의 어떠함과 상관없이 강한 용사인 것이다. 새벽이슬 같은 주의 청년들을 날카로운 타작기계로 쓰시기를 원하시는 그 하나님의 마음에 반응하기만 하면 되는 것이다. 그런데 하나님이 청년들을 '강한 용사'로 부르시고, '날카로운 타작기계'로 쓰시기를 원하시는데, 자신의 연약함을 들어서 뒤로 숨는 자들은 절대로 겸손한 자들이 아니라, 그것은 영적으로 교만한 자의 모습이다.

여기에 하나님이 그의 삶에 동행하심으로 말미암아, 하나님 앞에서(코람데오) 자존감을 회복한 요셉의 고백을 들어보라. "당신들이 나를 이곳에 팔았으므로 근심하지 마소서 한탄하지 마소서 하나님이 생명을 구원하시려고 나를 당신들 앞서 보내셨나이다"(창 45:5, 개역한글).

요셉은 세상적인 눈으로 보면 '팔린 인생'이었다. 형들에게 팔리고, 미디안 상인에게 팔리고, 보디발 장군에게 팔리고… 그러나 그는 고백하기를 "나를 보내신 이가 있다"라고 고백하였다. 요셉은 '나를 판 자가 있다' 라고 말하지 않는다. '팔렸으면' 비참한 것이다. 그러나 '보냄을 받았다' 그러면 인생과 가치관이 달라지는 것이다. 요셉을 통해서 하나님이 주신 자존감이 어떤 것인지를 분명히 깨달을 수 있는 것이다.

이에 신림청년교회에 많은 비유를 차지하고 있는 두 부류의 영적인 상황을 살펴보자.

가장 가까운 미전도 종족인 고시인

신림교회 뒤쪽으로는 고시촌이 자리 잡고 있다. 이 고시촌에 수많은 젊은 청년들이 청운의 꿈을 품고 몰려온다. 그렇지만, 독특한 삶의 스타일로 인해 영적으로 취약한 곳 중의 하나가 고시촌이다. 고시촌은 특별히 사단이 활동하기 좋은 구조를 가지고 있다. 밀폐된 공간(한 평 남짓 고시원), 합격해야 한다는 심리적 부담, 인간관계의 단절현상, 보상심리, 주위의 기대, 경제적 압박, 자기 연민 등등. 영혼을 팔아서라도 합격하고 싶은 것이 하나님을 모르는 고시생들의 심정이다. 사단은 이 기회를 놓치지 않고 아주 효과적으로 역사하고 있다. 분열의 영, 음란과 방탕의 영, 비판의 영, 권력과 물질의 영, 죽음의 영, 교만의 영 등이 아주 복합적으로 나타나고 있다. 그래서 해마다 적잖은 젊은 청년들이 미혹하는 자살의 영에 의해 힘들어하고 있고, 인간관계의 단절로 인해 괴로워하고 있으며, 무엇보다도 이들을 노리는 음란함의 영이 이 땅을 사로잡고 있다. 수많은 술집(Bar), 단란주점, 노래방, 비디오(DVD)방, 최근에는 스포츠 마사지방까지 우후죽순처럼 생겨나서 영적으로 취약한 고시생들을 노리고 있다. 이 가깝고도 먼 미전도 종족인 고시인들의 영혼을 위해, 이들을 섬기기 위해 신림교회가 존재하는 것이다.

우월감과 열등감이 공존하는 서울대

신림교회 앞쪽으로는 서울대가 자리 잡고 있다. 남들에게는 선망의 대상이 되는 캠퍼스이지만, 이 안에서도 치열한 영적인 싸움이 일어나는 것은 예외일 수 없다. 최고의 학부에 속해 있으면서도 열등감 때문에 힘들어하는 청년들, 하나님이 주신 비전이 없어서 방황하는 청년들, 이들에게 있어서 다른 그 어떤 것보다 하나님께서 주시는 '자존감'의 회복이 절실히 필요하다. 자존감은 내 속에서 우러나오는 것은 아니다. 내 속에서 자가 발전되는 것이 아니다. 주님의 말씀을 통해서 분명한 음성을 들어야 한다. 성령의 기름 부으심을 통해서, 외적인 기름 부으심(직분, 학력, 가문 등)이 아닌 내적인 기름 부으심을 통해서만 가능한 것이다.

이리한 우월감과 열등감은 고시생이나 서울대생에게만 있는 것이 아니라, 이 땅의 모든 청년들에게 뿌리 내려 있다. 단지 다른 형태로 나타날 뿐이다. 그렇기에 새벽이슬 같은 주의 청년들에게 필요한 것은 주님이 주시는 자존감의 회복이다. 단순히 심리적인 안정감이나, 자아도취나, 이 세상의 그 어떤 것으로부터가 아닌 온전히 주님으로부터 오는 자존감을 말한다. 말씀 앞에 자신이 깨어지고, 그 말씀으로 회복되는 자존감이 필요하다.

자존감이라 했을 때는 어떤 유명한 책의 내용처럼 내 안에 있는 긍정의 힘을 깨우는 것이 아니다. 내 속에는 그 어떤 선한 것, 긍정적인 것도 없음을 인정해야 한다. 아무리 눈 씻고 찾아봐도 내 속에는 하나님의 인정을(만족함) 얻어낼 만한 그 어떤 선한 것도 없다. 또한 심리학적인 상담요법으로 자신에게 최면을 거는 것도 아니다. 오직 주님으로부터 오는 참된 자존감이다. 이것은 자신의 그릇된 우월감과 열등감이 십자가 앞에서 깨어지고, 가난한 심령, 상한 심령이 되어서 주님이 다스리시고 만지시는 그래서 온전히 회복되는 자존감이다.

참된 자존감은 상대적인 비교에서 나오는 것이 아니라, 절대적인 하나님으로부터 오는 것이다. 더 나은 상황으로의 개선에서 오는 것이 아니다. 허드렛물이 좀더 개선된 식수로 변화되는 것이 아니라, 최상품의 포도주로 바뀌는 것이다. 이 세상에서는 아무짝에도 쓸데없는 물이 주님의 개입으로 하나님과 사람을 기쁘게 하는 포도주로 바뀌었다는 인식과 믿음이 있을 때, 참된 자존감을 회복할 수 있게 된다(요 2장).

새벽 이슬 같은 주의 청년들이여! 비교급 인생으로 살지 말고 최상급 인생으로 살라!

청년교회의 강조점(Focus)-4
Form(폼~) vs Image(형상)

하나님이 이르시되 우리의 형상을 따라 우리의 모양대로 우리가 사람을 만들고(창 1:26)

외형적으로 신경을 많이 쓰는 시기가 청년 시기이다. 그렇지만 자칫하면 세상적인 가치관에 젖어서 외형적 Form에만 가치를 두고 진정한 하나님의 Image를 놓치는 경우가 많다. 지금 세상에서는 '얼짱, 몸짱' 열풍이 대한민국을 휩쓸고 있다고 해도 과언이 아니다. 그래서 이 땅에서 가장 돈벌이가 잘 되는 곳이 '성형외과' 이고 의사 지망생들이 가장 선호하는 분야라는 말이 나올 정도이다. 이제 얼마 있지 않으면 하나님의 형상을 닮은 우리의 상표에는 'Made in(by) 삼위일체 하나님' 이라는 표시는 사라지고, 'made in 강남OO 성형외과' 라는 새로운 상표가 등장할지도 모른다. '신묘막측' 하게 만든 하나님의 작품에 칼을 대는 자들은(치료 및 의료용 성형을 제외하고) 작품을 만드신 하나님을 모욕하는 행위이다. 우리는 Form으로 사는 '상품' 이 아니라 하나님의 Image를 닮은 '작품' 이다. 상품은 그 본질상 비교 대상이지만, 작품

32

은 비교가 불가능하다. 그런데도 우리는 하나님의 Image로 승부를 거는 것이 아니라, 이 세상의 Form으로 살아가려고 애쓰고 있다.

이런 현상은 비단 교회 밖의 청년들에게만 있는 것이 아니라, 교회 안에 있는 청년들에게도 대동소이하게 나타나고 있다. 세속화의 물결이 급속하게 교회 안으로 밀려 들어오고 있는 것이다. 교회 공동체에 있는 형제들이 겉으로는 이성의 신앙을 이야기하면서도 마음 속 깊은 곳에서는 '기왕이면 다홍치마'라는 생각을 하고 있다. 자매들도 마찬가지로 내적 신앙을 이야기하면서도 신앙과 상관 없는 학위, 재력, 능력, 가문 등을 우선시하고 있는 것이 현실이다. 어느 선교 단체에서 청년 크리스천의 의식 조사를 한 결과를 보았는데, 청년 형제들이 원하는 이성상에서 최상위 순위가 '호감을 주는 얼굴'이었다. 달리 말하면 '얼굴이 예뻐야 한다는 것이다.' 둘째 순위는 '신앙이 초보 단계여야 한다'는 점이었다. 그래야 자기 말을 잘 듣는다는 이유에서였다. 동역사를 바라보는 시각과 관점이 신앙인이나 비신앙인이나 거의 차이가 없다. 아니 더했으면 더했지 덜하지 않은 것 같다. 한마디로 교회의 청년들도 하나같이 '이생의 자랑', '안목의 정욕', '육신의 정욕'에 사로잡혀 있다. 따라서 지금은 안약을 사서 바르고 치유해야 할 때이다. 예수 그리스도의 보혈로 씻음을 받아야 한다. 그래야 비로소 청년들에게 소망이 있는 것이다.

지금 시대는 눈에 보이는 외적인 Form에만 집중하고 있는 반면, 내적인 가치인 하나님의 Image에 대해서는 관심이 없다. 눈에 보이는 육신의 근육과 S자형의 몸매에는 관심이 많지만, 정작 눈에 보이지 않는 영적인 근육에는 관심이 없다. 필자의 장인 어른이 부산 해운대에서 '헬스 클럽'을 운영하신 적이 있으셨다. 그런데 매년 4-5월 초가 되면 유난히 젊은이들이, 특히 형제들이 헬스장으로 많이 몰린다고 이야기한다. 이유인즉 이때부터 약 2-3개월 반짝 열심히 해서 몸의 근육을 키워 해운대 백사장에 당당하게 나가려는 이유에서이다.

신림청년 공동체에서는 존귀한 하나님의 형상을 닮은 청년으로서 거듭나게 하고 그 형상을 회복할 수 있도록 계속해서 도전을 주고 있다. 세상적으로 그럴싸한 Form이 아니라, 영적인 Image를 강조한다. 외적인 가치도 중요하지만, 내적인 가치는 더 소중하다는 것을 강조한다. 무늬만(Form) 크리스천이 아니라, 정말로 하나님의 형상(Image)을 회복하는 청년으로 거듭나야 함을 강조하고 있다.

성경에서 형상이라는 단어는 두가지 형태로 나타난다. 같은 '형상' 인데도 전혀 다른 형상이다. 창세기에 나오는 '형상' 이나, 대부분 찬양의 가사 중에 나오는 '형상' 은 Image of God이다. 이것은 한마디로, 보이지 않는 하나님의 이미지이며, 이는 하나님의 성품을 의미하는 것이다. 피조물 중 인간만이 하나님의 형상, 즉 성품을 닮았다는 말이다. 따라서 하나님의 형상을 가진 인간만이 하나님을 향한 열망이 있고, 창조주 하나님에 대해 더 많이 알아가고자 하는 소망이 생기는 것이다. 일대일 제자 양육 과정, '성장' 부분의 두 번째 만남에 보면 이 부분을 다루고 있다. (더 자세한 것은 5장의 '3. 일대일 제자 양육' 을 참고하라)

그런데 출애굽기(20장)를 비롯한 많은 곳에, 어떠한 형상이든지, 하나님의 형상을 만들지 말라고 명령하고 있다. 이때의 형상은 image가 아니라, form을 말하는 것이며, icon을 말하는 것이다. 여기에는 이유가 있다. 죄성을 가진 인간이 영이신 하나님을, 눈에 보이는 형상(form-금송아지)으로 만들어서 자신의 통제 하에 두려는 잘못된 욕망에서 출발하는 것이다. 하나님은 이것을 금하신 것이다. 이것은 죄성을 가진 인간이 무한하시고 자유로우신 하나님을 보이는 형상으로, 그리고 한정된 곳에 제한시킴으로, 그 형상화된 하나님이 없는 곳에서는 마음껏 죄를 누리고 싶은 죄성에서 나온 생각들이다. 하나님께서는 이 형상(form)을 금하신 것이다.

청년 시기에 자칫 잘못하면 겉으로 보이는, 사역과 그로 인한 열매에만 집중하게 되는데, 그 사역보다 더 중요한 것은 하나님의 성품이다. 성품이 온전히 연단 받지 못한 채 사역이 과중하게 되면 쉽게 낙심하게 되고 만다. 청년도 예외일 수 없다. 하나님의 성품을 알고, 궁극적으로 하나님을 알 때에 내 속사람이, 내 성품이 바뀌기 시작한다. 하나님께서 우리를 택하신 가장 큰 목적이 있다면, 그것은 우리로 하여금 일하는 사람으로 세우는 것보다 먼저 예수 그리스도의 성품이 우리를 통해서 나타나도록 하는 것이다. 겉모양보다는 속사람이 바뀌기를 원하는 것이다. 이 세상의 세속적인 가치관으로 치장하는 것이 아니라, 하나님의 거룩함과, 신실함과, 성실함… 이런 하나님의 성품으로 온전케 되기를 원하시는 것이다. 이를 위해 예배시간과 GBS 시간을 통해서 계속적으로 강조하고 있다.

하나님의 Image를 닮은 존귀한 청년 지체 여러분, Form 잡지 맙시다!

청년교회의 강조점(Focus)-5
야망(욕망)이냐 vs 소망(소명)이냐

너희 마음의 눈을 밝히사 그의 부르심의 소망이 무엇이며(엡 1:18)

신림동은 이 세상에서 가장 부러움과 선망의 대상이 되는 서울대학교가 위치해 있으며, 청운의 꿈을 품고 각종 고시를 준비하기 위해 인재들이 몰려오는 곳이다. 세상적으로 보면 이곳은 세속적인 야망과 출세에 대한 욕망이 지배하는 곳이다. 이곳의 많은 청년들에게 있어서 신림동은 출세와 성공을 위해서 반드시 거쳐야 하는 관문으로 여겨지고 있다. 주님이 주신 부르심의 소망이 아니라 한(恨)을 품고 여기에 모여 있는 것이다. 주님과 함께 달려가는 것이 아니라, 주님을 철저히 배제한 채 영적으로 위험한 자수성가(自手成家)

의 길을 달려가고 있다. 그렇기에 이곳에 하나님이 세우신 신림청년교회는 더욱 예수의 소망을 강조하고 있다. 분명하게 각 청년들 개개인의 비전을 강조하지만, 그렇지만 단순히 그 비전을 따라 움직이는 것이 아니라, 그 비전을 주신 하나님께 포커스를 맞출 것을 강조한다.

요즘은 십자가 없는 영광을 추구하려는 청년들이 의외로 많다. 기득권에 안주하려는 청년들이 참으로 많다. 고시를 준비하는 대부분의 청년들도 공부를 하는 이유를 하나님의 소망이나, 소명에서 찾는 것이 아니라, 단순히 이 세상에서의 안정을 누리기 위해서 공부에 목숨을 건다. 하나님 나라에 대한 관심이 없다. 그렇지만 정말로 중요한 것은 '부르심의 소망'을 좇아가는 것이다. 그것이 비록 좁은 길이라 할지라도, 십자가의 길이라 할지라도 말이다. 신림교회에서는 이것을 강조한다. 신림청년교회에서는 십자가 없는 영광을 추구하는 것을 지양한다. 십자가 없는 부활을 추구하는 것을 지양한다. 주와 상관없이 출세하고픈 욕망과 야망을 십자가에 못 박게 한다. 어떤 목회자는 '좁은 문과 길'을 통과하면 이제는 '넓은 길'이 우리를 기다리고 있다고 말하는데, 그것은 분명히 성경적이지 않다. 복음서의 산상수훈에 보면(마 7:13-14) 좁은 문을 통과하고 난 이후에, 그 다음 관문이 넓은 길이 아니라 좁고 협착한 길이다. 그것이 곧 주님을 따르는 제자의 길이다. 다시 말해 십자가의 길은, 좁은 문(신림동에서의 온갖 고시의 문)으로 들어와서 넓은 길(세상적 출세, 부귀영화의 길)로 가는 것이 아니라, 좁은 문으로 들어와서는 여전히 주와 함께 좁은 길로 가는 것임을 강조한다.

새벽이슬 같은 주의 청년들은 더 이상 바알과 아세라(풍요의 신)가 주는 비계 덩어리를 찾아 헤매는 자들이 되어서는 안 된다. 사탄이 제시하는 달콤한 길, 즉 십자가 없는 영광을 취하라고 하는 거짓 메시지를 단호하게 거절하고, 예수 그리스도의 살과 피를 먹고 마시는 청년들이 진정한 주님의 제자들임을 알아야 한다. 세상의 달콤함과, 세상의 누룩과, 세상의 안정감을 찾으려는 청년지체들의 체질을 십자가의 보혈로 씻기고, 그들을 십자가의 군사로 거듭나게 하는 곳이 신림청년교회이다. 세상으로부터 오는 모든 야망과, 욕망, 주님으로부터 오지 않은 모든 세상적 안정감을 십자가에 못 박게 하고, 오직 주께로부터 나오는 십자가의 소망을 가지고 세상을 향해 담대히 걸어 나가게 하는 곳이다. 그래서 각자의 삶의 자리에(중심에) 주님의 그 소망의 십자가를 세우라고 강력하게 권고한다.

내 속에 있는 세속적인 야망을 떠나 보내야 하나님의 영광을 볼 수 있다. 내 속에 있는, 예수를 팔아서 자신의 유익을 챙기려고 하는 가룟 유다가 떠나야 하나님의 영광을 볼 수 있다(요 13:31-32). 복음서의 부자 청년처럼 돈이 주는 안정감에서 떠나지 않으면 주님의 제자가 될 수 없다(마 19:22). 또한 창세기 13장에 보면 아브라함과 롯이 갈라서는 장면이 나오는데, 하나님이 아브라함에게 은혜와 비전을 주시는 장면 바로 전 14절에 보면, "롯이 아브람을 떠난 후에"라는 말이 나온다. 즉 아브라함의 영역에서, 지극히 눈에 보이는 대로(안목의 정욕대로) 살아가려는 롯이라는 영역이 떠나갈 때 비로소 하나님의 놀라운 영광을 경험하게 되는 것이다. 세속적인 야망이 아닌 부르심의 소망을 따라가는 자들이 진정 새벽이슬 같은 주의 청년들이다.

이로 인해 계속적으로 청년 공동체 내에서 주님의 십자가의 소명을 따라 헌신하는 지체들이 나오기 시작한다. 이곳에서 행시를 준비하다가 긍휼사역에 대한 부르심이 있어서, 안정된 일반 목회의 길을 버리고 노숙자들과 함께 사역하시는 김OO 목사, 서울대를 졸업하고 외교관의 꿈을 품고 이곳에 왔다가 선교를 원하시는 하나님의 부르심에 응답하여, 홀홀단신으로 베트남으로 떠난 윤OO 형제·노OO 자매, 사시에 합격하고 난 이후 평소의 비전대로 '밀알 변호사'를 개업하여 성경적인 변호사로 일하기로 헌신한 김OO 변호사를 비롯해서, 연수원에 들어가기 전 일정 기간 동안 선교지에 나가서 헌신하는 윤OO 형제, 신대원에 입학한 후 계절 학기를 반납하고 선교지에 나가 파송선교사를 섬기기로 결정한 오OO 형제, 자신의 방학을 전부 드려 Out

Reach를 떠나는 형제 자매들… 이런 수많은 형제 자매들을 통해서, 이 세상이 야망이나 욕망을 가진 사람들이 지배하는 세상이 아니라, 주님의 소망과, 부르심(소명)을 간직하고 확신하는 자들이 지배하는 세상임을 보여주고 있는 것이다.

이중에 윤OO 형제가 자신의 가장 소중한 시간을 드려서 신림교회가 품고 있는 V국으로 Out Reach를 떠나기 전에 기도 편지를 나에게 주었는데, 그 내용 중에 이런 내용이 있었다. "… 나중에 헌신하겠다고 하는 저에게 주님은 지금 하라고 하십니다. 주님은 저에게 있어서 가장 부족한 것이 '사랑'이라고 말씀하십니다…"

청년교회의 강조점(Focus)—6
좋은 소문이 난 교회

> 여러분들이 하나님의 말씀에 순종하는 생활을 한다는 소문은
> 모든 성도들이 들어 알고 있으며(롬 16:19, 쉬운 성경)

데살로니가전서 1장 8절 "주의 말씀이 너희에게로부터 마게도냐와 아가야에만 들릴 뿐 아니라 하나님을 향하는 너희 믿음의 소문이 각처에 퍼졌으므로 우리는 아무 말도 할 것이 없노라"의 말씀처럼 교회에 대한 좋은 소문과 이미지는 지역사회에 두루 퍼지게 된다. '난리와 소요의 소문'이 아니라, 주 안에서의 믿음과 말씀에 대해 반응하는 성도들과 청년들에 대한 소문이 알려지는 것이다. 순전한 누룩으로서 이 세상에 침투하여 자신의 영역들을 거룩하게 변화시켜 나가고 있는 것이다. 이 세상은 '더불어 살아가는 세상'이 아니라, 거룩한 영향력으로 변화시켜 나가야 할 대상이다. 기독 청년들은 세상에 발을 딛고 서 있지만, 이 세상에 속한(of the world, 요 17장 참조) 자들이 아니다. 그렇다고 세상을 떠나 있는(out of the world) 자들도 아니다. 오직

우리의 정체성은 세상 속으로(into the world) 보냄을 받은 자들이다. 거룩한 영향력을 전염시키기 위해서, 맛이 없는 이 세상을 살맛나게 하는 세상으로 만들기 위해서, 빛을 잃어 방황하는 자들에게 진리이신 예수 그리스도의 빛을 비추기 위해서, 세상에 흩어져 있는 자들이다. 그곳에서 예수 Virus를 퍼뜨리는 자들이다.

신림동 지역의 특성상 고시원과, 하숙집, 자취방, 원룸, 독서실을 운영하는 사람들이 많이 있고, 여기에 매년 수많은 외지의 청년들이 이곳으로 유입된다. 이때, 이들이 제일 처음 만나는 사람들이 건물 주인이고, 하숙집 주인이고, 자취방의 주인들인데, 이들이 외지의 학생들에게 교회를 추천할 때 신림교회를 강력하게 추천해 준다고 한다. 구체적인 이유는 좀 더 살펴봐야 하겠지만, 그들 대부분은 신림교회가 아닌 다른 교회의 제직들이고 항존 직분자들이면서도 외지 학생들에게 신림교회를 적극적으로 추천해 주고 있다. 지역 사회에서 신림교회에 대한 좋은 이미지와 소문이 청년들을 교회로 모이게 하는 요인 중 하나이다.

이것은 각 청년들과 성도들이 단지 교회 안에서만 거룩함을 견지하는 것이 아니라, 세상 밖에서도 거룩한 영향력을 행사하고 있다는 반증이며, 교회 공동체 안에서의 소금과 빛이 아니라, 저 세상에서 소금과 빛의 역할을 감당하고 있다는 것이다. 아울러 신림교회의 핵심적인 가치 가운데 하나인, 각자의 삶의 자리에서 '선교사적인 삶'을 제대로 살고 있다고 볼 수 있는 것이다.

그래서 딱히 전도 특공대가 그들에게 전도를 하지 않아도, 청년들은 자발적으로 신림교회를 찾아오고 있다. 물론 교회 내 전도부가 있고, 새가족 양육부가 조직되어 있지만, 가장 큰 동력은 말씀에 은혜 받고, 도전 받고 각자 삶의 자리에서 선교사적인 삶을 사는 모습이다. 강대상에서 세상의 잡다한 이야기를 쏟아내는 것이 아니라, 오직 복음, 살아 있는 말씀만을 선포한다. 예수 그리스도의 십자가의 보혈만 강조하는 교회라고 소문이 나 있기에 많은 청년들에게 도전을 주고, 그 말씀 앞에 반응하게 하고 헌신하게 한다.

인근의 지역과 교회뿐만 아니라, 신대원 학생들 사이에서도 신림청년교회에 대한 좋은 소문이 나서 종종 교회를 방문하여 예배를 드리는 경우가 있다. 어떤 전도사님은 신림청년교회의 영성(spirit)을 배우기 위해 자신의 신분을 숨기고(?) 정식으로 등록하여 신림교회를 몇 달 동안 다닌 적도 있었다. 이분은 나중에 신대원 동기 사역자에게 발각, 정체(?)가 밝혀지게 되었다.

신림교회는 이 세상에서 거룩한 영향력을 행사하는 일에 앞장서고 있고, 또한 아직도 구원에 이르지 못한 지체들을 향하여 그들 마음속에 거룩한 욕심이 생기도록 영향력을 행사하는 교회이다. 마구잡이식으로 성도를 끌어 모으는 교회가 아니라, 거룩한 누룩으로서 이 세상에 퍼져 나감으로 그들에게 좋은 영향력을 끼치는 교회이다. 각자가 속한 고시원과 하숙집과 캠퍼스와 직장에서 예수의 제자답게 살기 위해서 몸부림 치는 교회가 신림(청년)교회이다.

3장 교회의 구조 (시스템)

청년교회의 시스템-1
Open된 교회

      예수님의 권위는 사람들을 위해 개방된 권위였고, 예수님의 사랑은 개방된 사랑이었다.

    신림청년교회는 청년들과 모든 지체들에게 열린(Open) 구조를 가지고 있다. 실제로 모든 청년들과 이웃에게 교회를 개방하고 있다. 교회 가까운 곳에 서울대가 있고, 또한 그 서울대 안에 수많은 기독교 동아리들이 있는데, 그 기독교 동아리들의 개강모임, M.T., 각종 기도 모임, Outreach 떠나기 전 합숙하며 훈련할 수 있는 장소로 사용되고 있다. 이들 선교 동아리에게 신림교회는 인기 있는 교회가 되었다. 처음에는 무상으로 하다가, 현재는 최소한의 경비(냉 · 난방비)를 받고 대여해 주고 있다. 또한 고시생들의 스터디 장소로도 빌려 주고 있다.

아울러 선교관의 게스트룸에는 선교사님들이 안식년으로 들어와서 쉴 수 있게끔 마련해 두었으며, 선교사 후보생들과, 헌신들이 사역지로 떠나기 전에 훈련 받고 쉴 수 있는 곳으로 게스트룸을 준비해 두고 있다. 이곳은 본교회에서 파송된 선교사뿐만 아니라, 헌신된 선교사라면 누구든지 교단에 상관없이 정식 신청서를 작성하여 제출하면 이용할 수 있게 하였다. 지금까지 많은 분들이 이곳을 이용하여 쉼을 얻고 다시 선교지로 떠나는 것을 보았다.

또한 본당의 구조를 청년 지향적인 열린 구조로 바꾸었다. 권위적으로 보일 수 있는 높은 강대상을 없애고, 강대상에는 오직 십자가와 말씀의 단만 놓이게 하였다. 따라서 말씀을 전하는 자나, 기도하는 자나, 예배를 인도하는 자가 동일하게 회중석에 앉아서 예배에 임하게 된다. 물론 특정한 직분자들을 위한 VIP석도 없고, 장로석도 따로 없다. 또한 말씀의 단을 많이 낮추어 회중들과 더욱 가까이 다가가게 하여 친밀함을 더하게 하였고, 목회자는 성찬식과 세례식을 제외하고는 모든 예배와 집회 때 가운을 착용하지 않는다. 또한 교역자의 호칭에 있어서도, 부목사라는 직임을 사용하지 못하게 하고, 담임목사나 부목사의 관계를 친구(Friend) 개념으로 보고 있다. 실제로 교회 주보의 섬김이 란에는 담임목사와 부목사가 동일하게 목사라는 항목으로 묶여져 있다.

부교역자에 대한 이러한 열린 모습은 형식에만 그친 것이 아니다. 실제로 필자가 신림교회에서 전임으로 7년을 섬겼을 때(2003년), 당회와 성도들이 부교역자인 저희 가정에 6개월간의 안식년을 주셔서 예수전도단 CDTS(예수제자훈련학교, 캐나다 밴쿠버)의 과정을 마칠 수 있었다. 물론 6개월간의 모든 사례비와 5명의 비행기 티켓 비용을 교회에서 마련해 주셨다. 한국교회에서 부교역자가 안식년을 갖게 되는 경우는 결코 흔한 경우는 아닐 것이다. 더욱이 안식년을 다녀온 이후에 교회에서 우리 가정과 사역에, 교회의 배려에 상응하는 그 어떤 요구나 보상을 바라지도 않았고 요구하지도 않았다.

　무엇보다도 신림교회는 연중 24시간 본당을 개방(open)하고 있다는 것이 특징이다. 주위의 웬만한 교회는 교회 건물과 본당을 시간이 되면 시건장치로 잠그는 것이 보통이다. 여러 가지 불미스러운 일이 생기기 때문이다. 그렇지만 신림교회는 주위의 고시생들과, 학생들을 배려하는 차원에서 언제, 누구든지 교회에 와서 기도하고, 찬송하고, 성경을 볼 수 있도록 24시간 교회의 본당을 개방하고 있다. 그래서 신림교회 등록 청년이 아니어도, 많은 청년들과 성도들이 신림교회를 찾아 기도하고 가곤 한다. 그때마다 많은 청년들이 교회의 배려에 감사하게 생각한다. 단지 본당 문을 24시간 열었을 뿐인데, 청년들은 신림교회에 대해서 좋은 이미지를 갖게 되고, 그렇게 함으로 다른 사람들에게 좋은 소문까지 나게 된 것이다. 고시에 대한 부담감과, 여러 가지 진로에 대한 스트레스 등으로 힘들어하는 주변의 지체들을 위한 배려이다. 청소년부 학생들부터, 청년, 고시생, 대학생, 장년 성도에 이르기까지, 본교회 교인들뿐만 아니라, 타 교회 성도들도 어제든지 찾아와서 기도할 수 있다.
　아울러 사역자들에게도 신림교회는 open 되어 있다. 동역자 가운데 합동측 전도사님(지금은 목사님 되심)이 오셔서 중등부를 섬겨 주셨고, 또한 성결교 출신의 사역자가 소년부를 오랜 시간 섬겨 주셨으며, 타 교단에서 목사 안수 받으신 분이 청년부 간사님으로 섬겨 주셨다. 또한 신림교회 출신 청년들이 사역자로 나갈 때에도 굳이 통합측 교단만 고집하는 것이 아니라, 하나님이 주신 부르심에 따라 반응하게 한다. 그래서 본교회 소속인 장로회 신학대학원으로 진학하는 청년들도 많지만 선교사의 영성을 가진 청년들을 합동신학대학교로 보내기도 하고, 총회 신학대학원으로 진학하기도 하여 각자 부르심의 소망을 좇아서 나가게 한다.

무엇보다도 지금 V국에 나가 계시는 김베남 · 황OO 선교사님의 경우도, 신림교회와 아무런 연고가 없고, 교회와 교단도 다르지만 V국에 대한 소망함이 같기에 신림교회에서 파송선교사로 이 가정을 허입하고 지금까지 온전히 동역하고 있다.

청년교회의 시스템-2
하나 됨 vs 분리 됨

> 몸은 하나인데 많은 지체가 있고 몸의 지체가 많으나 한 몸임
> 과 같이 그리스도도 그러하니라(고전 12:12)

신림청년교회는 한마디로 융통성을 가진다는 특징이 있다. 어느 하나를 고집하지 않고, 다양한 변화를 시도해 본다. 그래서 하나로 되었다가 2개로 분리도 해 보고, 어떤 해에는 3개의 청년으로 분리되었던 적도 있었다. 그러나 어떤 경우에도 예수 그리스도를 머리로 하는 한 몸을 이루는 공동체임을 강조한다. 많게는 3개의 청년 구조로 분리되었다가, 다시 하나로 연합해서 전체 청년교회를 운영하고, 또 필요에 의해서 2개로 나누어 운영되기도 한다. 1998년도에는 윗샘과 아랫샘으로 청년을 분리하여 각각 운영해 오다가, 다시 합쳐서 운영하고, 다시 2005년부터는 Holy Passion과 Holy Mission으로 분리되어 예배를 드리고 있다. 그리고 각각의 공동체의 특성을 살리기 위해서 노력하고 있다. 가령 현재 운영되는 Holy Passion에서는 헌금시간을 따로 가지지 않고, 예배실에 들어올 때 자발적으로 헌금하게 한다든지, 설교 노트를 활용하고, 성찬식도 다르게 운영해 보기도 하고, 설교 시간도 기존의 틀에서 벗어나 다양한 방법을 시도해 보고, 수련회도 Holy Mission의 방향성에 맞게 운영하고… 이러한 과정은 지체들의 필요와, 또한 영적 리더십의 비전을 공유하는 차원에서 이뤄지고 있다.

2005년 한 몸이던 청년교회가 2개의 공동체로 나뉠 때 필자가 《예닮지》에 쓴 글을 실어본다.

올해(2005년) 신림청년교회에 변화가 있다. 청년 1부(Holy Mission)와 청년 2부(Holy Passion)로 나뉘어 예배를 드리게 된다. 점진적으로 성경공부를 비롯한 모든 구조가 나뉘게 될 것이다. 변화라는 말에는 긴장감이 생기게 마련이다. 긴장을 한다는 것은 에너지가 방출된다는 것이다. 그렇기에 한편으로는 두렵고 혼란스럽지만 한편으로는 또 다른 하나님의 역사를 경험할 수 있는 계기가 된다.

새롭게 출발하는 청년 1, 2부를 기대하며 몇 가지를 나누고 싶다. 먼저 새롭게 출발하는 청년 2부(Holy Passion) 지체들을 많이 축복하고 격려하고 싶다. 지금까지는 선배들의 그늘로 인한 든든한 보호막 속에 있었는데, 지금부터는 완전히 노출된 상황에서 스스로 해 나가야 하는 어려움이 있을 것이다. 어떻게 보면 맨 땅에 헤딩하는 심정일 수 있다. 그러나 여러분 혼자 달려가는 것이 아님을 기억하기 바란다. "놀라지 말라, 두려워하지도 말라"고 말씀하시는 주님이 함께하신다. 또한 이를 통해 훨씬 많이 성장하게 될 것을 확신한다. 2005년 연말 결산할 때 여러분은 어느덧 자신의 영역에서 많이 성장한 모습을 발견하게 될 것이다.

아울러 청년 1, 2부 모두 예배에 더 집중하는 하는 한해가 되었으면 한다. 여러 가지 변화하는 환경에 임할수록 우리는 생각할 것이 많고, 또한 어수선하게 되고, 분주해지기 쉽다. 그래서 중요한 것을 놓치는 경우가 많다. 그렇지만 우리 청년들이 정작 중요한 것—예배에 바빴으면 좋겠다. 그것은 다름 아닌 예배에 목숨을 거는 모습일 것이다. 이 참된 예배 안에 모든 것이 다 포함된다고 해도 과언이 아닐 것이다. 예배 안에 기쁨과 감격과 회복이 있다. 내년도에 모든 지체들이 베드로 앞에 선 이방인 백부장 고넬료의 고백처럼 "우리 모두가 주님 앞에 서 있습니다." 라고 고백하는 심령이 되었으면 좋겠다. 그래서 예배와 말씀을 통해서 하나님의 영광을 보고, 진정한 안식을 누릴 수 있기를 기대해 본다.

　　이런 분립과 하나 됨을 통해서 얻는 유익이 있다면, 먼저는 분립되었을 때는, 어린 지체들의 리더십과 역량을 표출할 수 있는 기회가 제공된다는 점이다. 선배들의 리더십에 묻혀 있던 어린 지체들이 자발적으로 청년교회 일에 앞장서게 된다는 효과가 있다는 것이다. 실제로 2005년 청년교회가 Holy Passion과 Holy Mission으로 분립되었을 때, 80또래(80년생)가 지금까지는 양육 받고 사랑받는 또래였지만, 2005년부터는 Holy Passion의 선임으로서 모든 영역에 리더십을 발휘하게 되었다. 지금 그 또래들은 다시 Holy Mission으로 올라가게 되었는데, Holy Mission에서도 자리매김을 훌륭하게 하고 있다. 또한 지역 특성상 모교회에서, 선교단체에서 많은 훈련을 받은 지체들이 모여드는데, 그들의 좋은 장점들을 교회가 잘 활용할 수 있다는 유익이 있다.

　　또 한편으로는 어느 정도 시간이 경과되면 나눠진 청년회가 하나되는 구조로 진행되어 왔는데, 이때는 서로 나뉘어져 있음으로 해서 오는 여러 가지 문제점들—소외감, 일체감 부족, 정체성 상실 등—을 해소하고 한 몸을 이루는 공동체가 되었다. 진정한 공동체의 친밀감을 하나됨을 통해서 체험할 수 있었던 것이다. 그리고 이러한 과정이 특정한 소수의 사역자로 인해 결정되는 것이 아니라, 자연스럽게 밑에서부터 많은 지체들에게 주신 하나님의 마음을 공유함으로 실천해 나간다는 점이 중요하다.

청년교회의 시스템-3
열심히 vs 신실히

　　　　하나님께서는 신실하신 분입니다. 여러분은 하나님의 신실하
　　　　심으로 인해 그분의 아들 예수 그리스도 우리 주와 함께 교제
　　　　하도록 부르심을 받았습니다(고전 1:9, 우리말성경).
　　　　우리는 미쁨이 없을지라도 주는 항상 미쁘시니(딤후 2:13)

46

교회의 지역적 특성상, 고시생들이 많고, 또한 학생들이 많다. 당연히 문제점으로 지적되는 것이 교회의 사역과 자신의 본분인 공부와의 균형이다. 이런 것을 교회가 잘 조정할 필요가 있다. 어떤 때는 교회 임원을 하면 고시를 비롯한 각종 시험은 당분간 보류해야 한다는 말이 나올 정도이다. 물론 교회의 입장에서 보면 그렇게 열심히 교회를 섬겨주는 것이 고맙다. 그렇지만, 그들의 주된 부르심은 교회의 임원이나 사역자로의 부르심이 아니라는데 문제가 생긴다. 그래서 교회의 모든 시스템을 방향 없이 '열심히' 하는 것을 지양하고 하나님 앞에 '신실하게' 서는 것을 지향하고 있다. 각자의 부르심의 소망함이 무엇인지를 일깨워주려고 노력하고 있다.

그래서 담임목사와 필자는 청년 임원들에게 특히 고시를 준비하는 고시생이나 학생들에게 너희들의 본분을 잊어버리면 안 된다고 강조한다. 그래서 쓸데없이(?) 교회에서 무위도식하는 청년들이 있으면─공부는 하지 않고, 하루 종일 교회에 나와 빈둥거리는 청년들이 가끔씩 있다─ 자신들의 본분과 자리를 잊어버리지 않도록 따끔하게 충고하고 있다.

이것은 자신의 존재감과 정체성을 상실했기 때문이며, 이런 지체들은 금방 지치게 되고, 교회에 문제를 일으키게 된다. 나의 가치가 단순히 일(Doing)에 있으면 쉽게 지치게(burn out) 된다. 그러나 나의 열심이 아니라, 신실하신 하나님께 나의 존재감을 두면(Being) 항상 기쁨과 감사와 감격으로 주께 영광 돌리게 된다.

요한복음 11장에 보면 나사로의 죽음과 그 집을 방문하시는 주님과 주님께 반응하는 마르다와 마리아의 모습이 나온다. 먼저 20절에 보면 마르다가 먼저 반응한다. "마르다는 예수 오신다는 말을 듣고 곧 나가 맞되 마리아는 집에 앉았더라" 즉 마르다는 오신다는 소문만 듣고 자기 열심으로 달려 나온다. 다시 말하면 주님의 '부르심' 이 없는데도 열정적으로 나오는 대표적인 인물이다. 그런데 또 한 자매인 마리아는 28절에서 주님의 부르심을 받고 달려 나간다. "이 말을 하고 돌아가서 가만히 그 자매 마리아를 불러 말하되 선생님이 오셔서 너를 부르신다 하니 마리아가 이 말을 듣고 급히 일어나 예수께 나아가매"(요 11:28-29) 이 두 자매인 마르다와 마리아를 통해서 '열심히' 와 '신실히' 의 차이를 엿볼 수 있다.

자칫하면 영적인 백수가 되기 쉬운 지체들이 청년들이다. 특히 고시생들 중에서는 영적으로 무위도식하는 자들이 있을 수 있다. 이것을 원천적으로 구조적으로 봉쇄하기 위해서 교회가 노력하고 있다.

무조건적인 열심히 아니라, 방향이 중요하다. 그래서 신실함이 참 중요하다. 열심히 하는 자들은 자신에게만 유익하지만, 신실하게 하는 자들은 자신과 교회와 하나님 나라에 유익하다고 강조한다. 자기 신념과 믿음의 차이를 구분할 줄 알아야 한다.

> 인간이 가지는 신앙(신념)은 때때로 자신을 실망시키지만, 하나님의 신실성은 결코 그를 실망시키지 않는다._윌리엄 그린힐

교회의 모든 시스템이 '단순히 열심히' 하는 자들을 세우는 것이 아니라, '하나님의 신실함' 을 아는 자들을 세우고자 기도하며 실천하고 있다. 단순히 세상적인 열심을 가진 자들을 교회의 리더로 세웠다가 시험에 드는 경우가 한국교회에 얼마나 많이 있는가? 가장 원칙적인 이야기이지만, 주님의 교회는 주님으로 하여금, 성령님으로 하여금 운동하게, 역사하게 해야 한다. 세상의 기관과 조직에서는 내가 열심히 하면 열매를 볼 수 있다. 그렇지만, 하나님의 교회는 나의 열심 이전에 기름 부으심이 있어야 한다고 강조한다. 극단적으로 필자는 청년들에게 그렇게 이야기한다. '주님이 개입할 수 있는 영역을 남겨 놓으라' 고 말이다. 이것이 '나의 열심' 과 '하나님의 신실함' 의 차이를 아는 것이다. 신림청년교회의 모든 사역과 시스템은 '열심히' 로 가는 것이 아니라, '신실하게' 나아가는 구조를 강조한다.

의존성(through shaman) vs 자생력(in christ)

> 너희는 택하신 족속이요 왕 같은 제사장들이요 거룩한 나라요
> 그의 소유된 백성이니(벧전 2:9)

신림교회의 특징 가운데 하나는 사람에 대한 의존이 아니라, 주님 안에서의 자생력이다. 가령 초창기에 아버지학교는 거의 교역자가 주관이 되어 강의와 모든 프로그램이 진행되어져 왔다. 그런데 얼마 전부터는 평신도 사역자들이 자체적으로 훈련을 받고 자체적으로 교육을 통해서 아버지학교를 신실하게 운영하였고, 또한 지속적인 연계성을 가지고 운영할 수 있는 역량을 갖게 되었다. 이런 교회의 분위기가 그대로 청년 사역에도 적용된다. 말씀의 깊은 뿌리와 영향력으로 인해 담당 교역자가 깊이 관여하지 않아도 유기적으로 움직여 나간다는 점이다. 거의 모든 일정과 행사가 전담 교역자 없이 진행되고 있다. 물론 교역자가 반드시 필요한 영역이 있지만 거의 모든 사역의 방향과 결정들이 자체적으로 기도하고 결정하는 구조로 되어 있다.

대표적인 실례로 현재의 담임목사가 부임한 후 첫 안식년을 가지게 될 때(2001년), 교회와 당회에서는 안식년을 다음 기회로 미룰 것을 정중히 부탁드렸었다. 이유인즉 아직 건축 중인 선교 교육관도 마무리되지 않았고, 그런 상황에서 영적 리더가 1년간 교회를 비우게 되면 교회가 시험(?)에 들지 않을까하는 두려움과 염려가 있었기 때문이었다. 그러나 신림교회가 담임목사 한 사람에 의해서 좌우되는 것은 바람직하지도 않고, 하나님의 교회는 하나님의 사람들로 인해 움직인다는 평소의 목회 철학대로 미련 없이(?) 안식년을 가졌다. 또한 가장 큰 이유 가운데 하나는 개인의 영성과 쉼과 회복도 중요하지만, 신림교회 전체를 바라보면서 안식년을 갖는다는 것이 유익하다는 마음으로 떠나게 된 것이다. 일종의 모험일 수도 있는 시도였다. 많은 교회가 바로

이러한 교회론이 굳건히 세워지지 않았기에, 제대로 안식년을 갖지 못할 뿐만 아니라, 인간적인 염려로 몇 개월씩 나눠서 안식년을 사용하기도 한다. 이를 통해 신림교회는 영적 리더인 담임목사가 1년간 비어 있는 동안에도 아무런 시험(?) 없이 건실하게 잘 반응하고 성숙하는 경험을 하였다.

각 청년 지체들은 왕 같은 제사장으로서, 거룩한 나라로서 주님께 인격적으로 반응한다. 대부분의 교회 청년들이 특정 지도자나 영향력 있는 한 사람에 의존하는 데 비해 신림청년교회의 청년들은 각자가 자기 영역에서 스스로 서는 훈련을 받고 있다. 이를 위해 개인 큐티를 강조하고, 말씀을 스스로 먹을 수 있는 단계에까지 이르도록 교회가 돕고 있다. 모든 성경공부나 수련회도 교역자나 임원에 의해 진행되는 것이 아니라, 훈련받은 각 지체들이 소그룹으로 들어가 섬기는 시스템을 가지고 있다.

특히 '왕 같은 제사장'으로서 청년들에게 인격적으로 주님 앞에 설 것을 요구한다. 무당(샤먼)을 통해서 주님에게 가는 것이 아니라, 왕 같은 제사장으로서의 권세를 회복하라고 강조한다. 신령하다는(?) 특정한 사람에게 기도받고 안수 받는 것은 미신에 가까운 것이다. 그것은 주님이 십자가에서 피를 흘리면서까지 찢으신 휘장을 다시 꿰매는 것이며, 주님의 십자가의 사역을 무력화 하려는 시도이기도 하다. 내가 먼저 주의 은혜를 받고, 또한 나를 통해 다른 사람도 주의 은혜를 누리게 하는 것이 진정한 제사장의 권세이다.

Holy Passion도 분립될 당시, 사역자가 많이 부족한 상황이었지만, 청년교회 출신인 김향숙(73또래) 자매와 윤동환 형제(75또래)가 자원함으로 청년부를 섬겨주었고, 이들의 자발적인 헌신은 여느 유급 사역자 못지 않았다. 이들은 신림청년공동체에서 훈련받고, 또한 하나님의 부르심과 소망함과 자원함으로 청년사역을 돕고 있다. 실제로 목회자들보다 이들의 영향력이 훨씬 긍정적으로 나타날 때가 많이 있다. 자체적으로 헌신된 선배가 후배를 섬기고, 후배는 선배의 질서에 순종하는 것을 통해서 신림청년교회는 스스로 설 수 있는 기반을 갖추어가고 있다.

　지금까지 청년교회에서는 전임사역자가 사역한 경우도 가끔 있었지만, 현재 신림청년교회의 구도는 전임사역자의 역할보다는 자체적인 자생력이 더 큰 힘을 발휘한다. 교역자에게 의존하는 청년들을 양성해 나가는 것이 아니라, 각자가 왕 같은 제사장들로서 하나님께 반응하며 나가도록 한다. 거룩한 나라로서 각자가 삶의 자리에서 하나님 나라의 백성으로 살도록 도전하고 있다. 거룩한 성령이 거하시는 성전으로서 각자의 삶에서 거룩한 영향력을 끼치도록 권면한다. 그렇기에 신림교회에서는 청년 사역자들의 필요성이 그렇게 절대적인 것이 아니었다. 필자도 신림교회에서 사역하면서, 또한 청년부를 맡을 때부터 청년부와 교구와 중보 사역을 병행하고 있다. 신림청년교회는 특정한 몇몇 사람에 의존하지 않고, 전 공동체가 자발적으로 참여하는 자생적 구조를 만들어 가고 있다. 또한 그것이 성경적인 교회라고 확신하고 있다.

청년교회의 시스템-5
청년들에 대한 관심

> 늘 지켜보며 무언가를 해 주고 싶었다. 네가 울면 같이 울고, 네가 웃으면 같이 웃고 싶었다. 깊게 보는 눈으로, 넓게 보는 눈으로, 널 바라보고 있다. 바라보고만 있어도 행복하기에 모든 것을 포기하더라도, 모든 것을 잃더라도 다 해 주고 싶었다. _ 용혜원의 「관심」

　하나님의 성품(속성)을 이야기할 때 '인격적인 하나님' 이라는 말을 한다. 이 인격적이라는 말은 '하나님이 목석이 아니다' 는 말과도 같다. 하나님은 일대일로(인격적으로) 우리와 관계를 맺기를 원하시는 분이다. 따라서 하나

3장 교회 구조(시스템)

님의 관심은 사역이나 일에 있는 것이 아니라, 사람에게 있다. 하나님은 어떤 일의 성공이나 업적에 관심을 가지시는 것이 아니라, 그 사람 자체에 관심을 두신다. '관심을 갖는다'는 것은 그 영역을 가슴에 품는 것을 말한다. 비록 실수와 연약함과 어리숙함이 있다 하더라도 그 대상을 보듬어 안는 것을 말한다. 그리고 그들의 말과 생각과 행동에 귀를 기울여 주는 것을 말한다.

상대적으로 청년들이 교회에 많다 보니, 교회와 당회와 일반 성도들도 청년들에게 많은 관심과 사랑을 쏟고 있다. 당회뿐만 아니라, 전교회가 청년부가 하는 일에 적극적으로 후원하고 있다. 청년들이 자체적으로 기도하고 결정하는 안건은 거의 대부분 교회에서 채택되고 있다. 한 해 행사 계획, 수련회의 방향성과 강사 섭외와 GBS 교재 내용 및 진행 방식 등 모든 영역에 있어서 청년들의 목소리에 힘을 실어 주고 있다. 한 해의 예산을 사용할 때도 전적으로 청년들에게 위임하는데, 이는 쓸데없이 먹고 마시고 교제하는 것에 많은 예산을 쓰지 않고 자체적으로 규모있게 사용한다는 청년들에 대한 믿음과 신뢰 차원에서 나온 것이다. 물론 이를 통해 시행착오도 없지 않아 있었지만, 이것이 오히려 더욱 성숙한 청년부로 거듭나는 계기가 되었다.

교회에서 재정적으로 힘든 고시생들에게 별도의 예산을 확보하여 개별적으로 장학금을 지급하지만, 한걸음 더 나아가, 교회 자체적으로 '지킴이' 제도를 실시하여 고시생들의 재정을 도와주고 있다. 지킴이 제도란, 교회 사찰 집사님이 퇴근하고 난 이후, 24시간 개방된 교회의 구조상, 교회를 관리하는 사람을 두는 것이다. 오후 6시부터 그 다음날 새벽 5시까지 2교대로 교회 사무실을 지킴으로 교회의 안전과 고시생들의 재정적인 필요를 동시에 충족시켜주고 있다. 물론 이때 교회 전체를 순찰하고, 점검하고 난 이후의 시간은 자유롭게 사무실에서 책을 읽고, 공부할 수 있도록 배려해 준다.

또한 선교 헌신자들이나 신학을 준비하는 자들, 앞으로 주의 일에 전적으로 헌신하고자 하는 지체들에게는 따로 교회에서 공동체 방을 운영하여 그들의 영적인 생활을 돕는다. 아울러 공동체 훈련을 통해 헌신자로서의 가장 기본적인 소양을 갖추게 한다. 이 공동체를 통해서 많은 헌신자들이 배출되고 있다. 여기서 배출된 청년들은 후에 사역자가 되었을 때 이곳 신림공동체에서 받은 은혜와 관심을 생각하며, 동일하게 후배 지체들을 위해 자신의 사례비의 일부를 떼어서 공동체 헌금으로 보내주고 있다. 이 후원금이 모아져서 다음 헌신자들의 등록비와 선교비로 사용되고 있다.

그리고 교회의 어른들과 항존 직분자들이 청년들에게 관심을 가지도록 목회적인 차원에서 강조하고 있다. 가령 장로님들과 권사님들이 자주 청년들 모임에 들어가서 봉사하게 하고, 섬기게 하고, 공예배시에 기도를 통해서 청년들에게 지속적인 관심을 가지게 한다. 또한 당회와 모든 재직들이 청년교회의 필요에 민감하게 반응하고 될 수 있는 한 도와 주려고 노력하고 있다. 이런 과정을 통해서 많은 청년들이 신림교회 청년으로서의 자부심을 갖게 된다.

2부

'보혈'로 성장하는 신림청년교회

"신앙한다는 것은 결코 감정과 기분에 따라 반응하는 것이 아니라, 전적으로 말씀에 의한 믿음의 가치에 따라 반응하는 것이다" 오늘의 신림청년교회는 세 번에 걸친 말씀 수련회로 인해 온전한 기초를 세웠다고 할 수 있다. 오직 말씀에만 반응하고, 오직 말씀에만 버무려지고, 오직 말씀에만 깊이 침잠하는 시간이었고, 이를 통해 말씀이 주는 진정한 기쁨과 감사와 감격을 체험한 시간들이었다.

4장 청년교회의 기초 _ 세 번의 말씀 수련회

　전준식 담임목사가 부임할 당시(1995년경) 청년교회의 규모는 출석인원이 60여 명 정도였고, 그 당시 수련회 참석인원이 30여 명이었다. 그러나 이후 세 번에 걸친 말씀 수련회를 통해서 신림청년교회는 영적으로 양적으로 성장을 이루었다. 그 결과 2002년, 2006년 말씀 수련회 때는 수련회 리더로만 30여 명이 헌신하게 되었다. 또한 수련회 참석 인원이 200여 명이 넘어섰다. 공교롭게도 월드컵이 열리는 해에 맞춰 말씀 수련회를 갖게 되었다. 전 나라가 월드컵으로 인해 어수선한 상황 가운데, 다시 말씀의 깊은 세계로 들어가기를 원하시는 주님의 소망 앞에 모든 교회의 리더가 순종함으로 말씀 수련회를 진행한 것이다.

　이 말씀 캠프의 특징은, 목회자나 특정한 리더 한 사람이 인도하는 캠프로 진행되는 것이 아니라, 성령님이 각자 각자를 어떻게 인도하시는지를 경험하게 되는 캠프이다. 단순한 교회 문화를 믿음이라고 착각하는 자들은 이 캠프를 통해서 영적인 충격을 받게 된다. 우리 가운데 얼마나 많은 불순물들이 은혜의 보좌 앞에 나가는 데 걸림돌이 되는지 이 캠프를 통해서 깨닫게 된다. 그리고 이 말씀 캠프를 통해서 성령의 단비, 말씀의 단비로 그런 불순물을 씻어내는 은혜를 체험하게 되었다.

말씀 수련회는 복음의 본질에 대해서 깊이 묵상하고, 또한 복음 안에서 자유함을 누리는 기쁨을 맛보는 시간들이었다. 다른 프로그램은 거의 없이 오직 말씀만을 깊이 연구하는 시간이었기에 실제로 육신적으로는 힘들고 고단하였지만, 영적으로 새롭게 거듭나는, 정말 자유함과 감격의 시간들이었음을 고백하였다.

1. 인생의 터닝 포인트

아래의 글은 필자가 2006년 세 번째 말씀 수련회를 앞두고 청년 지체들을 초청하는 글이다.

> 필자는 지금까지 신앙생활을 해 오면서 수많은 수련회를 겪어 보았다. 그러면서 필자가 가졌던 수련회의 개념은, 부서를 막론하고 대개는 이런 순서이다. 유명한 전문 강사를 초청해서 저녁에 집중 강의 듣고, 낮에는 물놀이를 비롯한 공동체 훈련을 하고, 오후에는 천로역정, 체육대회, 물놀이. 마지막 날 캠프파이어로 마무리를 하고… 그렇지 않으면 낮에는 농활과 봉사활동을 하고, 저녁에는 자체 프로그램을 가지고…….
>
> 그런데 신림교회에 와서 처음 맞은 말씀 수련회는 가히 경악할만하였다. 1998년 "귀신 잡는 갈라디아서"로 첫 말씀 수련회를 가졌다. 이는 지금까지의 수련회의 개념을 완전히 바꾼 획기적인 사건이었다. 전문 말씀 강사나 부흥 강사가 아닌, 미리 헌신된 리더들이 주 강사였다. 리더들과

조원들이 하나가 되어 말씀 공부하고, 점심 먹고, 다시 말씀 공부하고, 저녁 먹고 다시 말씀 공부하고, 간식 먹고, 잠시 쉬었다가 숙제하고… 학습 속도가 조금 뒤떨어진(?) 지체들은 남들 다 잘 때, 새벽2-3시까지 마무리하고 잠자리에 들었다. 가히 혁명적인 수련회였다.

그런데 참으로 놀라운 것은 그런 수련회를 처음 겪어본 신림 청년들이 불평하는 것이 아니라, 그 말씀이 주는 말씀의 권세에 깊이 빠져드는 것을 모두 경험했다는 사실이다. 말씀이 주는 기쁨, 말씀에 거하는 감동, 말씀에서 발견하는 복음의 진리, 말씀으로 다가오시는 예수 그리스도, 말씀으로 각자 각자를 만지시는 놀라운 체험들을 하게 되었다. 단언컨대, 신림청년교회가 다시 한번 주님 앞에 업그레이드 되는 시점이 바로 1998년 말씀 수련회였다. 이때 리더로 섰던 사람들이 지금 신림교회(주로 5남선교회 소속)의 기둥 같은 일꾼들이 다 되어 있음은 말할 것도 없다. 지난 2006년 6월 6일 Home-coming-day 때 흩어졌던 지체들이 한자리에 모여서 덕담을 나눌 때도 하나같이 그때의 그 말씀 수련회의 감격과 감동을 잊을 수 없다고들 이야기하였다.

두 번째 말씀 수련회는 2002년이었다. 그때는 로마서를 교재로 선택하였다. 동일하게 로마서 말씀을 통해서 주님은 신림청년들을 연단시키시고, 격려해 주셨다. 주님께서는 참여한 모든 청년지체들에게 로마서 말씀을 통해서 복음의 진수를 가르쳐 주셨고, 다시 한번 그 복음 앞에 무릎 꿇게하는 귀한 시간이었다. '의인은 믿음으로 말미암아 살리라' 는 말씀을 통해서 믿음의 가치를 따라 살아가는 것에 대해서 배웠고, 각자 각자에게 들려주시는 로마서 말씀으로 인해 다시 한번 감격하고 감동하는 시간이 되었다.

이제 세 번째 말씀 수련회를 맞이하게 되었다. 이미 25여 명의 지체들이 리더 교육을 마쳤다. 이들이 말씀 수련회를 위해 조원들을 가슴에 품고 중보하며 기다리고 있다. 세 번째 말씀 수련회를 기대해 본다. 다시 한번 신림 청년교회가 말씀 앞에 무릎 꿇는 귀한 역사가 일어나게 될 것이다. 지금은 다른 것의 빈곤이 아니라, 말씀의 빈곤이며, 진정한 영적 부흥은 말씀의 부흥이다. 분명히 소망하고 기대하는 것이 있다면, 사랑하는 신림 청년들에게, Holy Mission, Holy Passion 지체들에게 하나님께서 또 한 번의 풍성한 말씀의 향연을 준비하셨다는 확신과 기대감이다. 이번 여름, 말씀 앞에 자신을 드리는 귀한 시간으로 헌신할 수 있기를 간절히 소망한다. 주님께서 친히 우리 청년들을 만나 주실 것이고, 모두가 그 말씀의 임재 가운데 빠지게 될 것이며, 그 말씀이 각자 각자를 사로잡는 경험을 하게 될 것이다. 말씀의 깊은 임재 가운데 거하는 기쁨이 어떤 것인지 깨닫게 될 것이다. 말씀의 예리한 검으로 각자 각자를 연단해 나가시고, 다듬어 나가시는 것을 경험하게 될 것이다.

사실 말씀 수련회의 시작은 1995년 여름수련회로 거슬러 올라간다. 그때 청년이었으며, 그 이후 청년교회의 전체 대표로 활동했던 공○○ 집사의 이야기를 들어본다.

갈라디아서 말씀 수련회를 처음 접한 것은 1995년의 여름이었다. 그때도 전목사님께서는 갈라디아서 말씀 수련회는 모든 청년들이 반드시 참석해야 한다고 강권하셨다. 수련회 광고가 나오고 수련회 리더 모집이 시작될 무렵 나는 수련회에 참석하기로 결정하였다. 고시생이 공부를 하지 않고 수련회를 다녀와도 될 것인지 고민도 많이 되었지만, 수련회를 참석하지 않는다고 해서 그 기간 동안 열심히 공부할 것 같지도 않았고, 일 년에 한 번 말씀 속에서 나를 돌아보고 말씀 속에 잠기는 시간을 가지는 것이 기나긴 시험 준비기간 중 오히려 세상의 유혹 속에서 나를 지켜 주리라는 생각도 들었다. 수련회를 다녀오면 함께 기도하고 교재하던 선후배들과 더욱 깊은 영적인 교재가 가능하리라는 생각도 들었다.

갈라디아서 말씀 수련회에 참석하기로 결정하고 나니, 리더로 섬겨볼 욕심까지 생겼다. 리더 교육을 전 목사님께서 직접 하신다는 광고에 혹했던 것 같다. 전 목사님 가까이에서 말씀을 배울 수 있다는 생각에 감격하여 리더로 신청했던 기억이 지금도 새롭다. 그런데 막상 신청하고 보니 리더 교육이 장난이 아니었다. 당시 전 목사님은 정말 전방 초소에서 갓 돌아온 지휘관 그 자체였다. 매일 매일 주어지는 빡빡한 과제들, 살벌한 평가 시험과 냉혹한 성적 공개…

그러나 하루하루 갈라디아서를 공부해 갈수록 나는 점점 더 깊이 말씀이 주는 감동과 기쁨에 빠져들게 되었다. 하나님이 주신 사도직에 대한 바울의 분명한 소명의식과 복음의 순수성에 대한 바울의 열정이 고스란히 전해져 올 때마다 나는 전율하지 않을 수 없었다. 리더 훈련 기간을 통해 나는 얼마나 복음에 대한 소명의식과 열정을 가지고 살아가고 있었는지 돌아보게 되었다. 어느덧 나는 바울과 함께 선교여행을 다니고 있었고, 갈라디아서를 저술하는 바울 옆에 서 있기도 했다. 바울이 처했던 시대적 상황과 복음이 전파되었던 지리적 상황이 입체적으로 분석되며 느껴지는 순간 나는 일찍이 경험해 보지 못한 복음의 진수를 맛보게 되었다. 리더 교육이 진행될수록 나는 갈라디아서 말씀 수련회에 대한 전도사로 변해가고 있었다.

그렇게 시작된 1995년 갈라디아서 말씀 수련회는 정말 처절했다. 책상도 없고 에어컨도 없는 좁은 방에서 서로의 땀냄새와 심지어 발냄새까지 맡아가며 정말 지독스럽게 갈라디아서를 파들어 갔다. 가끔씩 서로의 저린 다리를 주물러 주고, 졸리는 잠을 깨워주면서. 아침에 일어나서 새벽한 두시에 잠들기까지 그렇게 며칠 동안 계속 말씀만을 파고 또 파고 그렇게 갈라디아서 수련회는 진행되었다. 수련회 일정표는 정말 간단했다. 기상–갈라디아서 공부–점심–갈라디아서 공부–저녁–갈라디아서 공부–취침. 그리고 당시 식사는 매일 식판에 담긴 김치에 오이지, 깻잎 그리고 멀건 된장국이 전부였다. 그것도 수련회 기간 내내 변함이 없이 일관되게. 물론 간식이나 야식은 꿈도 못 꿀 지경이었다.

그토록 열악한 형편 속에서도, 수련회가 진행될수록 모든 청년들은 말씀의 세계에 빠져들어갔다. 준비되었던 그나마 얼마 안 되던 친교와 오락 프로그램은 수련회 현장에서 청년들의 요구로 취소되기까지 하였고, 어

떻게 조원들로 하여금 말씀에 집중하도록 할 것인가라는 조장들의 염려
는, 오히려 어떻게 하면 조원들로 하여금 적절한 휴식을 취하게 할 수 있
을 것인가로 바뀌어 버렸다. 급기야는 전 목사님이 강제로 휴식을 선포하
고 청년들을 봉고차에 태워 근처에서 강바람을 쏘이고 돌아오는 일까지
생겼다.

그렇게 모두들 말씀에 미쳐 가던 수련회가 끝날 무렵, 우리들은 모두 사
도 바울이었고 거룩한 하나님의 자녀들이었으며, 하나님의 부르심에 불
타는 주님의 군사들이었다. 갈라디아서 말씀 수련회를 통해서 우리는 말
씀 속에서 하나가 되는 것을 경험했고, 말씀으로 훈련 받아 열방을 향해
나가는 주의 용사들이 되자고 서로 비전을 나누었다. 돌이켜보면, 갈라디
아서 말씀 수련회를 통해서 결단한 대부분의 청년들이 그러한 비전에 응
답하고자 지금까지 치열한 삶을 살아오고 있음을 고백하게 된다.

1995년 첫 갈라디아서 말씀 수련회 당시 갈라디아서에 미쳐서 함께 낮
밤을 지새웠던 청년들은 채 서른 명이 되지 않았다. 당시 청년예배 인원
이 60명 정도였는데, 갈라디아서 수련회를 통해서 하나 되는 청년공동체
를 보며 우리는 신림 청년공동체의 부흥을 확신하게 되었다. 갈라디아서
말씀 수련회 이전의 신림 청년공동체가 교재와 나눔에 충실한 공동체였
다면(1994년 여름수련회 장소는 제주도 바닷가였다는 사실을 아시는지),
갈라디아서 말씀 수련회 이후의 신림공동체는 말씀이 살아 숨쉬는 그리
스도의 군사훈련장으로 바뀌어 가고 있었다.

갈라디아서 말씀 수련회 이후 지금에 이르기까지 하나님은 우리 청년
공동체를 놀랍도록 성장시켜 주셨다. 나는 그러한 성장의 출발이 말씀 수
련회에 있었다고 확신한다. 청년교회의 올해 수련회가 갈라디아서 말씀
수련회로 진행된다는 이야기를 들었다. 이번 갈라디아서 말씀 수련회 또
한 신림 청년공동체가 말씀 가운데 더욱 단련되고 견고해지는 시간이 되
기를 소망한다. 갈라디아서라는 말씀의 돌베개를 베고 이 여름을 보내고
나면 우리 모두 사도 바울과 같은 소명의식을 가지고 복음에 대한 열정으
로 불타오르게 될 것이고, 서로의 비전을 공유하며 훈련 받아 세상 가운
데로 나가는 그리스도의 군사가 될 것으로 확신한다.

2. 귀신 잡는 갈라디아서(1998년)

> 그러나 내게는 우리 주 예수 그리스도의 십자가 외에 결코 자랑할 것이 없으니(갈 6:14)

1995년의 갈라디아서 말씀 수련회가 열매를 맺게 되는 시점은 1998년 말씀 수련회였다.

제1회 말씀 수련회(1998년)의 주제는 "우리 모두 하나님의 군사"이고, 이 말씀 수련회에 참여한 리더들과 조원들이 공부를 진행하면서 "귀신 잡는 갈라디아서"라는 가칭을 만들어서 부르기도 하였다. '귀신 잡는 해병대'라는 문구에 착안하여 진정한 하나님의 나라의 해병대로서 거듭나기 위한 훈련의 과정을 겪었다. 영적으로 뿐만 아니라, 육적으로도 극한 훈련을 소화해 내는 시간들이었다. 세상의 그 어떤 것으로 무장된 것이 아니라, 살아 있는 하나님의 말씀(검)으로 무장되는 시간들이었다.

수련회를 진행하면서 우스갯소리로 "귀신 잡기 전에 사람 먼저 잡겠다"라는 말이 나올 정도로 강행군이었다. 이 말씀 캠프는 주님의 순수한 말씀에 덧붙여진 세상의 이끼들을 털어내는 시간들이었으며, 헛된 욕망과 야망들을 십자가에 못 박는 시간들이었다. 또한 주님으로부터 오지 않은 모든 안정감들로부터 '영적 무장 해제' 당하는 시간이었다. 말씀 앞에 철저하게 '영적 파산 선고' 당하는 시간이었다.

일정은 1998년 7월 16일부터 18일까지 진행되었는데, 청년들의 상황을 고려하여 7월 17일 공휴일을 포함시켜 진행하였다. 장소는 강원도 화천 반석 수양관. 그 흔한 운동장도 없고, 수영장도 없고, 오직 넓은 강당과 숙소만 갖추어진 곳인데, 말씀 수련회를 진행하기에는 손색 없을 정도로 딱 좋은 곳이었다.

말씀 수련회 일정표(1998년)

시간	16일(첫째 날)	17일(둘째 날)	18일(셋째 날)
오전 6~13시	오전 8시 30분 출발	3, 4, 5과 교재 학습	6, 7과 세미나 준비
	차 안에서 지체들과의 친밀한 교제		아침 식사
			6, 7과 세미나
		아침 식사	6, 7과 시험, 휴식
	12시 도착, 개회예배	3, 4, 5과 교재 학습	최종 시험
13~18시	점심식사	점심 식사	점심 식사
	1, 2과 교재학습	3, 4, 5과 세미나 준비	폐회 예배, 집으로
		3, 4, 5과 세미나	
		3, 4, 5과 시험, 휴식	
18시~24시	저녁 식사	저녁 식사	말씀의 빛을 들고 세상으로, 각자의 삶의 자리로
	찬양 집회	찬양 집회	
	1, 2과 세미나 준비	6, 7과 교재 학습	
	1, 2과 세미나		
	1, 2과 시험, 휴식		
	3, 4, 5과 교재 학습		

　　제1회 말씀 수련회를 준비하면서, 한편으로는 걱정되는 마음도 있었다. 왜냐하면 기존의 청년 수련회의 틀을 완전히 바꾸어야만 했기 때문이다. 일정표를 보면 알 수 있겠지만, 그 흔한 공동체 게임 같은 것도 없다. 조별 발표회도 없다. 미니 체육대회도 없다. 오직 말씀, 말씀, 말씀에만 집중하는 시간이었다. 참 감사하게도, 신림교회 청년들 구성원 중에 고시생들이 많고, 학생들이 많은 관계로 이 제1회 말씀 수련회가 그대로 적중되었다. 그리고 무엇보다도 살아서 역사하는 생명의 말씀과 복음의 진수가 청년들을 하나같이 매료시켰다. 무려 200페이지가 넘는 갈라디아서 교재를 2박 3일 동안(첫날 오전과 마지막 날 오후시간을 빼면 실제로는 이틀 동안) 다 떼고 오는 강행군이었다.

　　갈라디아서 말씀 수련회는 총 7과로 된 BEE 교재를 사용하였는데, 1과는 '복음을 위해 바울을 준비시키다', 2과는 '복음의 변론을 위한 준비', 3과는 '하나님께서 바울에게 복음을 맡기시다', 4과는 '사도들이 바울의 복음을 인정하다', 5과는 '성경이 믿음의 복음을 가르치다', 6과는 '복음으로 말미암아 종에서 아들이 되다', 7과는 '복음이 삶의 시험을 이기게 하다' 로 구성되어 있다.

제1회 말씀 수련회에 참가했던 안○○ 자매(69또래)의 글을 인용해 본다.*

'의인은 믿음으로 말미암아 살리라'(The Righteous Will Live by Faith) 갈라디아서 성경공부는 각 조별로 배정된 방과 식당 등에서 이루어졌다. 성경공부는 이번 수련회의 핵인 만큼 오전, 오후 거의 모든 시간이 성경공부 하는 데 할애되었다. 우리가 공부한 교재는 모두 7과로 구성되어 있었는데, 첫날에는 1, 2과를, 그 다음날에는 3, 4, 5과를, 마지막 날에는 6, 7과를 공부하도록 되어 있었다. 먼저 1, 2과를 통해 우리는—갈라디아서를 이해하려면 저자인 바울을 알아야 할 필요가 있었으므로— 사도행전을 중심으로 그의 History와 시대적 배경을 살펴보았다. 갈라디아서 공부는 3과부터 본격적으로 시작되었다. 예수 그리스도를 믿는 믿음 외에 할례나 유대교의 여러 전통과 관습을 지켜야만이 구원을 얻는다고 주장함으로써 갈라디아 지역의 교회들에 혼란을 가져온 유대주의자들을 향해 바울은 역사적, 신학적, 윤리적(도덕적)인 관점을 가지고 '예수 그리스도를 믿는 믿음만이 구원에 이르는 길' 임을 명쾌하게 변증하였다. 바울의 변론 앞에 유대주의자들은 더 이상 그들의 주장을 할 수 없었고, 누구의 말을 들어야 할지 몰라 갈팡질팡하고 있던 갈라디아 교인들에게는 '의인은 믿음으로 말미암아 살리라' 는 진리를 다시 한번 확증하는 계기가 되었다. 복음의 진리를 지키기 위해서라면 그 누구도 두려워하지 않고, 또 예수 그리스도를 전하기 위해서라면 그 누구를 향하여서도 열린 사고와 마음을 갖고 있던 바울의 모습은 우리의 삶을 반추해 보게 하였다.

---

* 참고로 이글은 1998년 7월 26일 청년교회 주보인 《예닮지》에 실린 안○○ 자매의 수련회 스케치 부분을 요약해서 실었다.

예상하지 않았던 것은 아니다. 그럼에도 불구하고 수련회 기간 내내 우리는 '잠자고 싶다' 는 내면의 울림을 잠재워야 했다. 2박 3일 동안 아침 6시에 일어나 식사시간과 저녁 찬양시간을 제외하고 계속되어진 성경공부와 세미나 그리고 시험으로 잠을 제대로 자지 못했다. 그러나 우리는 쌓인 피로에도 불구하고 갈라디아서의 진리를 놓치지 않기 위해 이리저리 자세를 바꾸어야만 했다. 눈꺼풀이 무거워질수록, 허리와 다리의 통증이 심해질수록, 우리의 한숨이 길어질수록 갈라디아서의 진리도 우리의 마음속에 깊이 뿌리를 내려갔다. 수련회 일정을 마치고 내려오면서 각자의 얼굴에는 '더 이상 생명 없는 율법에 의존하여 살지 않으리라, 하나님을 믿는 믿음으로 성령을 좇아, 풍성하며 자유로운 삶을 살리라' 는 다짐들이 보였다.

제1회 말씀 수련회를 마치고 나면서, 청년들 마음속에 말씀에 대한 사모함과 갈급함이 더욱 넘쳐나는 것을 보게 되었고, 우리가 준비하고 기대한 것 이상의 폭발적인 반응들이 청년들 사이에 나타났다. 한편으로는 갈라디아서 말씀을, 짧은 시간이지만, 깊이 있게 다루었다는 점에서 성취감과 말씀에 대한 자신감을 갖게 되고, 무엇보다도 말씀을 보는 시각이 넓어졌음을 참가한 모든 청년들이 느끼게 되었다. 제1회 말씀 수련회를 기점으로 청년들이 더욱 내실 있게 성장하게 되는 계기가 되었다.

여기에 첫 번째 수련회가 열리던 해(1998년)에 처음 교회에 등록을 하고, 갈라디아서 말씀 수련회를 통해서 인생의 전환점(Turning Point)을 맞이한 조○○ 자매(75또래)의 고백을 들어보자.

1998년 여름 수련회를 어떻게 잊을 수가 있을까? 반석 수양관에서 '귀신 잡는 갈라디아서' 알만한 사람은 다 알겠지만, BC와 AD 사이엔 예수님이 계시고 그리고 그 예수님을 만나는 데 내겐 98년 여름 수련회가 지대한 공을 세웠다. 그해 신림교회에서 처음 맞은 여름 수련회는 내 인생의 Turning Point였다.

예수님이 누구인지 알지도 못했고, 알고 싶어 하지도 않았을 뿐 아니라, 기독교를 한갓 종교의 한 분파 정도로 치부하던 내가 무슨 이유에선지 98년 봄부터 등록을 하고 교회를 다니기 시작했다. 물론 하나님의 계획하심이었고, 나를 위해 기도하던 사람들에게는 기도의 응답이었지만, 당시 난 그것에 대해 그다지 의미 부여를 하지 않았다. 그냥 효도하는 차원이 좀 더 깊어진 것이었다. 새가족 양육과정을 거치면서도, 여전히 마음을 다 열진 못했었다. 2주차 양육에선가 '예수 그리스도를 구주로 영접하겠느냐?' 라는 심도 깊은 질문에도 얼떨결에 '예스' 라고 했다. 단지 주위 사람들이 모두 '예스' 하기에 괜히 '노' 라고 했다가 분위기 싸해지는 게 싫어서… 물론 여전히 예수 그리스도의 '주 되심' (Lordship)에 대해선 알지도 못했다. 어쨌든 그때가 하나님께서 나를 만나시기로 작정을 하신 때였는지, 난 주일마다 어김없이 예배를 드리고, 또래모임도 가고 내 나름의 열심을 보였다. 그러나 여전히 '구원' 이 무엇인지 몰랐고, 예수님을 구주로 영접하지 못했다. 내 안에서 한결같이 주님은 일하셨고, 그분의 열심이 날 인도하고 계셨지만, 난 내 안의 작은 움직임을 전혀 깨닫지 못하고 있었다.

그리고 그해 여름, 교회에서 하는 프로그램(?)이기에 당연히 수련회에 가는 걸로 생각을 했고, '갈라디아서 캠프' 에 갔다. 3박 4일간 오로지 조별로 모여서 BEE 교재를 참고로 갈라디아서를 읽고, 공부하고, 문제를 푸는 시간이었다. 초신자인 내겐 상당히 부담스러웠지만, 리더의 인도에 따라 그 과정을 따라갔다. 성경을 한번도 일독해 보지 못한 나로선 의문 투성이였고, 그래서 사도행전을 동시에 읽어가면서 과정을 따라갔던 기억이 난다. 특히 매일 밤마다의 찬양 집회는 날마다 감동이었다. 찬양할 때마다 경험하는 놀라운 기쁨과 감동, 그리고 수련회 기간 중 어느 저녁 찬양에 이어진 기도회 시간에 그분 앞에 난 철저히 무너졌고, 항복할 수밖에 없었다. 여전히 하나님에 대해 의문투성이였지만, 그분 앞에서 내가 철저하게 죄인이라는 사실을 인정할 수밖에 없었다. 그리고 예수 그리스도께서 유일한 답이란 사실을 처음으로 받아들였다. 지금 돌이켜 보면 그땐 믿음이 무엇인지도, 십자가를 진다는 게 무엇인지도 정확히 알지 못했다.

하지만 갈라디아서 2장 20절 '내가 그리스도와 함께 십자가에 못 박혔나니 그런즉 이제는 내가 산 것이 아니요 오직 내 안에 그리스도께서 산 것이라 이제 내가 육체 가운데 사는 것은 나를 사랑하사 나를 위하여 자기 몸을 버리신 하나님의 아들을 믿는 믿음 안에서 사는 것이라' 는 말씀에 난 철저하게 항복했다. 신기하게도 내가 죄인임을 고백하고, 하나님의 열심에 항복했을 때 오히려 알 수 없는 평안과 감동이 몰려왔고, 쉴 새 없이 눈물이 흘렀다. 하나님은 그 이전부터 나를 향해 오래 참으시며 당신의 구원 계획을 이뤄가고 계셨지만, 아둔한 내가 그걸 깨달은 건 바로 98년 여름 수련회 때였다. 사랑이 이미 왔지만, 사랑으로 지각된 것은 한참이나 후였던 셈이다.

감사하게도 98년 여름 나는 내 삶의 중심을 그분께로 돌리는 인생 최대의 '행운의 반전' 을 맞았다. 98년 여름 난 내 안에 수많은 귀신 중에도 귀수였던 '나' 를 잡았고, 예수님을 주인으로 모셨다.

3. Up Grade 로마서 말씀 수련회(2002년)

오직 의인은 믿음으로 말미암아 살리라(롬 1:17)

제2회 말씀 수련회는 제1회 말씀 수련회가 열린지 4년 만에 다시 갖게 되었다. 또한 의도하지 않았는데, 제3회 수련회는 다시 4년 후인 2006년에 갖게 되었다. 이것도 하나님의 섭리하심이 아닌가 하는 생각을 해 본다. 모든 사람들이, 청년들이 스포츠에, 월드컵에 매료되어 있을 때, 하나님은 신림 청년들이 경기장에서 달음박질하는 영적인 선수들로 서기를 원하셨다. 단순히 하나님의 경기장에 선수로 서는 것이 전부가 아니라 푯대를 향하여 잘 달려가기 위해서, 신림 청년들에게 영적인 근육이 필요함을 깨닫게 하셨고, 그래서 자연스럽게 말씀 수련회를 갖게 된 것이다.

여기에 한 지체(안OO 자매, 73또래)가 월드컵 열기가 뜨겁던 그해 말씀 수련회에 임하는 자신의 심정을 소개하고 있다.

월드컵과 수련회? 오~ 필승 코레아 16강 진출 확정~!! 경기 시작 직전 선수들의 얼굴은 전쟁에 임한 군사들의 비장함이 배어나고 있었다. 지난 경기에서 황선홍 선수가 피를 흘리면서도 흔들림 없이 뛰고 헤딩하는 모습도 바로 그것이었다. 사람들도 23명의 대표선수들을 '태극전사'라고 부르는 데 어색해 하지 않는다. 월드컵이라는 세계적인 대회를 위한 그들의 준비과정은 또 어떠했는가? 지옥 훈련이라는 체력강화 프로그램! 무리가 되는 훈련으로 선수들은 부상을 입기까지 했다.
… 비슷한 것 같다. 예수님을 믿고 그분의 길, 십자가의 길을 따라가는 우리들도 스스로 '주의 군사' 혹은 '영적 전쟁 한복판에 있는 전사'라고 하지 않는가? 그러나 한편 우리는 자신의 '연약함'을 줄기차게 자랑(?)하기도 한다. 그래서 늘 넘어져도, 너무 쉽게 넘어져도 별 문제 의식 없이

넘어진 그 자리에서 아직 아쉬운 옛것들을 돌아본다. 교회는 군사 양성소가 아니라 야전 병원의 모습을 떨쳐 버리지 못하고 있다. 이제 구원의 기쁨을 맛본 자라면, 그 기적 같은 구원을 이루신 분이 우리를 강하게 하시는 능력에 대한 소망을 가져야 한다. … 지난 4개월간 함께해 온 GBS를 통해 '조직신학'이라는 개인기를 익혔다면 이제 다시 기본으로 돌아가 '로마서' 말씀 수련회를 통해 기본기와 더불어 체력단련을 하자는 것이다. … 그리스도인의 기본기가 무엇인가를 돌아볼 수 있는 절호의 기회이다. 그리고 이 젊은 날에 땀 흘리며 화끈하게 성경과 씨름해 볼 수 있는 찬스! 찬스! 찬스! 새벽이슬 같은 청년들이여, 우리가 환호하는 태극전사들처럼 적에게 밀리지 않는 기본기와 체력을 갖춘 강인한 십자가 군사로 거듭나기를 소망하라!

특이한 것은 1998년 말씀 수련회의 장소였던 강원도 화천의 반석 수양관에서 제2차 말씀 수련회를 갖게 되었다는 점이다. 신림청년교회의 말씀 수련회의 성격과 취지에 맞는 수련회 장소를 찾지 못하다가 1회 때 갔었던 그 수양관을 다시 찾게 된 것이다.

제2회 말씀 수련회(로마서)의 주제 성구는 로마서 1장 16-17절 말씀이었다. "내가 복음을 부끄러워하지 아니하노니 이 복음은 모든 믿는 자에게 구원을 주시는 하나님의 능력이 됨이라 먼저는 유대인에게요 그리고 헬라인에게로다 복음에는 하나님의 의가 나타나서 믿음으로 믿음에 이르게 하나니 기록된 바 오직 의인은 믿음으로 말미암아 살리라 함과 같으니라"

로마서 말씀 캠프는 갈라디아서에 이어서 8과로 구성되었는데, 내용은 다음과 같다. 8과 '로마서 서론', 9과 '구원의 필요성', 10과 '하나님께서 구원을 예비하심', 11과 '새로운 자유의 삶', 12과 '성령 안에서의 삶', 13과 '유대인과 이방인을 위한 복음', 14과 '복음과 그리스도인', 15과 '복음과 교회'로 이루어져 있다.

시간	17일(수)	18일(목)	19일(금)	20일(토)
06~07	교회로 집결	기상 및 세면		숙면
07~08		8/9/10과 교재 학습	13/14/15과 교재 학습	
08~09		아침 식사 및 개인 휴식		
09~10	강원도 화천, 반석 수양관으로		13/14/15과 교재 학습	미진한 부분 보충 및 결단의 시간
10~11		11/12과 교재 학습		
11~12				
12~13	개회예배, 숙소배정			
13~14		점심 식사 및 휴식		
14~15	로마서 QT 및 8/9/10과 학습 ('갈' 7과로 끝남)		13/14/15과 교재 학습	
15~16		11/12과 교재 학습		
16~17			세미나(2) 최종 시험	심 정리 후 집으로, 세상으로, 삶의 터전으로…
17~18		세미나(1)		
18~19		저녁 식사 및 휴식		
19~20	다함께 찬양으로 주님께			
20~21	8/9/10과 교재 학습 계속	중간시험	전체 말씀 수련회 마무리 집회	
21~22		13/14/15과 교재 학습		
22~23				
23~24				

아래의 글은 2002년 로마서 캠프의 리더로 섬겼던 이○○ 자매(75또래)의 '로마서 캠프는 축복의 통로' 라는 글이다.

로마서 캠프를 준비하면서 하나님께서 우리 청년 교회에 많은 변화를 기대하시고 그 변화 가운데 성령님이 함께 하고 계시다는 걸 느낍니다. 교회 공동체의 연합과 곳곳의 회복들, 정체성을 찾지 못하는 성도라고 불리는 우리들에게 말입니다. 우리는 최근 온 국민이 한 소망을 품고 하나의 기적을 바라고 한 곳을 향해 열정을 쏟은 시간을 기억합니다. 월드컵을 통해 우리가 하나였다는 것, 정말 단일 민족이었다는 것, 정말 내가 대한민국의 국민이었음을 느끼는 감동적인 순간이었죠. 그 감동의 순간은 내가 아닌 우리였기 때문에 아마도 더 감격스러웠을 것입니다.

각자 살면서 우선순위가 있을 테고 또 시간을 다투고 촉박하고 초조한 순간들이 있을 테죠? 지금 제게 가장 촉박하고 초조한 것은 바로 여러분을 향한 마음입니다. 로마서 캠프를 준비하면서 매 주일 스치는 지체들을 바라보면서 먼저 다가서지 못하고, 제 안에 소망을 함께 나누지 못한 시간들이 너무 안타까울 뿐입니다. 우리는 모두 신앙적인 갈등과 더 거룩하고 더 경건하게 살고자 하는 맘들이 다 있습니다. 어떻게 사는 것이 바람직하며 오늘의 은혜를 내일까지 유지할 수 있을까를 고민합니다. 늘 깨어 있는 자신의 모습을 기대하고 또한 그것을 위해 많은 말씀을 듣고 실천하고자 합니다. 내가 경건하지 못하다는 것, 내가 오늘 은혜 안에 거하지 못하다는 것은 정말 참을 수 없다는 생각마저 들지도 모릅니다.

우리가 매번 반복하는 이런 거룩의 갈등들을 어떻게 해결하실 건가요? 해결하신 분들은 아마도 그 해답을 성경에서 찾았으리라 생각합니다. 로마서는 이런 문제들로부터 여러분들을 자유하게 할 겁니다. 아마도 그 이상의 것을 누리게 되리라 확신합니다. 우리가 죄인이었으며 그것이 하나님의 은혜 안에서 해결되었다고는 하지만 내 안에 투명하지 못한 뿌연 안개속의 답답함을 품고 있을 때 언제나 그것으로 인해 우리는 다시 한번 갈등과 답답함의 시간들로 빠지게 될 것입니다. 한 걸음, 또 한 걸음 나아가다 보면 당장 가고자 하는 길은 보일지 모르지만 먼 곳을 향해 질주할 수 있나요? 과연 이 길이 맞다고 정확하게 확신할 수 있냐는 거죠. 우리는 익숙한 길을 걸을 테죠. 그러나 그것으로는 해결할 수 없습니다. 안개는 태양 아래 자취를 감춥니다. 빛 되신 주님, 그 빛 가운데로 들어오시기 바랍니다.

주님은 우리를 빛으로 부르십니다. 하지만 우리는 지금 어디에 있나요. 주님은 기대하십니다. 이번 로마서 캠프를 통해 당신을 드러내시고자 하십니다. 우리를 은혜 안에 가두고자 하십니다. 성령의 도우심의 숨결이 우리와 함께 호흡하고자 합니다. 사랑하는 여러분, 제 표현의 한계가 너무 답답합니다. 제가 뭐라고 얘기할까요. 저는 여러분들의 우선순위가 바뀌길 소망합니다. 개인적인 시간으로 하나님을 만나는 것 외에 로마서 캠프를 통한 공동체 인식과 함께 우리의 연합과 은혜의 탄식과 성령의 임재를 기대합니다. 우리가 함께 연합함으로 누리는 하나님의 축복이 이 시간 함께하길 간절히 소망합니다. 여러분을 축복합니다. 당신은 하나님의 언약 아래 있는 축복의 통로, 당신을 통하여서 열방이 주께 돌아오게 되리. 여러분, 축복의 통로가 여기에 있습니다.

2002년 7월 14일자 《예닮지》에서 발췌

이번 로마서 캠프의 뜨거운 열정이 그대로 이어져 9월부터 진행되었던 2002년 2nd GBS에서는 이사야 40~66장을 텍스트로 공부하게 되었다. 여기에는 20여 명의 리더와 200여 명 이상의 조원이 참여하였다. 로마서 캠프에서의 말씀에 대한 사모함이 이번 GBS의 풍성한 시작을 이끈 것으로 볼 수 있다.

4. PBS 말씀 수련회(2006년)

> 주의 말씀의 맛이 내게 어찌 그리 단지요 내 입에 꿀보다 더 하니이다(시 119:103)

제3회 말씀 수련회는 2006년 8월 16일(수)부터 8월 19일(토)까지 평택 성은동산에서 있었고, 교재 내용은 "성경연구 방법론(PBS)"이었다. 주제 성구는 "그러므로 우리가 여호와를 알자 힘써 여호와를 알자 그의 나타나심은 새벽 빛 같이 일정하니 비와 같이, 땅을 적시는 늦은 비와 같이 우리에게 임하시리라 하리라"(호 6:3) 수련회 바로 직전 GBS가 「호세아서」였는데, 자연스럽게 수련회 주제를 호세아 6장 3절 말씀으로 정하게 되었다.

이번 말씀 수련회는 청년들로 하여금 각자 각자가 말씀의 보화를 캐낼 수 있는 성경연구 방법론을 배우는 시간이었다. 목회자나 다른 사람들이 해 놓은 것을 가져다 먹는 것이 아니라, 스스로 각자가 말씀의 양식을 먹고, 말씀의 보화를 캐내는 작업을 하는 기초과정을 배우는 것이다. 오직 성경과 교재와 노트만 가지고 3박 4일을 씨름하는 시간이었다.

PBS 수련회의 교재는 총 4과로 이루어져 있다. 제1과는 '성경을 펼치면서' 과정인데, 제1과에서는 성경연구의 목적, 성경연구의 두 가지 차원, 두 가지 접근방법 등을 배우게 된다. 제2과는 '관찰'이고, 제3과는 '해석단계'이며, 제4과는 '적용단계'이다.

전준식 담임목사는 이번 수련회의 의미와 중요성에 대해서 다음과 같이 강조하고 있다.

WANTED!! 사람을 찾습니다. 성경공부에 미치고 싶은 사람을 찾습니다. 성경과 눈과 연필만 준비하면 됩니다. 뜨거운 여름철에 독서 삼매경이 아닌 성경 삼매경에 빠져 봅시다. 물론 더운 여름철에 힘들 것입니다. 그러나 나는 예수 그리스도가 나를 위하여 죽으셨다는 것을 진실로 깨달았을 때, 주님을 위하여 어떤 것도 포기할 수 있었다고 말한 'C.T. STUDD'의 말을 드리고 싶습니다. 힘이 들지만 즐거운 힘듦일 것입니다. 말씀을 관찰하는 시간 속에서 하나님의 세미한 음성을 들을 수 있을 것입니다. 관찰한 것을 성령의 도우심으로 해석하면서 스스로 놀랄 것입니다. 그리고 그 말씀을 나의 말씀으로 적용하면서 십자가의 군사로 설 것입니다.

26명의 청년들이 갈라디아서를 통하여 인격적인 예수 그리스도를 만난 후 매년 신림 교회에 부어주신 부흥의 능력에 주님을 찬양합니다. 올해는 260여 명 이상의 청년들이 더운 여름을 말씀으로 불태우기를 바랍니다. 청년들이 공부할 커리큘럼은 다음과 같습니다.

첫째 날: 관찰—문맥 관찰, 육하원칙 관찰, 접속사 관찰, 주제 만들기

둘째 날: 해석—성경의 저자가 기록한 성경 속에 나타난 태도, 동기, 생각들을 찾아내기

셋째 날: 적용—간결하게 현대적으로, 구체적인 적용을 개인에게 하기

넷째 날: 시험

바다가 여러분을 부르는 것이 아니라 하나님의 말씀이 여러분을 부르고 있습니다.

PBS 수련회 일정표(2006년)

시간	16일(수)	17일(목)	18일(금)	19일(토)
06~07		세면 및 QT 모임		
07~08		아침 식사		
08~09	2시 교회 집합 평택 성은동산으로			조별 모임 (최종 시험)
09~10		조별 모임 (2과 학습) "관찰(I)"	조별 모임 (3과 학습) "해석(II)"	
10~11				
11~12				
12~13				
13~14		점심 식사 및 휴식		
14~15		찬양으로 주님께		
15~16		조별 모임 (2과 학습) "관찰(II)"	조별 모임 (4과 학습) "적용(I)"	집으로, 이제는 말씀 안에 거하는 삶이…
16~17	도착 및 짐 정리			
17~18	도착예배			
18~19		풍성한 저녁 식사		
19~20	조별 모임 (1과 학습) "성경을 펼치면서"	찬양예배	조별 모임 (4과 학습) "적용(II)"	
20~21		조별 모임 (3과 학습) "해석(I)"		
21~22				
22~23				
23~24	마무리 취침		전체 찬양 집회	

2006년 PBS 성경연구 방법론에 대해 청년 말씀 수련회를 열었는데, 평택 성은동산 식당을 섬기는 그 수련원의 집사님, 권사님들이 우리 청년들의 수련회 모습을 보고 처음에는 이상하게 생각했다고 한다. 젊은 청년들이 밥만 먹으면 그룹으로 모여 말씀 공부하고, 토론하는 모습을 보고는 무척이나 인상적이었다는 것이다. 그래서 어떤 식당 섬김이는 그 청년들이 어떤 신학교에서 나온 전도사들인 줄 착각했을 정도였다.

지금까지 말씀에 관한 책은 많이 읽었지만 정작 '말씀 그 자체'를 묵상하고 깊이 들어가는 것을 잘 모르고, 훈련이 안 되었기에 청년들은 이 말씀 캠프를 통해서 살아서 역사하는 하나님의 말씀 앞에 서게 되었다. 자신의 연약함이 드러나게 되었으며, 그 말씀 앞에 깨어지고, 또한 동일한 그 말씀으로 회복되는 경험을 하게 되었다. 하나님의 사랑에 관한 그 어떤 것이 아닌, 하나님의 사랑 그 자체에 깊이 몰입하는 시간이었다. 다른 세상적인 여흥 (entertainment)이 주는 기쁨이 아니라, 말씀이 주는 달콤한 맛에 빠지는 시간이었다. "주의 교훈은 금보다, 순금보다 더 사랑스럽고, 꿀보다, 송이꿀보다 더 달다"(시 19:10, 표준새번역)는 시편 기자의 말씀을 그대로 체험하고 맛보는 시간들이었다.

청년들을 비롯한 대부분의 지체들이 이러한 하나님의 말씀이 주는, 송이꿀보다 더 단 말씀의 참맛을 보지 못했기에 다른 세상적인 것에서 기쁨을 찾았다. 뿐만 아니라, 공동체 안에 있으면서도, 순수한 하나님의 말씀에다(복음)에다 인공조미료와 설탕을 섞어서 단맛을 내려고 하였다. 그래서 점점 영적인 건강이 나빠졌고, 말씀 앞에 머무는 영적 훈련이 안 되었기에 힘들어하고, 인정하고 싶지 않은 자신의 연약한 모습이 말씀 앞에 적나라하게 드러나는 것 때문에 힘들어 했다. 그렇지만 이러한 '영적인 무장해제'와 '영적 파산선고'를 당한 이후에 말씀이 육신이 되어 우리 가운데 거하시는 주님, 그 말씀이신 예수님의 만지심과 회복하심을 경험하는 시간들이었다. 그래서 이들은 그 뜨거운 여름을 뜨겁게 역사하시는 말씀의 영에 사로잡혀(以熱治熱) 3박 4

일을 말씀과 함께 지냈다.

2006년 청년 Holy Mission의 대표로 섬겼던 임OO 형제의 글을 참고하면 좋겠다.

1998년 봄, 친구의 인도로 신림교회에 새가족으로 등록을 했다. 교회를 옮긴 것이 아니라 나에게는 첫 교회였다. 새가족 리더들의 따뜻한 환대와 새로운 사람들과 만나는 기쁨은 교회라는 낯선 문화에 대한 거부감을 넘어 쉽게 공동체에 적응할 수 있게 해 주었다. 당시만 해도 주중에 교회에 무슨 행사가 있다고 하면 수업이 없는 한 무조건 참석했을 만큼 열의가 있었고, 그래서 한번은 오전에 특강이 있다고 하여 본당에 왔더니 청년들은 없고 십사님, 권사님들만 계셨던 적도 있었다. 그랬기에, 나에게 있어서 청년부 여름 수련회는 생각할 것도 없이 당연히 가는 것이었다.

'귀신 잡는 갈라디아서' -당시 수련회의 표어였다. BEE 교재를 가지고 갈라디아서를 연구하는 수련회이었는데 특별한 프로그램 없이 조별로 계속해서 공부를 하고, 서로 나누는 방식이었다.(나는 교회 수련회가 처음이었기에 수련회는 원래 이렇게 하는 줄 알았다.) 할례의 의미도 제대로 몰랐었는데 수련회를 마칠 때 즈음에는 바울이 왜 갈라디아서를 썼으며 자신의 사도직에 대해 왜 그렇게 변호를 했는지, 그리고 율법과 복음이 어떠한 관계에 있는지 등에 대한 핵심적인 내용을 이해할 수 있었다. 당시 수련회에 대한 개인적인 목표는 구원의 확신을 갖는 것이었다. 창조주 하나님이 계신 것은 믿어지는데 도무지 나를 대신하여 죽으셨다는 예수

---

* BEE(Biblical Education by Extension) : 1979년, 동유럽과 구소련 선교를 위한 교회 지도자 및 선교사 훈련 교육을 위해 유럽 각국의 선교단체 대표들에 의해 개발된 프로그램으로서 17개의 과정이 제공되며 그 가운데 '갈라디아서 · 로마서'가 있고 2006년 청년수련회에서 배운 '성경 연구 방법'이 있다.

님이 믿어지질 않았다. 성찬식 때 눈물을 흘리는 사람들을 보면서 나는 왜 저런 마음이 들지 않을까 고민했었다. 그래서 수련회 때 인격적으로 예수님을 만나는 경험을 하고 싶었던 것이다. 수련회의 마지막 날 밤의 기도시간이었다. 여러 사람들이 울며 기도를 했고, 나는 '하나님, 나도 저 사람들처럼 깊이 하나님을 만나고 싶습니다.' 라고 부르짖으며 기도했다. 그러나 그날 밤 나에게 감정적인 체험은 없었다. 어찌 보면 많은 것을 배우긴 했어도 개인적으로 세운 수련회의 목표는 달성하지 못했던 셈이다.

하지만 내가 바랐던 그 감정적인 체험은 몇 달 후 찾아왔다. 그 감격을 기뻐할 때 쯤, 구원에 대한 분명한 확신을 갖게 한 것은 바로 수련회 기간 중 암송했던 갈라디아서 2장 20절 말씀이었다. '내가 그리스도와 함께 십자가에 못 박혔나니 그런즉 이제는 내가 산 것이 아니요 오직 내 안에 예수께서 사신 것이라' 찬양으로 계속해서 부르면서 그 의미를 묵상하고 또 묵상했다. 결국 하나님께서는 내가 바랐던 구원의 확신을 수련회의 분명한 말씀으로 가르쳐 주셨던 것이었다.

4년이 흘러 2002년, 우리나라가 월드컵 4강에 오르던 그 해 여름에 로마서를 배우러 다시 말씀 수련회를 가게 되었다. 한층 두꺼워진 교재였다. 3박 4일간의 씨름으로 얻은 상급은 잠시의 고난(?)과는 비교도 할 수 없이 큰 것이었다. 이방인과 유대인들이 어떻게 죄 가운데 있었는지, 그리고 예수님의 화목제물 되심은 어떤 의미인지, 세례의 의미는 무엇인지, 성령은 어떠한 분인지… 어느 훌륭한 목사님을 통해 들은 메시지라 하더라도 4년이 지난 지금까지 분명하게 로마서를 기억하게 만들 수 있었을까 하는 생각이 든다. 갈라디아서를 통해 얻은 것이 구원의 확신, 예수님과의 첫 만남이었다면 로마서를 통해서는 내가 만난 예수님에 대해 깊은 이해를 할 수 있었고, 신앙을 굳게 해 준 계기가 되었다.

재미있게도 또 4년이 지난 올해, 이번에는 '성경 연구 방법' 을 배우러 수련회에 가게 된다. 그간의 말씀 수련회가 성경의 각권을 배우는, 즉 물고기 잡는 수련회였다면 이번 수련회는 그 물고기를 잡는 법을 배우는 수련회이다. 지난 몇 주간 목사님과 리더들이 먼저 치열하게 공부를 했다.

함께 리더모임에 참여를 하면서 깨닫게 된 점은 내가 성경을 읽는 데 있어서 얼마나 많은 선입관을 가지고 있는가 하는 점이다. 조금이라도 설교 말씀이나 GBS 등을 통해 알고 있던 말씀이라 치면 그때 이해한 틀로서만 보려고 하지 새로운 부분은 잘 찾아내지 못하는 우물안 개구리였다. 이번 수련회는 성경 이해에 대한 기존의 틀을 깨게 해 주는 수련회가 될 것이다. 그리고 거기에서 그치지 않고 본문의 의미를 더욱 깊이 해석해서, 자신에게 주시는 하나님의 음성을 듣는 데까지 나가게 된다. 청년의 때에 이런 말씀 수련회를 세 번이나 맞이하게 된 것이 개인적으로 큰 기쁨이자 감사가 된다. 지난 두 번의 말씀 수련회에서 누렸던 감격을 기억하기에 내가 알고 있는 지체들, 특히 조금이나마 더 친분이 있는 지체들에게는 어떠한 것을 포기하고서라도 이번 수련회에 꼭 참여하라고 진심으로 권하고 싶다.

신림동 고시촌과 서울대라는 지역적인 특성과 말씀 수련회의 방향성이 맞아 떨어지면서 1998년에 첫 말씀 수련회를 개최했다. 다른 프로그램 없이 성경연구, 복습, 예습, 과제 등을 집중적으로 공부하는 이 수련회는 무엇보다도 헌신된 리더들을 발굴하고 교육시키는 것이 큰 관건이었다. 말씀 수련회가 시작되기 최소 한 달 전부터 리더가 조직되어, 담당 교역자와 함께 수련회와 똑같은 시간표대로 리더들이 먼저 이 말씀을 준비하고 공부하는 시간을 최소 한 달 동안 가지게 된다. 이 헌신된 리더들이 수련회에 가서 동일하게 조원들과 함께 교재를 가지고 공부하게 되는 것이다.

그 당시 리더로 섬겼던 청년들이 그 이후 청년교회의 핵심적인 역할을 감당할 뿐만 아니라, 지금은 교회의 기둥 같은 일꾼이 되어 있고, 전임교역자로서 사역하는 사람도 있다. 2002년에 서울 월드컵이 열리는 그해, 신림청년들은 월드컵의 그 트로피와는 비교할 수 없는 하늘의 신령한 트로피를 사모하는 마음으로 제2회 말씀 수련회(로마서)를 개최하게 되었고, 이어서 2006년에는 PBS성경공부에 대한 내용으로 동일하게 말씀 앞에 자신을 드리는 시간을 가졌다. 이 기간 동안 성경을 깊이 파고 들어가는 일에 수련회 3박 4일(첫 해는 2박 3일)의 시간 전체를 할애했다고 해도 과언이 아니었다. 어떤 지체들은 잠을 3-4시간밖에 자지 않고 이 과정에 임하였다. 놀라운 것은 그렇게 하고도 마음속에 기쁨과 감사가 넘쳐났다는 것이다.

하나님께서 신림 청년들에게 수련회를 통해 4년마다 말씀의 선물을 주셨고, 신림청년교회는 이를 통해 영적으로 성장할 수 있었다.

5장 청년교회의 첫째 기둥 _양육 Pole

보통 청년들이나 성도들이 말씀을 듣고 접하는 채널은 세 가지 정도이다.

(1) 전체 집회를 통한 선교나 강의로 전달되는 경우(설교말씀)
(2) 소그룹 단위로 전달되는 경우 (GBS)
(3) 일대일로 전달되는 경우 (Q.T.)

이 세 가지가 균형을 잡아야 한다. 예배나 집회를 통해서 강한 말씀의 도전을 받아야 한다. 말씀의 검이 심령과 골수를 찌르고 만지는(Touch) 경험을 예배 때 경험해야 한다. 그렇지만 예배 때 받은 은혜를 GBS를 통해서 나누어야 진정한 말씀이 되고, 살아서 역동하는 말씀이 되는 것이다. 이울러 예배와 GBS를 통해서 확인된 말씀을 Q.T.를 통해서 개인의 삶에 적용해야 한다. 어떤 방도로 하든 하나님의 말씀이, 육화된 말씀(로고스)이 우리 청년들 안에 살아 있는 말씀(레마)으로 나타나야 한다.

이에 신림청년교회에서 행하는 양육체계를 간단히 소개하고자 한다. 물론 특별한 내용이나 프로그램이 있는 것이 아니다. 다른 교회의 체계와 대동소이하다. 신림청년교회 양육체계를 통해서 말씀에 대한 열정, 영혼에 대한 사랑, 말씀에 대한 순수한 반응을 읽을 수 있다. 굳이 다른 점이 있다면 청년부에서 사용하는 모든 교재가 특별한 경우를 제외하고서는 자체적으로 만들어진다는 점이다. 새가족부 교재를 비롯해서 모든 GBS 교재를 자체적으로 준비하고 그것을 활용하고 있다. 물론 기존의 교재보다 여러 가지로 부족한 점이 있을지라도 자체적으로 담당자들이 고민하고 만든 자료를 통해서 많은 유익이 있음을 확인할 수 있었다.

1. 새가족 양육 체계

> 우리가 너희 각 사람에게 아버지가 자기 자녀에게 하듯 권면
> 하고 위로하고 경계하노니 이는 너희를 부르사 자기 나라와
> 영광에 이르게 하시는 하나님께 합당히 행하게 하려 함이라
> (살전 2:11-12)

새가족부에서는 4주간의 교육과정을 거쳐서 기존의 공동체에 잘 적응할 수 있도록 도와주는 역할을 한다. 청년교회에서는 절대로 등록을 강요하지는 않지만, 계속적으로 공동체성의 중요함에 대해서 강조하고 있다. 그래서 매년 최소 150-200여 명 정도가 스스로 등록하고 있다. 물론 이들을 온전히 다 수용할 수 없는 장소적 한계와 그들을 온전히 케어할 수 있는 인력의 한계가 있는 것도 사실이다.

새가족부는 담당 새가족 리더가 4주를 끝까지 책임지고 맡아서 관리하는 체계를 가지고 있다. 특히 새가족부 리더들의 헌신적인 섬김이 돋보이는데, 현재 새가족부 섬김이나 리더들을 교역자가 직접 관여하기 보다는 청년교회 출신인 선배 엘더들이 그들을 헌신적으로 케어하고 섬겨주고 있으며, 이로 인해 좋은 영향력을 끼치고 있다. 새가족부뿐만 아니라, 교육부서나 다른 부서에서도 선배 엘더들의 역량이 참으로 크다고 할 수 있겠다. 참고로 현재 청년교회 새가족의 체계를 보면, 윗 또래는(Holy Mission) 강휘중 간사(청년교회 출신)가 섬기고 있고, 아래 또래는(Holy Passion) 김향숙 · 윤동환 간사(청년교회 출신)가 Volunteer로 섬기고 있다. 참고로 새식구 성경공부 교재의 커리를 살펴보면 다음과 같다.

Holy Passion 새가족 성경 공부 교재 내용
첫째 주: 신림교회 소개 및 만남
둘째 주: 4가지 영적인 원리 및 하나님의 사랑
셋째 주: 예수님의 십자가
넷째 주: 부활 = 회복
다섯째 주: 구원의 확신 및 Q.T.(경건의 시간)

다음은 새가족 성경공부 교재에 실린 환영의 글이다.

양육(In-put)받고 나가십시오(Out-put)
주의 이름으로 여러분을 축복하고 격려합니다. 청년의 때에 존귀한 주님을 알게 하시고, 그 주님을 위해, 몸된 교회를 위해 헌신하게 하신 것 또한 감사합니다. 신림청년교회는 크게 두 가지의 기둥으로 나아가는 교회입니다. 첫째는 양육(input)이며, 둘째는 선교(output)입니다. 이곳에서 정말로 신실하게 양육을(input) 받으십시오. 주의 말씀의 꼴을 충분히

섭취하십시오. 또한 이를 위해 여러분들 각자도 힘쓰십시오.

"청년이 무엇으로 그 행실을 깨끗하게 하리이까 주의 말씀만 지킬 따름이니이다" 일대일 제자 양육을 신청하시고, 새식구 과정과 기초 GBS와 일반 GBS에 기를 쓰고 들어가셔서 배우시고, 가르쳐 주시고, 도전받고 다른 사람에게 도전을 주십시오. 그리고 이 양육을 통해 여러분의 삶과 신앙의 댐에 은혜의 생수로 가득 채웠다면 이제는 그것들을 흘려보내는(output) 주의 제자로 서십시오.

젊음의 때에 귀한 시간을 내어서 단기선교사로, 장기선교사로 헌신하십시오. 선교단체나 KOICA를 통해서도 다녀오십시오. 선교지는 많고 일꾼은 적습니다. 주님께서 당신을 신림청년교회라는 좋은 훈련장으로 보내주셨습니다. 열심히 훈련받으시고, 영적인 근육을 잘 만들어서 주님의 때에 신실하게 쓰임 받는 여러분들이 되시길 간절히 소망합니다.

최근 청년교회 새가족 등록 추이

년도	청년 등록자	성별(남/여)	수료자	초/기신자	장년등록자
2001년	146명	59(남)/87(여)			112명
2002년	180명	85(남)/95(여)			146명
2003년	193명	92(남)/101(여)	147명	20/173	76명
2004년	142명	54(남)/88(여)	100명	34/108	80명
2005년	170명	92(남)/78(여)	121명	36/134	66명
2006년	174명	89(남)/85(여)	111명		78명

* 2006년 자료는 11월말을 기준으로 하였음.
* 2005년부터 Holy Mission과 Holy Passion으로 분리되었는데, Holy Mission은 형제들이 많고, Holy Passion은 자매의 등록이 형제보다 압도적이다.

여기에 새가족 4주 과정을 마친 후 간증을 한 두 지체들의 이야기를 들어 보자. 이들의 간증을 통해 새가족부의 시스템을 비롯한 핵심적인 사항들을 알 수 있다.

아쉬움이 많이 묻어나는 시간들이었다. 좋은 리더님과 좋은 지체들을 통해 굳었던 내 마음과 교만했던 내 신앙이 조금씩 제자리를 찾아가고 있었기 때문이다. 우리 팀은 교회에 다녔던 사람들과 오랜만에 교회에 다시 나온 사람들로 구성되어 있었기에 서로의 나눔을 통해 새로운 모습들을 많이 배울 수 있었다. 솔직히 나는 교회에서 많은 활동을 하였기에 교회에 처음 등록을 하고 잘 적응을 못하는 사람들을 보면 이해가 잘 안 되기도 했는데 막상 내가 그런 입장이 되어보고 또한 그들의 이야기를 들으면서 "공동체 내에서 먼저 믿은 자들의 섬김과 조그마한 배려가 정말 중요하구나" 하는 생각이 들게 되었다(정말 중요한 체험임).

오랜만에 성경공부를 했다. 대학 때 기독 동아리와 리더 교육 후에 2년 만이다. 다 아는 내용이지만 사람들과의 나눔 속에서 여러 모습으로 은혜를 더해 가시는 주님을 느낄 수 있어 재밌고 새로웠다.

… 두서 없이 썼지만 새로운 만남에 대한 두려움 때문에 등록을 주저하는 이들이 있다면 자신 있게 추천한다. 신림교회의 새가족 모임에서 그 두려움을 기대와 설레임으로 바꿔줄 것이라고. 4주 동안 잘 섬겨주신 겸손하신 우리 오다연 리더님(동일하게 4주 새가족 과정을 마치고, 현재 새가족 전체 리더로 사역함)과 소중한 동역자로 기억될 우리 지체들의 믿음 있는 모습에 많은 도전을 받았고, 또한 감사를 드린다.

p.s. 당신은 사랑받기 위해 그리고 그 사랑 전하기 위해 주께서 택하시고 이 땅에 심으셨네 또 하나의 열매를 바라시며… 이 가사가 문득 생각 나네요.

배○○ 형제

시간이 정말 화살같이 지난 듯 합니다. 벌써 4주가 지나고 이렇게 소감문을 쓰게 될 줄 몰랐습니다. 재작년 미래에 대한 불안함을 느끼고 상대적으로 많은 사람들에게 도움을 줄 수 있는 직업을 찾다가 공무원 시험을 준비하게 되었습니다. 처음에는 쉽게 생각하고 도전하였으나 연이은 실패로 인해 시험이 정말 만만치 않다는 것을 깨달았습니다. 공부한다고 친구들도 멀리하고 교회는 원래부터 잘 가지 않았으니까 할 말 없고… 점점 제 자신이 외톨이가 되어가는 것 같고 의지할 곳이 필요했습니다. 그래서 성경도 보고 전에 다니던 명성교회에서 새벽기도도 드리고 했지만 별로 위로받지 못했습니다.

그러다 올해 고향친구가 신림동에 공부하러 올라 온다는 소식을 듣고 그 친구와 연락해 고시원에 같이 들어왔습니다. 친구와 같이 있으니 좀 힘이 됐지만 제 마음속의 불안과 외로움은 떠나지 않았습니다. 그러다 여기 신림교회에 다니게 되었습니다. 전준식 목사님의 설교는 저에게 충격이었습니다. 직설적인 표현과 넘치는 열정, 전에 목사님들에게서 보지 못했던 새로운 면을 보게 되었습니다. 또한 말씀이 저를 위한 것으로 여겨졌고 내 욕심과 안위만을 생각했던 저에게 벼락을 주시는 것 같았습니다. 제가 등록하게 된 결정적인 계기는 설교시간, 목사님의 권유였습니다. 저는 '지금 등록해서 말씀공부하지 않으면 다음은 없다' 라는 생각이 들었고, 친구를 설득해 다음 주에 바로 등록하게 되었습니다. 4주간 리더님들과 새가족 동역자들의 섬김으로 많은 격려와 위로를 받았습니다. 특히 리더님의 말씀은 저에게 '말씀에 대한 갈급함'을 갖게 하셨고 성경을 가까이 하게 하셨습니다. 그동안 잘 섬겨주신 리더님과 동역자분들에게 정말 감사합니다. 앞으로 어디에서 무엇을 하든지 이곳에서 주님과 더불어 말씀 공부하고 성장하고 싶습니다.

김OO 형제

Holy Mission 새가족 기초 GBS(초신자용)
"빛을 향해 나오라"
첫째 주: 성경
둘째 주: 하나님
셋째 주: 인간
넷째 주: 예수 그리스도
다섯째 주: 구원
여섯째 주: 교회
일곱째 주: 교회 생활

시내산 아래 vs 갈보리산 아래

청년 새가족 부서에서는 분기별, 또는 반기별로 새가족 등록자들 전체 모임을 갖게 되는데, 그때마다 담당교역자인 필자는 신림청년교회 새가족들에게 '복음 안에서의 자유함'에 대해서 강조하고 있다. 그러면서 주 안에 있는 자들은 시내산(율법) 아래 있는 자들이 아니라, 갈보리산(복음) 아래 있는 자들임을 강조하고 있다. 우리는 시내산 아래에서 지키지 못하는 율법 때문에 두려워 떨고 있는 자들이 아니라, 갈보리산에 세워진 그 십자가 아래에서 진정한 자유와 기쁨과 감격을 가지고 사는 자들이다.

신림청년들뿐만 아니라, 의외로 주님 안에서, 복음 안에서 자유함을 누리지 못하는 청년들이 많음을 보게 된다. 하나님이 주신 마음이 아니라 자기 스스로 율법적인 기준을 정해 놓고, 절대로 하나님이 그렇게 살라고 주신 기준이 아님에도 불구하고, 그 기준대로 살려고 하다가, 턱없이 미치지 못하는 자신의 모습을 보고, 자학하고, 두려워하고, 자포자기하는 공동체의 청년들이 많다.

청년교회에서 일 년에 약 2~3번 등록하고 수료한 새식구들이 모여, 새식구 큰잔치를 할 때마다 필자가 강력하게 권면하는 부분이 있다. 바로 주님이 저와 여러분에게 진정한 자유함을 주기 위해서 죽으셨다는 것을 강조한다.

여전히 많은 청년들이 율법(시내산) 아래에서 신음하고 고통 받고 있다. 주님이 주신 기준과 원칙이 아니라, 스스로 세운 율법적인 기준과 그것을 지키지 못했을 때의 갈등과 방황에 사로잡힌 청년들이 의외로 많다. 주님이 주신 기준이 아닌데도 말이다. 스스로 세운 기준으로 열심히 율법의 의를 행하다가 실족하는 자들이 참으로 많이 있다. 이들은 예수 그리스도가 주신 십자가의 능력을 체험하지 못했기 때문이다. 나무 십자가가 서 있는 갈보리산 아래 있는 자들임을 알지 못하고 있는 것이다. 율법을 완성하시고, '다 이루었다'고 말씀하시는 그 주님의 십자가의 복음을 잘 몰라서 그렇게 반응하는 것이다. 우리는 주의 보혈 아래 있는 자들이지, 절대로 짐승의 피로 얼룩진 율법 아래 있는 자들이 아니다. 우리는 율법 아래 있는 자들이 아니라 십자가 나무 아래(Under wood) 있는 자들임을 고백할 때 비로소 자유와 기쁨과 감격을 회복하게 된다.

하나님은 우리를 자유케 하시고, 사탄은 우리를 노예로 삼고자 한다.

2005년 Holy Passion 새식구 마을 보고 자료

다음은 허〇〇 자매(81또래, 새식구 마을 리더)의 조사 결과이다. 이 글은 사역자의 눈이 아닌 헌신된 청년지체가 바라본 Holy Passion의 모습이기에 가치가 있다고 판단된다. 이러한 자료를 바탕으로 다음해 새식구 마을의 운영과 전체 청년공동체의 양육 방침이 결정된다.

2005년 Holy Passion 자료는 외무고시를 준비하면서 새가족부를 맡았던 한 자매의 헌신적인 섬김의 결과물이다. 이 자료를 통해 청년 새가족의 현황과 또한 앞으로의 방향성을 볼 수 있다.

88

〔0〕자료 분석 조건

이하에서 2005년이라 칭함은 2005년 1월 1일부터 11월 6일까지를 의미하며, 이 기간 동안 새가족(새식구)마을에 참여하여 등록 카드를 작성한 경우를 유효한 자료로 한정하였다. 2004년과 비교하는 경우는 2004년에 작성, 제출된 새가족 마을 보고 자료의 데이터를 기준으로 한다. 2005년 9월 이후의 자료는 새식구 마을에 보관된 것으로 작성되었으며, 1월부터 9월까지의 자료는 분리되기 전의 새가족 마을에 보관된 자료로부터 도출하였다. 참고로 2005년 Holy Passion, Holy Mission 전체 새가족 등록자 수는 170명으로 집계되었다.(원래 자료에는 각종 자세한 차트가 삽입되어 있지만, 지면관계상 생략함)

〔1〕2005년 Holy Passion 등록자 – 성별 · 또래별

전체 등록자의 수는 98명으로 집계되었다. 이를 성별 · 또래별로 구분하면 다음과 같다.

구분	형제	자매	합
86또래	2	5	7
85또래	4	6	10
84또래	5	7	12
83또래	7	7	14
82또래	4	15	19
81또래	12	13	25
80또래	4	7	11
합	38	60	98

〔표1〕2005년 Holy Passion 등록자 성별 · 또래별 표(단위:명)

형제 자매의 비율은 약 2:3(38.8%:61.2%)으로 자매의 비율이 높으며, 또래에 있어서는 81또래가(26%) 가장 많은 수를 차지하고 있다. 뒤를 이어서 82또래(19%), 83또래(14%), 84또래(12%) 순이다.

(2) 2004년 등록자와의 증감 비교 – 성별 · 또래별

구분	2004년			2005년		
	형제	자매	합	형제	자매	합
86또래	–	–	–	2(+2)	5(+5)	7(+7)
85또래	3	6	9	4(+1)	6(–)	10(+1)
84또래	2	6	8	5(+3)	7(+1)	12(+4)
83또래	0	3	3	7(+7)	7(+4)	15(+11)
82또래	3	4	7	4(+1)	15(+11)	19(+12)
81또래	6	11	17	12(+6)	13(+2)	25(+8)
80또래	4	17	21	4(–)	7(–10)	11(–10)
합	18	47	65	38(+20)	60(+13)	98(+33)

[표2] 2004년 대비 Holy Passion 등록자 성별 · 또래별 비교(단위:명)

　　2005년에는 86또래의 숫자를 제외하더라도 2004년에 비하여 140% 정도의 상대적인 증가를 보이고 있다(86또래를 포함할 경우에는 150%의 증가율). 절대적인 숫자는 또래별로 볼 때에 80또래를 제외한 모든 또래에서 증가하였으며, 특히 82또래와 83또래에서 10명 이상 증가하였다. 성별로는 특히 형제의 수가 두드러진 증가율(210%)을 보이고 있다. 자매의 경우는 전년 대비 130% 증가하였다. 절대적인 수가 가장 크게 감소한 부분은 80또래의 자매(–10)이며, 가장 크게 증가한 부분은 82또래의 자매(+11)이다.

[3] 2005년 Holy Passion 등록자 - 기간별·또래별

구분	80~82또래	83~86또래	합
1월	9	5	14
2월	5	2	7
3월	6	4	10
4월	1	3	4
5월	2	2	4
6월	6	3	9
7월	12	7	19
8월	2	4	6
9월	7	9	16
10월 이후	5	4	9
합	55	43	98

[표3] 2005년 Holy Passion 기간별 또래별 등록자 표(단위:명)

전체적으로 새해가 시작되는 1월, 신학기가 시작되는 3월과 9월, 여름방학이 시작되는 7월에 등록자가 많은 모습을 보여주고 있다. 주로 대학생들이 큰 비율을 차지하리라 여겨지는 83또래 이하를 따로 구분하여 볼 때에, 역시 1월, 3월, 7~8월, 9월에 등록자가 많으며 올해는 특히 9월이 9명으로 가장 많았다. 82또래 이상의 경우에도 마찬가지로 1월, 3월, 7월, 9월에 등록자가 증가하는 현상을 보이고 있으나 7월 등록자의 수가 12명으로 가장 많았다.

[4] 2005년 Holy Passion 등록자 - 직업별

구분		형제	자매	합
대학(원)생		23	23	46
직장인		3	7	10
수험생	사법시험	7	12	19
	행·외시	2	9	11
	기타	2	6	8
기타/불명		1	3	4
합		38	60	98

[표4] 2005년 Holy Passion 등록자 직업별 표(단위:명)

대학(원)생과 수험생이 중복되는 경우는 수험생을 우선으로 하여 집계하였다. 현재 하고 있는 일을 분명히 밝히지 않은 지체가 일부 포함되어 있기 때문에 크고 작은 오차가 생길 수 있다. 실제로는 수험생에 해당하는 지체의 숫자가 조금 더 올라갈 것으로 예상된다. 그러나 표에서 보이는 것으로 분석하자면 대학(원)생의 비율이 약 반수(47%)를 차지하며, 수험생 집단이 그 다음 (39%)을 차지한다. 수험생 중에서는 사법시험이 반수(50%)를 차지하고 있다. 수험생 중 모든 종류의 시험에서 자매의 비율이 높게 나타났다.

(5) 2005년 Holy Passion 등록자 - 수료 여부와 초신자 여부의 상관관계

현재 새가족 교육 과정 중이거나 수료여부에 대한 자료가 없는 15명을 제외하면 83명의 지체 중 21명의 지체가 수료를 하지 못했다. 대다수가 4주 과정 중에 예배(혹은 교육과정)에 참석하지 않게 된 경우로, 그 원인은 다양(입대, 이사, 교회 옮김, 교육시간이나 과정에 대한 부담감 등)하다.

구분	수료자	비수료자	기타	합
초신자	3	6	3	12
기신자	59	15	12	86
합	62	21	15	98

(표5) 2005년 Holy Passion 등록자 수료/ 초신자 분류 표(단위:명)

표에서 보는 바와 같이 12명의 초신자 중 50%인 6명이 수료를 하지 못했다. 기신자의 경우 수료하지 않은 지체의 비율은 17%로 적은 편이다. 초신자의 경우 수료할 때까지의 교육 과정을 잘 참석하기가 기신자에 비해 어려운 경향이 있다고 볼 수 있겠다.

(6) 2005년 Holy Passion 등록자 – 예배 혹은 GBS 참여 여부

구분	수료&참여	수료&불참	미수료&불참	기타	합
전체	45	17	17	19	98

[표6] 2005년 등록자 중 수료 및 GBS(예배) 참여 여부로 구분한 표(단위:명)

GBS 참여 여부는 출석률이 아닌 재적 상황을 기준으로 했으며, 정확한 GBS 명단이 확보되지 못하였기 때문에 리더들에게 질의하여 집계했다. 따라서 오차가 있을 수 있음을 밝힌다. 예배 참여 여부는 Holy Passion 예배에 참석하는 것을 확인한 지체를 기준으로 했기 때문에 다른 시간대의 예배에 참여하는 경우가 있다면 포함되지 않았다. 기타에 해당하는 지체는 수료여부가 확인되지 않았으나 GBS 혹은 예배에 참여하는 경우, 그리고 아직 새식구 4주 과정 중인 경우가 이에 해당된다.

참여자의 비율이 50%에 가까운 것은 (2004년에 비해) 안정적인 요소로 볼 수 있으나, GBS에 꾸준히 참여하는 경우를 계산하면 수치가 훨씬 줄어들 것으로 예상된다. 수료를 했음에도 GBS에서 양육 받거나 예배에 지속적으로 참여하지 않는 비율이 17%에 해당하여 지속적인 관심이 요구된다.

(7) 전체적인 평가

한 몸을 이루었던 청년교회가 2005년부터 Holy Passion 예배를 분리하면서 등록자의 수에 현저한 증가 양상을 보였다. 81-82또래의 증가세가 두드러진다는 점은 강점이 될 수도 있으나, 그 아래 또래의 수가 적어 '역 피라미드형' 구조를 만듦으로써 장기간에 걸친 안정적인 양육이 어려워질 가능성이 있다. Holy Passion에 새로 등록한 윗 또래 지체들이 양육을 받고 리더로서 설 만한 시기가 되면 Holy Mission으로 올라가게 되는 상황이 발생할 수도 있으리라 예상된다.

신학기에 83또래 이하의 새식구들이 많이 등록하는 것으로 미루어 볼 때, 이 시기에 그들에게 특별한 관심을 쏟아서 잘 양육 받을 수 있도록 돕는 것이 중요하리라 판단된다. 여름 방학을 하면서 등록한 새식구들이 여름 수련회에 적극적으로 참가할 수 있도록 권면하는 것도 좋은 방안이 아닐까 한다.

대학생과 대학원생의 비율이 높지만, 수험생의 비율도 상당하다는 점에 근거하여 수험생들에 대한 여러 도움들을 강구하는 방안도 생각해 볼 필요가 있다. 수험생 새식구들은 신림동에 상주하며 꾸준히 예배에 참석하는 경우와 수험을 이유로 예배나 GBS 참석을 부담스러워하는 경우로 양분하여 고려할 수 있는데, 특히 후자의 경우 꾸준히 연락하고 기도하여, 다시 예배에 참석할 마음이 들도록 해 주는 것이 중요하리라 생각된다.

수료하지 못한 새식구의 비중은 낮은 편으로, 특히 9월 새식구 마을 분리 이후에는 4주 과정을 마치지 않고 도중에 빠져나가는 새식구는 극히 적었다. 그러나 초신자의 경우 수료하지 못하는 경우가 절반이나 된다는 것을 볼 때에, 조금 더 초신자들에게 집중할 필요가 있다. 새식구 마을의 4주 교육 과정을 받을 때에 초신자들을 기신자들로부터 분리하여 차별화된 내용을 다루는 것도 한 방법이겠지만, 새식구 리더 인력이 부족하기 때문에 당장 실행하기는 어려울 것으로 보인다.

상대적으로 유동인구가 많은 신림교회 청년 예배의 상황을 놓고 볼 때에, 교회 활동에 참여하는 새식구의 비율이 50%를 넘지 않는다는 것이 반드시 50% 이상의 새식구들이 교회나 예배를 떠나 있다는 것을 의미하지는 않으리라 판단된다. 그러나 그 주에는 참여할 여건이 되면서도 여러 가지 부담 때문에 멀리하는 지체들이 상당수 있을 것이며, 그들에 대해서도 더욱 관심이 필요하다.

특히 수료 후 GBS에 참여하지 않는 새식구들의 경우에는 겨우 4주 동안 새식구 마을에 정을 붙였다고 생각했더니 갑자기 전혀 낯선 모임으로 이동하게 되어 긴장을 느끼는 경우도 있다고 한다. 그런 경우에는 조금 더 새식구 마을에서 지켜보고 있기는 하지만, 새식구 리더 이외의 다른 지체들—임역원들, 각종 마을장들, 또래장들—이 새식구들에게 더 적극적으로 다가가서 친밀감을 가지는 것도 중요하다고 본다. 새식구 과정 중 또래모임이 있을 때에는 또래 모임에 보내고자 해도 이미 다 여러 장소로 흩어진 뒤라 찾아 보내기가 쉽지 않은데, 또래 장들이 미리 준비하고 와서 데려가는 것도 한 방법일 수 있겠다. 사역팀들의 경우 새가족 모집 기간이 따로 있는 경우가 많다는 것은 알고 있지만, 사역에 참여하기를 원하는 새식구가 있어도 무작정 기다리라고 하는 것은 바람직하지 않을 수 있다. 다행히 그 새식구가 그 기간이 될 때까지 남아 준다면 모르겠지만, 원하던 사역에 참여하지 못하고 기다리는 사이에 공동체에 대한 친밀감을 얻지 못하고 빠져 나가는 일도 생길 수 있기 때문이다. 교육 과정은 정해진 기간에 하더라도, 속히 교제권 가운데 편입될 수 있도록 배려하려는 노력이 요구된다.

Holy Mission(80또래 이상) 새가족마을 사역보고(2006년)

1. 월별 등록 및 수료 현황

	12월	1월	2월	3월	4월	5월	6월	7월	8월	9월	10월	11월	총	수료율
등록	4명	4명	8명	12명	11명	8명	8명	6명	8명	9명	6명	2명	**86명**	
수료		3명	3명	4명	10명	9명	6명		7명	6명	6명		**54명**	62.8%

참고사항: 2005년 12월과 7월에는 수료식 없었음.

2. 또래별 현황

70	71	72	73	74	75	76	77	78	79	80	기타또래	**총**
1명	3명	0명	1명	6명	2명	5명	12명	13명	22명	17명	4명	**86명**

참고사항: 기타또래는 Holy Passion으로 가야 할 새가족이 Holy Mission에 등록한 경우임.

3. 초신자와 기신자의 비율

	초신자	기신자	총	초신자 비율
등록자 중 비율	20명	66명	86명	23%
수료자 중 비율	12명	42명	54명	22%

4. 고시생의 비율

	고시생	직장인/학생/기타	총	고시생 비율
등록자 중 비율	36명	50명	86명	42%
수료자 중 비율	24명	30명	54명	44%

5. 남녀 비율

	남	여	총	남/녀 비율
등록자 중 비율	51명	35명	86명	59% / 41%
수료자 중 비율	30명	24명	54명	55% / 45%

6. 평가

① 등록총인원은 86명으로 작년(72명)에 비하여 14명 증가했다.

② 또래별 등록 상황은 79또래와 80또래가 압도적으로 많이 나왔으며 77또래와 78또래도 아직까지는 많이 등록하는 것으로 나왔다.

③ 초신자의 비율은 23%로 10명 중 등록자 중에 2–3명 정도가 초신자인 것으로 나왔다. 2004년(24%)과 2005년(33%)와 비교할 때 비슷하다.

④ 고시생의 비율은 42%로 2005년(69%)에 비해 떨어졌는데 등록자 중 작년에 비해 직장인이 많이 등록하여 상대적으로 비율이 떨어졌다. 즉 대략 2명 중 1명은 시험을 준비하는 청년이다.

⑤ 형제비율은 59% 정도로 2005년(75%)에 비해서 다소 떨어졌는데 작년이 특이하게 비율이 높은 해였으며 2004년과 비교할 때 정상적인 수치로 보인다.

장년 새가족부 2006년 사역 보고

1. 총 등록자

(1-3부 예배 기준, 11월 20일 주일 기준)

2001년	2002년	2003년	2004년	2005년	2006년	비고
112	146	76	80	66	78	

2. 등록자 분석

성별	2001년	2002년	2003년	2004년	2005년	2006년
남	38(33.9%)	67(45.9%)	36(47.3%)	37(46.3%)	23(35%)	30(38%)
여	74(66.1%)	79(54.1%)	40(52.6%)	43(53.7%)	43(65%)	48(62%)
계	112	146	76	80	66	78

　아래의 글은 한 지체(이○○ 자매)가 신림동에 들어와서 신림 교회에 등록하고 적응하는 과정을 솔직하게 고백하는 글인데 참고로 실어보았다. 신림청년 공동체에서는 등록한 후 새가족부 과정을 온전히 마쳐야 정식 멤버십을 갖게 되고, 수료식을 할 때 몇 명 지체들을 세워서 새가족 수료 간증을 듣는다. 이를 통해 공동체 내에서 잘 적응하지 못하는 지체들에게 도전을 주고, 기존의 지체들에게는 새가족과 새가족 부서에 대해서 관심을 불러일으키는 효과가 있다.

　　2003년 8월 몸과 마음이 지쳐 한창 힘들어하고 있을 때 하나님의 인도하심을 따라 신림교회 청년 예배를 드리게 되었다. 청년들의 찬양과 목사님의 말씀으로 인해 닫혔던 마음이 회복됨을 느꼈다. 신앙이 점점 회복되고, 나를 절망에서 구해 주신 하나님께 감사드리면서 나도 이곳에 꼭 참여하고 싶은 마음이 들어 (새가족)등록을 결심하게 되었다. 내게 감당하기조차 힘든 아픔을 주셨지만, 그걸 통해 나를 다시 회복시키리라는 확신이 들었다. 슬픔과 절망 끝에 다시 희망이 보이기 시작했다. 그래서 '신림교회로 나를 보내셨나' 하는 생각이 든다. 다시 힘을 내라고… 등록 후 새가족 반에서 4주 동안 성경 공부를 하게 되었다. 어릴 때부터 교회에 다녔던 나로서는 초·중·고등부 이후 성경공부를 특별히 해 본 적이 없었다. 그래서 4주 동안의 과정이 참 은혜로웠다. 내가 새가족반에서 얼마나 귀중한 존재인지 알게 되었고 따뜻한 관심 또한 내가 사랑받고 있다는 걸 느끼게 해 주었다. 이후 마당찻집의 낯설음과 어려움이 있었지만, 새로운 만남을 기대하며 소망하며 기쁨으로 나아갈 수 있었다.

새가족 수료 후 본격적으로 GBS 모임에 참여하였고, 그 이후 같은 또래들과 GBS를 하는 시간을 가졌다. 이후 일본 마을(비전 마을)로 연결되어 섬길 수 있는 자리가 마련되었다. 지금까지 나에게 필요한 지체들을 보내주시고 그 통로를 여신 분은 주님이시다. 하나님께서 내 마음을 아시고 나에게 동역자를 보내주셨던 것이다. 일본 마을 지체들에게 동일하게 인도하시는 것처럼 나에게도 동일하게 역사하시는 하나님을 바라본다. 또한 섬김의 자세를 통해 '나를 낮추고 하나님께 영광 돌리고 싶다.' 부족하지만 이렇게 나눌 수 있게 해 주신 하나님께 감사드린다.

2. 소그룹(GBS) 양육 체계

제자는 태어나는 것이 아니라 훈련으로 만들어진다(Disciples are made, not born)

제자라는 단어에는 'Disciple, Discipline' 이라는 말이 포함되어 있는데, 이 말은 군사적 훈련을 뜻하는 말이다. 제자가 되기 위해 반드시 훈련을 받아야 하는데, 그것도 강한 군사적 훈련을 받아야 한다는 뜻이다. 이 훈련은 단지 종교인을 만드는 훈련에 제한되어서는 안 된다. 영혼을 뒤흔들고 삶의 방식과 목적을 뒤바꾸어 버리는 성경적 세계관으로 무장되어야 한다. 이는 참 신앙인이 반드시 거쳐야 할 과정이다. 참 신앙인은 그냥 이루어지는 것이 아니라, 반드시 광야학교의 훈련을 통해서, 양육을 통해서 이루어진다.

예수님께서는 누구보다도 소그룹 사역을 효과적으로 수행하셨다. 예수님에겐 12제자가 있었고, 또 그 안에는 특별한 때에 함께 동행하던 3인의 제자들이 있었다. 주님은 늘 이들 제자들에게 관심을 기울였고 일반 대중들에게 전하는 것과는 한층 차별적인 것들을 이 제자들을 양육하는 때에 특별히 제시하셨다는 것은 잘 알려진 얘기다. 이런 점에서 주님은 소그룹 사역의 모델이 되신다. 또 초대 교회의 상당 부분이 소그룹 형태의 가정 교회였을 것이라는 것도 주목할 만한 내용이다. 그래서 그들은 더 함께 모이기 쉬웠고 그리스도 안에서의 깊은 사귐이 가능했을 것이다. 이것은 소그룹 사역의 성경적 기초가 된다.

GBS는 대체적으로 지도 교역자와 교육총무와 조원들과의 협의를 거쳐서 커리를 결정한다. 한 팀이 끝나면 반드시 전체 조원들에게 리서치를 하고, 피드백을 받아서 그 다음 과정을 준비한다. 지금까지는 크게 두 유형으로 나누어 GBS를 진행해 오고 있다. 첫째는 각 권별 성경공부와 둘째는 주제별 성경공부이다. 그리고 중간 중간에 특강 형태로 세미나를 하기도 한다. 각 권별 성경공부의 커리로 로마서, 갈라디아서, 사도행전, 빌립보서, 호세아서, 창세기, 여호수아, 호세아를 진행해 오고 있는데, 구약과 신약의 균형을 맞추고자 하였다. 또한 주제별 GBS에서는 신앙의 기본이 되는 '기독교 핵심가치 배우기', '알기 쉬운 조직신학', '신앙의 기초 다지기' 등을 진행하고 있다. 특히 GBS의 교재는 원칙적으로 자료를 신림청년들의 필요(Need)에 맞게 직접 교재를 만들어서 사용하고 있다.

참고로, 첫 번째 유형(각 권별 성경공부)의 예로, 2004년 요한복음(상) GBS에서는 "말씀이 육신이 되신 하나님"이라는 주제로, 14주에 걸쳐 GBS를 진행하였다. ① 요한복음 서론, ② 말씀이 육신이 되신 하나님(요 1장), ③ 질적인 변화: 혼인잔치와 니고데모(요 2-3장), ④ 참된 예배: 영원한 생명수(요 4장), ⑤ 안식일의 주인이신 그리스도(요 5장), ⑥ 유월절을 온전케 하신 그리스도(요 6장), ⑦ 초막절을 온전케 하신 그리스도(I-요 7장), ⑧ 초막절을 온전케 하신 그리스도(II-요 8장), ⑨ 세상의 빛 되신 예수(요 9장), ⑩ 목자, 메시야, 아들이신 그리스도(요 10장), ⑪ 생명 되신 그리스도(요 11장), ⑫ 영광의 입성(The Triumphal Entry, 요 12장), ⑬ 최후의 만찬(The Last Supper, 요 13장), ⑭ 다락방 강화(The Upper Room Discourse, 요 14장)으로 진행되었다. GBS의 관건은 리더들의 헌신과, 그 리더들의 훈련이라고 생각하는데, 리더들이 자기들이 맡은 부분을 한 주간 동안 나름대로 준비해 와서, 자신이 준비한 발제물을 가지고 GBS 리더 모임 때 다른 리더들과 논의를 거친 후, 최종적으로 교역자와 함께 나누고 주일 GBS에 임하게 된다. 각 리더들이 자기들이 많은 부분을 준비할 때는 이렇게 준비하게 한다. 중요한 것은 정해진 틀이 있는 것이 아니라 나름대로 준비하는 것을 권장한다. 예를 들어, 시편을 GBS로 공부할 때는 그 부분을 깊이 묵상한 후 나름대로의 '시'를 한편 적어 오는 것을 적극 권장한다. 그럼에도 리더들이 한 주간 동안 자기 맡은 부분을 준비하게 할 때는 이렇게 권면한다.

GBS 자료 준비 내용 _각 유형별 실제 자료

(1) 해당 본문을 여러 번 정독한다.

가장 기본적이고, 그렇기에 가장 중요한 작업입니다. 어느 정도 도사(?)의 경지에 이르러 다른 주석이나 참고 자료가 필요 없이, 텍스트만 가지고 공부할 수 있는 수준에까지 이르면 좋겠네요.

(2) 성경의 여러 번역본의 본문 비교(4번과 관련)

본인이 참고할 수 있는 모든 번역본은 다 참고할 수 있습니다. ex) 한글 개역, 표준새번역, 공동번역, 현대인의 성경, 개역개정판, ESV(english standard version), 유진 피터슨의 The Message, NIV, RSV, KJV……. 단, 비교가 될 만한 문장이나 단어만 비교 분석하면 된다(전체 다 필요치 않음). 표를 사용하면 비교하기에 좋음.

(3) 본문 범위 설정에 문제가 없는가? 본문의 짜임새와 흐름을 파악한다.

세분화 시켜보면 안 보이는 부분도 보이고, 연관성도 알게 되고, 더 자세하게 볼 수 있는 기회가 됩니다. 열심히 난도질(?) 해 봅시다.

(4) 본문 한글 번역의 문제(자신의 견해를 피력)

비교해서 우리가 사용하는 한글 개역성경의 번역상의 문제점은 없는지?

(5) 본문의 중심 낱말 및 개념 파악

본문에서 가장 많이 등장하는 단어라든지, 주제를 표현할 수 있는 단어, 까다로운 단어, 배경지식이 필요한 단어 및 개념들을 정리해 보는 순서.

(6) 오늘 본문의 전체적인 주제는 뭐라고 생각하십니까?

자기 말로(사역) 문장을 만들어 보자.

(7) 이 본문을 가지고 설교를 한다면 대지는? 적용의 문제

나름대로 대지를 만들고, 적용할 시에는 반드시 'I' 적용이어야 합니다.

(8) 기타. 본문과 관련된 시(詩), 찬송가 등 특이한 사항을 조사한다.

예를 들어 시편 137편의 경우 참고음악으로 Boney M의 River of Babylon

(9) 되도록이면 다른 목사님들의 강해설교집이나, 주석 책은 삼가도록 권면한다.

두 번째 유형(주제별 성경공부)의 예로, 2005년 1st Term 일반 GBS의 "기독교 핵심 가치 배우기"의 커리를 살펴보면, ① 예배(Worship), ② 큐티-묵상(Q.T./Meditations), ③ 중보기도(Intercessory Prayer), ④ 영적 전쟁(Spiritual Warfare), ⑤ 참된 영성(Biblical Spirituality), ⑥ 하나님의 성품/마음(Father Heart of God), ⑦ 십자가의 도 (Disciple – Followership), ⑧ 성

경적 세계관 (Biblical World View), ⑨ 영적 리더십(Spiritual Leadership), ⑩ 그리스도의 몸(The Body of Christ), ⑪ 관계(Relationship), ⑫ 기독교 문화(Christian Culture), ⑬ 선교(Mission), ⑭ 마무리(애찬식)

그리고 각 GBS의 커리별로 리더들이 3개 정도의 주제를 선택하여 미리 준비하게 하고, 리더 모임 때 조별로 나누어서 준비해 온 발제물을 나누고 전체가 다시 모여서 교역자와 정리하게 한다. 각 리더들이 참고할 만한 참고 자료들을 미리 선정해 주고, 나름대로 발제를 준비하게 한다. 가령 첫째 주 '예배' 부분에서는, 토미 테니의 『다윗의 장막』, 『하나님께 굶주린 예배자』, 미르바 던의 『고귀한 시간낭비-예배』, 존 맥아더 『참된 예배』 등의 참고 자료를 보게 한다. 물론 그 외에도 본인이 참고하고 싶은 자료들은 교역자의 허락 하에 자유롭게 읽고 발제하게 한다. 참고로 2005년 일반 GBS "기독교 핵심가치 배우기"에서는 리더 섬김이 외에 30여 명이 리더로 세워졌고, 리더 모임 때, 보통 4개 조로 다시 나뉘어 리더 모임이 진행된다. 30여 명의 지체들이 자신들의 조에 속한 리더가 준비한 자료와 교역자가 준비한 자료들을 참고로 하여 주일 GBS 시간에 자기 조원들과 약 2시간에서 2시간 30분 정도의 시간을 가지고 주제에 대해서 나누게 된다.

일반 GBS 리더모임의 순서를 간략히 보면, ① 모여서 ② 찬양하고(20~30분) ③ 대표기도하고 ④ 오늘 다룰 주제 설명 듣고 ⑤ 보통 4~5개 조로 흩어져서 조별모임을 갖고(60~80분) ⑥ 다시 함께 모여 조별로 다루었던 주요 내용과 질문사항 듣고 ⑦ 교역자가 준비한 자료 같이 나누고 ⑧ 전체적으로 GBS를 위해 기도하고 ⑨ 교역자의 마무리 기도 후 ⑩ 교육 총무와 실무적인 내용 다루고 ⑪ 모임 마무리 ⑫ 주일 GBS 조원들과 만나는 순서를 가지게 된다.

교역자가 GBS리더 모임 때 나누어 주는 유인물 자료의 양식 중 본문 묵상 자료집을 만들어 준다. 아래는 필자가 자체적으로 만든 요한복음 2-3장의 본문 묵상 자료집 샘플이다. 이 묵상 자료집을 리더와 조원들에게 나눠주고 생각하게 하고, 묵상하게 하고 적용하게 한다.

질적인 변화: 가나의 혼인잔치와 니고데모(요 2-3장)

1. 요한복음 2장 4-5절을 읽고 묵상하십시오. 예수님도 모르는 그때를 어머니는 알고 있었다(?) 어머니의 위대함, 어떻게 가능할까? 어머니 마리아는 '천사를 통한 성령의 잉태', '유월절 회당에서 서기관들과 거리낌 없이 논쟁하던 어린 예수', 기타 주님의 모든 말과 행위에 대해서 "마음속에 깊이 새겨 두었던" 마리아, 계속적으로 마음에 두었던 마리아에게 가능한 것이 아닐까? 여러분은 마음속에 무엇을 깊이 품고 계십니까?

2. 요한복음 2장 7-8절을 읽고 묵상하십시오. 신앙은 '우리의 이성과 상식을 십자가에 못 박는 것'이라고 하였습니다. 여러분은 이 말에 대해 어떻게 생각하시는지요? 아직도 마음에 의심이 들고, '그래도…'라는 마음이 들지는 않는지요? 함께 나눠 봅시다.

3. 요한복음 2장 9-10절을 읽고 묵상하십시오. 예수님을 만나기 전에 우리는 모두가 '허드렛 물'(water for sundry uses)이었는데, 주님을 만나고 난 이후 참 포도열매에서 나온 진국(?)이 되었다. 하나님과 사람을 기쁘시게 하는 극상품의 포도주가 되었다. 참 감사하다. 여기에 대한 감격이 있는지요? 이 경험에 대해 각자의 삶을 나눠 보십시오.

4. 요한복음 2장 13-16절을 읽고 묵상하십시오. 주님은 '내 몸이 거룩한 성전'이라고 말씀하셨습니다. 여러분의 성전은 거룩함을 유지하고 있는지요? 아니면 세상의 잡다한 가치관들이 들어와서 판을 벌여놓고 있지는 않습니까? 어떤 것들이 들어와 있는지요? 그렇다면 그런 것들을 깨끗이 청소할 의향은 있으신지요? 어떻게요?

5. 요한복음 2장 19-22절을 읽고 묵상하십시오. 혹자는 이 부분을 '거룩한 파괴'라고 하였습니다. 여러분은 어떻게 생각하시는지요? 내안에 하나님이 세우실 거룩함을 위해 깨뜨려져야 할 것들은 무엇인지요? 혹시 파괴가 없이 덧칠하고, 땜질하고, 눈 가리고 아웅 하고 있지는 않습니까? 왜 그렇습니까?

6. 요한복음 2장 24절을 읽으십시오. "jesus would not entrust himself to them, for he knew all men" 주님은 사람의 인정에 목말라 하거나, 사람에게 자신의 신뢰를 두신 것이 아니라 오직 하나님께만 신뢰를 두셨습니다. 주님 저도 그렇게 살고 싶습니다. 사람의 인정과 평가에 목말라하고 그것 때문에 나의 상황이 바뀌고, 그런 것을 얻고자 마음이 쏠리는 나의 연약한 모습을 주님의 십자가 앞에 내려놓습니다. '나의 신뢰의 대상은 오직 주님' 또한 나를 온전히 아시는 주님께 감사를 드립니다. 나의 모든 것을 아시는 주님!

7. 요한복음 3장 3-6절을 읽고 묵상하십시오. 나도 성령으로 충만해 있지 않으면 본질을 놓친 채 엉뚱한 이야기만 하게 된다. 주님께서 니고데모의 이야기를 듣고서는 많이 답답해 하시는 것 같다. 주님이 나를 보실 때도 이러지 않을까?

8. 요한복음 3장 19절을 읽고 묵상하십시오. '자기 행위'는 철저하게 자기중심적인 것이다. 자기 욕심에서 나온 것이다. 죄가 무엇인가? '더 사랑하는 것'이 죄이다. 예수님도 빛도 싫은 것은 아니라, 좋아하는데, 이 세상의 어두움이 주는 것을 더 사랑하는 것이 죄이다. 내 안에 주와 함께 십자가를 지고 통과하는 삶보다는 어둠이 주는 세상의 재미와 쾌락과 만족을 더 좋아하는 모습이 깊이 내재되어 있음을 보게 된다. 그렇다. 죄의 깊은 밑바탕에는 '그것을 더 사랑하는 마음'이 있다는 것을 주님께서 보여주신다. 그래서 평상시에는 이것이 드러나지 않고 꼭꼭 숨어 있다가 가

끔은 꿈에서 나타나는 경우도 있다.-꿈에서 지은 죄까지도 회개하라고 말씀하시는 주님- 나의 모든 생각과 마음의 묵상과, 입술의 말과 행동이 하나님 안에서 행하는 것이 되기를 소망합니다. 순간순간 성령님께서 인도해 주시고, 특히 생각의 세계를 잘 다스려 주십시오.

9. 요한복음 3장 30절을 읽고 묵상하십시오. '하나님 사랑' 이 점점 더 커지면 '세상 사랑' 은 점점 더 줄어들게 되고, 점점 더 '성령 충만' 하게 되면 '세상 충만' 은 자연스럽게 사그라지고, 하나님을 더 사랑하면 세상은 점점 덜 사랑하게 되고, 하나님을 더 경외하면 세상 경외는 더 줄어들게 된다. 내가 더 많이 보여지고 나타나게 되면 주님은 점점 줄어들게 된다. 주님! 저를 십자가의 뒤에 감추어 주십시오.

죽임 당하신 어린양, 주님께 감사를 드리며

눈을 들어 십자가를 바라본다.
주님의 외마디 절규가 생생하게 들려온다.
엘리 엘리 라마 사박다니…
나의 하나님! 나의 하나님! 어찌하여 나를 버리셨나이까!
친자이신 예수님을 버리실 수는 있어도,
예수의 피로 양자된 나는 포기할 수 없었던 하나님 아버지.
아니 친자식을 포기하면서까지 양자인 나를 사랑하시는
하나님 아버지의 사랑이 참으로 눈물겹다.

내가 무엇이기에, 내가 무엇이관대
인자가 무엇이관대 주께서 저를 생각해 주시며
사람이 무엇이관대 주께서 저를 권고해 주십니까!

다시 눈을 들어 주님의 십자가를 바라본다.

속죄의 어린양이 되셔서 자신을 온전한 번제물로 드린 주님을 바라본다.

주님! 저를 산산이 부수어 주십시오.

소제물을 드릴 때 완전히 부수어 고운 가루로 만들어,

그렇게 하나님께 올려 드리셨듯이,

나를 그렇게 갈아 주십시오.

주님!

제가 어중간하게 깨어지고 부서지니까

다른 사람에게 상처를 주고 찔림을 주는 것이지요.

어중간하게 죽으면 다른 사람에게 오히려 상처를 주는 것…

주님! 나를 소제물처럼, 번제물처럼 완전히 죽여주십시오.

완전히 갈아 주십시오.

"주님 이것만큼은 양보할 수 없습니다.", "주님 이 사람만큼은 용서할

수 없습니다."

"주님 이 영역만큼은……."

주님 이것까지도 갈아 주십시오.

세미하게 갈아 주십시오.

주님! 저는 주님으로부터 무조건적인 십자가의 은혜를 받았는데,

왜 다른 사람들에게는 그렇게 조건이 많고, 기준이 많은지요!

왜 나는 한 사람을 용납하기가 그렇게 힘든지요.

나를 긍휼히 여기소서.

십자가에 달리신 나사렛 목수의 아들 예수여!

나를 불쌍히 여기소서.

이 자료를 가지고 전체 리더와 조원들이 묵상하게 하고, 서로 나누게 한다.

교역자뿐만 아니라, GBS 리더나 엘더들도 나름대로 묵상하고 준비한 자료

들을 서로 공유하면서 은혜를 나눈다. 아래에는 GBS 리더로 섬겼던 한 형제의 자료이다. 이사야 43장을 나름대로 배우고 조원들에게 말씀을 좀 더 친근하게 가르치기 위해서 리더 스스로 만든 자료이다.

수능-논술 완벽대비 모의 고사
GBS 보충자료/이사야 43장

1. 여러분은 사랑하는 사람에게 그 마음을 고백해 본 적이 있습니까? 그때 뭐라고 했는지 기억을 더듬어 봅시다. 우리 주님은 우리의 불경에도 불구하고 노하기를 더디하시고, 언제나 우리가 받아야 할 정도가 못되게 벌하십니다. 1-4절에서 그의 백성에 대한 주님의 사랑 표현을 알아 봅시다.

2. 당신은 누구입니까?(1절)

3. 다음 문맥에 알맞은 a, b, c의 조합을 고르시오.
'거룩'의 의미는 다음과 같이 요약할 수 있다. A. 모든 피조물들과 절대적으로 구별되시며 무한한 존엄으로 모든 피조물을 초월하시는 (a).
B. 하나님은 도덕적으로 불순종이나 (b)로부터 구별되시므로 도덕적으로 완전하심을 의미한다. 거룩하신 하나님 앞에 설 때 인간은 (c)을(를) 깊이 깨닫게 된다.
  a/b/c
① 초월성/죄/죄
② 초월성/죄/하나님
③ 신적완전성/죄/죄
④ 신적완전성/피조물/하나님
⑤ 무한성/피조물/죄

4. "하나님의 거룩하심과 죄" 이사야 6장 1-7절을 읽고 어떤 내용이 있

는지 그 의미를 파악해 봅시다. 우리의 생명을 위해 애굽과 구스와 스바 (사 43:3)와 사람들과 백성들(사 43:4)이 필요한 이유를 이야기해 봅시 다.(사 43:3)

5. 성경에서 불(火)은 종종 하나님의 거룩의 상징입니다. 하나님의 거 룩의 현시를 직면하였을 때의 인물들의 반응을 주시하면서 그들이 왜 그 런 반응을 보였는지 생각해 보고 서로 이야기해 봅시다.
- 아브라함 – 창 15:17
- 모세 – 출 3:2-6
- 이사야 – 사 6:1-5
- 에스겔 – 겔 1:4-28
- 다니엘 – 단 7:9-10
- 요한 – 계 1:12-15

6. 하나님께서 그토록 패역한 당신의 백성들의 죄를 도말하시고 구출 해 내려 하시는 이유는 무엇일까요? (사 43:4, 7, 10, 12, 21, 25)

7. 배요한 목사님의 발제물 27페이지의 이사야 43장 12절의 해당 주석 을 읽어 보십시오. 여러분은 지금 이러한 증인으로서의 역할에 충실하십 니까? 혹시 돈과 명예와 형식의 산 증인은 아니십니까? 당신은 누구입니 까?

8. 다소 모호하지만 '영원하신 하나님'과 그의 존재에 대해 생각해 봅 시다. '영원'이란 무엇일까요? 또, 그는 창조 이전에 무엇을 하고 계셨을 까요?

9. [제2출애굽: 새 일] 이사야 43장 14-21절에서 이사야는 이스라엘 백 성들이 출애굽할 때에 이들을 추적하던 애굽 군대들이 홍해 한가운데에

서 완전히 소멸 당했던 사실들을 묘사하고 있습니다. 그리고 곧이어 주께서 행하실 새 일(19절)에 관한 이야기가 나옵니다. 이 새 일은 과거의 일과는 차원이 다른 것입니다. 이것은 단지 고여 있던 물이 갈라지는(16절) 정도가 아니라 황량한 광야에 길이 생기고 메마른 사막에 강이 불쑥 생기는 것(19절)처럼 혁신적인 것입니다. 그리고 그로 인해 모든 만물이 생명을 얻게 될 것입니다. 따라서 이제 이전 일은 잊어버려야 합니다.(18절) 그리고 새 일을 통해 회복된 주의 백성들은(20절) 우리의 본연의 임무로 돌아가 주님을 찬송하게 될 것입니다.

그러면 '새 일'은 과연 무엇을 말하는 것일까요?
① 한국전쟁의 발발과 휴전
② 남북통일
③ 구소련의 붕괴와 자본주의의 세계 잠식
④ 전준식 목사님의 신림교회 부임
⑤ 예수 그리스도의 오심과 그의 대속사역

10. 새 일에 대한 이스라엘의 반응은 어떠합니까?(사 43:22-24)

진정한 예배는 여호와께 희생 제물을 가져오는 것이지만, 거짓 예배는 처음부터 끝까지 짐으로 간주됩니다.(23, 24절) 거짓된 예배로 일관된 삶은 결국 저주를 입고, 다른 이의 비방거리가 되고 말 것입니다.(28절)

요즘 당신의 삶과 예배는 어떠합니까? 지금 당신은 새 일을 맞이하여 기뻐하며 감사하고 있습니까?

또 그분의 택함을 받은 자로 그의 증인, 그의 종(10절)으로서의 사명을 감당하며 장차 올 새 일을 기대하며 고대하고 있습니까?

11. 당신의 의는 어디에 있습니까? 하나님과 변론할 때를 대비하여 찾아둡시다.(26절)
① 내 방에 있다.
② 나는 어려운 사람을 잘 위로한다.

③ 나는 사람들을 화목하게 이끈다.
④ 나는 인간의 영혼을 사랑한다.
⑤ 전혀 없다.

심화문제

† 오늘 배운 '주님의 백성에 대한 사랑', '거룩', '죄', '대속', '새 일', '증인, 종', '진정한 예배' 의 개념들을 염두에 두고 오늘 본문의 말씀을 다시 한 번 읽어 봅시다.

† 거룩하신 하나님을 본 이사야(사 6장)가 전혀 개념 없이 구는 이스라엘 백성들에게 그가 본 하나님에 대해 증언하고 예언하던 시대적 배경을 염두에 두고 다시 한 번 본문을 읽어 봅시다.

† 구약시대의 많은 선지자들이 들어주는 사람도 없고, 단지 고생의 떡과 고생의 물을 먹으며 옥에 갇히는(대하 18:26) 고난과 핍박이 있을 뿐임에도 불구하고 또, 전혀 그들이 변화할 조짐이 보이지 않았음에도 당당히 하나님의 음성을 전달할 수 있었던 이유는 무엇일까요? 그냥 '선지자니까' 라고 대답한다면 아무런 의미도 없습니다.

(문제출제 최○○ 형제, GBS 리더)

가끔씩은 조별로 GBS 저널(Journal)을 작성하도록 하여, 조원들 간의 친밀함과 소속감을 고양시키기도 한다. 저널에 들어가는 내용들(Contents)은 다음과 같다.

1) 조원들 전체 사진이 있으면 좋겠지요.
2) 조원들의 신상 파일, 비전, 기도 제목들이 들어가면 좋겠지요.
3) 조장과 조원들이 이번 팀 성경공부에 바라는 사항들(기대감)
4) 그 주간에 있었던 삶의 일상 내용들도 들어가면 좋겠네요.

5) 그 주간에 말씀대로(설교 포함) 살았던 모습들(실패했던 모습) Q.T. 내용

6) 각자의 인생소감(Life Testimony) - 인도하신 하나님의 손길에 대해서

7) GBS 시간에 있었던 일들, 나눈 기도제목들, 기타 사항들에 대해서

8) '주님께 드리는 나의 마음'도 실으면 좋겠네요.

9) 좋아하는 찬송가나 성구도 기록하면 좋겠지요.

10) 리더의 한 주간 평가(개인과, 조원과 GBS운영과 전반적인 것에 대한)

일반 GBS (리더) 모임의 핵심은 얼마나 리더들이 자신들이 맡은 주제에 대해서 성실하게 준비해 오느냐에 달려 있다. 짧게는 한 주간, 길게는 한 달 정도 그 주제를 준비해야 리더모임 때, 다른 리더들이 풍성한 말씀을 나누게 되고, 그에 속한 조원들도 풍성한 말씀의 꼴을 먹게 된다.

참고로 일반 GBS가 끝나고 나면, 리더들이 준비해 온 자료와 교역자가 준비한 자료를 묶어서 책자로 만들어서, 필요한 리더들도 나눠 갖고, 필요한 경우에는 조원들에게도 나눠주게 한다.

무엇보다도 GBS의 관건은 리더들에게 달려있다고 해도 과언이 아니다. 내가 아는 어떤 GBS 리더는 이성관에 대해서 공부한 후 극단적으로 '여자 친구를 사랑하는 것만큼, 아니 그 이상으로 자신에게 맡겨준 조원들을 사랑하겠습니다'라는 섬뜩한 고백(?)을 하기도 했다. 그 리더는 새벽 1시에 어려움에 처한 조원과 컴퓨터로 대화를 나눈다고, 그 늦은 시간에 PC방에 달려가는 지체도 있었다. 여기에 리더로 섬겼던 한 청년리더(최OO 형제)의 열정을 살펴볼 수 있는 몇몇 지체들의 글들을 소개하고 싶다.

GBS를 시작하는 첫 주는 정말 고통이었다. 급성치질이라며 수술해야 한다는 의사선생님의 권유를 뒤로하고 진통제만 먹고 첫 모임에 참석했다. 첫 모임이라 아픈 것도 잊은 채 설레고 기대하는 마음으로 임했다. 우리들은 가장 슬펐던 때와 기뻤던 때를 나누며 서로를 알아가는 시간을

졌다. 그런데 모임이 끝난 후 일이 터졌다. 너무 긴장했는지 무리해서 앉아 있었는지 5시간 연속해서 피가 나왔다. 급히 택시를 타고 병원으로 가 진통제와 항생제로 진정을 시켰다. GBS 두 번째 시간 후 힘들게 하루를 시작하던 나에게 이런 문자가 날아들었다. '오빠가 저희 GBS 리더라 넘 행복해요' 의례적인 말이지만 정말 힘이 되는 메시지였다. GBS 세 번째 시간에 기도제목을 나누던 중 한 지체가 시간을 따로 떼어 놓고 하나님을 만나기 위해 큐티 교재 1년치 구독 신청을 했다며 결단하였다. GBS 시간이 이렇게 하나님의 도구로 사용된다는 생각에 그저 감사할 뿐이었다. GBS 네 번째 시간 후 전화 심방을 하면서 지체들과 가까워졌음을 느꼈다.

지난 GBS 시간에 목사님께서 조원들이 리더를 만만하게 보도록 해야 한다(친하게 지내라는 말이죠)는 그런 말이 생각나서 흐뭇했다. GBS 다섯 번째 시간이 지난 후, 조원 중의 한 형이 나로 인해 은혜를 많이 받는다는 이야기를 다른 분을 통해 전해 들었다. '나는 그 형에 비하면 피라미인데…' GBS 조원들에게 가난한 마음을 허락하신 주님께 감사했다. GBS 조원들이 내 부족한 모습에도 불구하고 기쁘게 생각하고 작은 일도 은혜로 받아들이니… 이렇게 좋은 기억이 있는 가하면 '아차' 하는 GBS 시간도 있었다. 그날은 12명이 되는 조원들이 무슨 일이 있었는지 4명밖에 나오지 않았다. 사실 그 주는 조원들을 위해 기도하지 못했었다. GBS 둘째 주에 "저는 GBS 조원 여러분을 정말로 사랑하겠습니다. 정말 오해할 정도로 사랑하겠습니다. 전화 자주 해도 오해 마시고 '나를 사랑하는구나' 생각하십시오. 이 사람이 왜 이러나 할 정도로 사랑할 겁니다."라고 말했는데, 정작 메아리치는 공허한 말뿐이었던가? 그 이후로는 조원들을 생각하며 꼭 기도하게 되었다.

GBS 모임에서 성경공부 말고 빼놓을 수 없는 묘미 두 가지가 더 있다. 첫째는 삶의 나눔이다. 다양한 지체들이 많다. 그리고 지금 힘들어하고 아파하는 것들을 똑같이 느끼기도 한다. GBS 리더가 아니더라도 GBS에 참석해야 할 이유 중의 하나가 믿음의 동역자들이 어떻게 살아가고 있는 가를 알 수 있으며, 이것이 위로가 되고 한편으로는 힘이 되고, 새로운 도

전에 대한 소망을 불러오기도 한다. 둘째는 기도의 나눔이다. 내가 알기로는 대부분의 GBS가 모임이 끝날 즈음에 기도제목을 나눈다. 그리고 이후에 이것이 이루어졌는지 나누기도 한다. 그렇다. 머리가 좋은 GBS 조원들은 리더를 적극 활용할 줄 안다. 리더들은 적어도 일주일에 한 번은 조원들을 위해 중보한다. 그리고 조원들 중에서 더 성령님에 민감한 분들은 꼭 기도를 하게 되어 있다. 얼마나 큰 축복인가! GBS 리더와 조원들 모두에게 기도의 열매를 주렁주렁 맺는 축복이 있기를 소망한다. 아멘.

전화심방 – 신림교회 청년회에게 감사한다. 조원들에게 전화하려면 어마어마한 유동성 자금이 필요한데 그걸 교회 전화로 해결하라고 하니 너무 감사하다. 실은 문자보다는 전화가 인간미가 더 느껴진다. 왜냐하면 그 사람의 현재 상황이 피부로 느껴지기 때문이다. 그럼으로써 조원들과 더 친해질 수 있는 것 같아 참 좋다. "만약 당신이 그리스도를 믿는다면 당신은 사랑하기 위해 리더가 될 것이다. 그러나 당신이 그리스도 안에 있지 않는다면 리더가 되는 것을 사랑할 것이다.

위의 형제는 신림교회에서 양육 받고, 그때 주님의 부르심을 받아 지금은 사역자의 길에 들어서서 신실하게 훈련 받고 있다.

새로운 도전이었던 2003년 GBS _GBS 참여 후기

신림교회에 등록하고, 공동체에 깊이 들어와서 GBS를 하면서 느꼈던 내용을 한 형제(박○○ 형제)는 이렇게 고백한다.

이제 신림교회에 등록한 지도 2년이 다 되어 간다. 나는 2001년 1월 새가족 4주 과정을 마치고 일반 GBS에 들어갔다. 그곳에 앉아 있던 각기 다른 열 명 남짓한 사람들, 그들은 내가 이 교회에 등록하고 처음 관계성을 맺게 된 청년교회 지체들이었다. 그리고 2003년 3월, 14명의 조원들과 함께 GBS를 진행하게 되었다. 부담스러운 마음에 그저 하나님께 모든 것을 맡기며 시작했고 올해 12월까지 그렇게 GBS 리더로 섬기게 되었다. 나는 예수님이 오셔서 하셨던 일들, 단순하게 양무리를 먹이고, 씻기고, 가르치는 일이 그렇게 어려울 거라고는 생각지도 못했다. 너무나도 은혜로운(?) 말씀을 준비해 가면 조원들은 각기 개인적인 사유로 뿔뿔이 흩어져서 나의 힘을 빼 놓곤 했다. 말씀을 배워가는 것이 아닌 그저 모임에 나와 주는 것만으로도 고마운 생각이 들 때도 많았다. 그들을 위해 기도하고 양육하는 것보다 다른 일로 시간을 허비할 때는 안타깝기도 하였다.

나는 GBS 리더 기간에 계속해서 기도하였다. 성경을 잘 이해하게 해 달라는 기도나 말씀을 잘 가르치도록 해 달라는 기도보다 가장 우선시했던 부분은, 그들을 잘 섬길 수 있도록 도와 달라는 기도였다. 그들이 어떤 종류의 사람이든 어떤 성격의 사람이든 그들보다 낮아져 섬길 수 있기를 기도했다. 지난 1년을 돌아보며 잠시 아쉬움이 남기도 하지만, 부족한 부분은 하나님이 신실히 이루어 가셨음을 믿고 감사드린다. 2003년 세 팀의 GBS 리더 경험은 앞으로 내 삶에 있어서 무엇과도 바꿀 수 없는 정말 소중한 기반이 될 것이라 확신한다. 내년도를 이끌 교육 총무가 세워졌고 곧 GBS 리더들도 채워질 것이다. 그들을 통해 내년 한 해 GBS 모임을 이뤄가실 하나님을 기대한다. 아울러 우리 교회의 많은 청년들이 이 모임의 리더로 도전하길 기도하고 싶다. 분명 하나님은 당신들을 통해 그 계획하신 바를 이루어 나가실 것이라 믿기 때문이다. "내 아들아 그러므로 너는 그리스도 예수 안에 있는 은혜 가운데서 강하고 또 네가 많은 증인 앞에서 내게 들은 바를 충성된 사람들에게 부탁하라 그들이 또 다른 사람들을 가르칠 수 있으리라"(딤후 2:1-2).

GBS는 '성경 마인드'를 갖는 것 _GBS 초청의 글

신림교회에서 양육 받고, GBS 리더로, GBS 전체 리더로, 아울러 2002년
에는 청년교회 전체 대표로 섬겼던 한 형제(강OO 형제)의 글을 참고로 실어
본다. GBS로 청년들을 초청하는 글이다.

올해(2002년) 신림교회에 다닐 청년들은 복이 있다고 단언할 수 있다.
많은 이유가 있겠지만 성경공부 때문이다. 체계적으로 성경을 공부할 수
있는 기회가 올해에 주어진다. 소위 조직신학이라고 말하는 커리큘럼을
따라 우리나라 최고의 지성을 자랑하는 목사님 아래에서 공부할 수 있다.
자세한 내용은 차후에 알게 되겠지만 확실한 것은 이번 텀에 리더가 된다
면 젊은 날 최고의 선택일 수 있다는 것이다. 혼자 성경공부를 해노 오류
를 줄일 수 있는 체계적인 성경 마인드(내가 만든 용어임)가 만들어져 평
생을 사역할 밑거름이 될 수 있다.

청년들 중 많은 수가 소그룹 모임(GBS)에 대한 중요성을 잘 인식하고
있지 못한 것 같다. 소그룹 모임은 진리의 나눔이 그 중심에 서고 교제와
기도가 풍성함을 더하게 된다. 소그룹 모임을 통해서 대중 속에 묻혀 있
던 성도들은 자신의 신앙과 인격을 노출시키게 되고 진리를 통해 자신을
비춰보며, 서로 속에 계신 하나님에 반응하고 사랑하며 교제하게 된다.
이는 더 이상 숨을 곳이 없게 만든다. 아무리 거룩한 척 해도 결국 소그룹
모임 속에서 삶과 신앙을 나누다 보면 서로 노출되기 마련이다. 이것을
우리 모두는 알고 있고 그래서 피하려는 습성이 우리들에게 있는 줄도 모
른다. 물론 이것은 소그룹 모임의 위력이 제대로 발휘될 때의 이야기이지
만 충분히 우리는 그럴 수 있고, 그러해야만 한다.

마지막 때가 가까워 올수록 많은 사람들이 예수를 부인한다고 하였다.
교회를 다니지 않고 예수를 믿는다고 말하지 않는 사람들은 부인할 예수
도 없다. 결국 부인의 주인공은 우리들 중에 있다. 그 영혼들에 대한 안타
까움이 없는가? 그 영혼들에 대한 하나님의 진노가 느껴지지 않는가? 하

나님으로부터 진리의 양식을 공급받지 못하면 성도들은 건강해질 수 없고 건강하지 않은 성도의 사역이란 자신을 피폐하게 만드는 지름길이다. 단 한 명이라도 좋다. 하나님을 두려워하고 하나님의 백성들을 사랑하는, 그리하여 하나님의 양들에게 꼴을 먹여주기를 즐겨하는 하나님의 종이 되고 싶은 사람들은 성경공부 리더가 되라. 성경을 공부한다는 것은 피조물로 가질 수 있는 희열의 극치인 동시에 엄청난 고난을 자처하는 지름길이다. 말씀대로 살아가는 성도의 길은 십자가의 길이 될 수밖에 없기 때문이다. 그 길은 고독의 길이요, 가시밭길이다. 예수를 알아갈수록 고난은 더 커지고 아울러 그것을 기쁨으로 이겨낼 수 있는 사랑의 희열도 더 커진다. 청년들은 그 자체로서 비전이요, 그들을 잘 먹여 놓으면 그 감격으로 어디든지 갈 것이다. 주님의 양들을 늑대로부터 지키고, 그들에게 독초와 황초가 아닌 푸른 꼴을 먹일 참된 주님의 종이 되고 싶으면 성경공부에 참여하라. 그곳에는 비밀이 있고, 그곳에는 당신이 거부하지 못할 하나님의 사랑이 있다. 그것이 바로 2002년 GBS가 추구하는 이상이다.

상반기 GBS 리더들이 말한다 _GBS에 이런 조원 꼭 있다

작성자 허정은(81), 강민주(81), 임상희(83), 홍유한(85)

아래의 글과 도표는 청년교회 교육총무와 GBS 리더들이 자발적으로 한 팀의 GBS가 끝나는 시점에서 나름대로 조원들의 상황을 파악하며 재밌게 만든 유형이다. 이로 인해 많은 지체들이 GBS에 관심을 갖게 되고, 참여하게 되는 효과가 있었다.

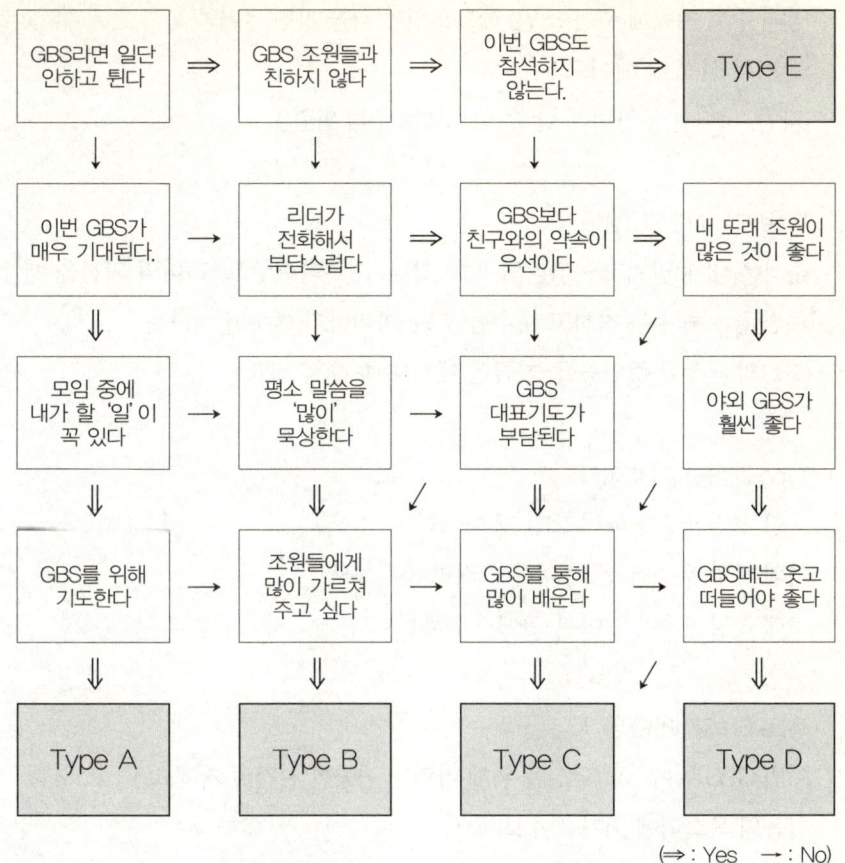

(⇒ : Yes   → : No)

여러분들은 어떤 Type인가요?

Type A : 성실한 Helper!

리더가 말하지 않아도 알아서 척척척 챙겨 주고 도와 주는, 리더들이 한 명 쯤은 있었으면 하는 조원, 바울에게는 바나바가 있었죠.

Type B : 박학 다식형

리더보다 더 리더 같은 해박한 성경 지식을 가지고 리더가 모르는 부분을 설명해 주고 지적해 주는 조원, 베드로의 성격을 가진 누가??

왜 리더 신청 안 했어요?

(다만, 리더를 무안하게 할 수 있으므로 주의 바람!)

Type C : 순한 양 Type

출석은 내게 맡겨라~ 리더의 말에 항상 귀 기울여주고, 리더의 의견을 백지처럼 흡수해 주는 착하고 순수한 조원, 마리아가 예수님 대하듯!

GBS의 진정한 주인공들. 가끔은 얘기도 좀 해 주세요.

Type D : 분위기 메이커

우린 성경공부를 하러 모인 게 아니야!

야외 모임 무조건 선호! 너무 그러면 곤란해~

그래도 당신들이 있어서 GBS가 유쾌합니다!

Type E : 잃어버린 양

이번 GBS는 아마도 당신을 위해 마련된 귀중한 시간일 거에요.

마음의 목소리에 귀기울여 보세요!

풍성한 교제와 나눔이 있는 우리 GBS _GBS를 통한 회복

아래의 글은 서울대 대학원생으로서, 성가대의 리더로서 왕성한 활동을 하는 박OO 형제(81또래)가 GBS에 참여한 후 받은 은혜를 나눈 글이다.

아마도 Holy Passion GBS 여러 조들 가운데 가장 화제의 조가 아니었나 싶다. 이번 term의 GBS를 시작한지 어느덧 6개월이 지나고 이제 막

바지에 다다랐다. 주위 사람들에게 부러움의 대상이기도 하고 관심의 대상이기도 했던 '김현희 GBS조' 그런데 우리 GBS에는 뭔가 특별한 것이 있다. 그것은 바로 조원들간의 풍성한 교제와, 나눔을 통한 하나됨이다. "거룩하신 아버지여 내게 주신 아버지의 이름으로 그들을 보전하사 우리와 같이 그들도 하나가 되게 하옵소서"(요 17:11). 나에게 있어 우리 GBS를 통해서 얻은 가장 큰 수확이라면 그리스도인의 하나됨이 무엇인지 새롭게 실감했다는 것과 예전 GBS를 할 때의 나의 열정과 모습에 변화가 생겼다는 것이다.

우리 GBS의 특징은 첫째, 아주 활기 넘치고 화기애애한 분위기 가운데 모든 조원이 말씀 공부에 열정적이고 충실하다. 둘째, 성경 공부가 끝나면 식교제에 이어 그 이후에도 계속 풍성한 교제가 이어진다. 셋째, GBS가 끝나기는 시점인 지금까지 단 한 사람도 빠짐없이 참석하고 있다는 것이다. "서로 사랑하라 내가 너희를 사랑한 것 같이 너희도 서로 사랑하라"(요 13:34) 처음에 조원들을 잘 몰랐기에 어색했지만, 영원한 하나님의 가족 구성원으로서 시간이 지날수록 서로에게 따뜻함과 관심을 가지게 되었다. 따라서 조금은 시들해졌던 GBS에 대한 나의 열정을 하나님께서는 우리 GBS를 통하여 다시 회복시켜 주신 것이다.

그동안 가졌던 우리 GBS 모임 하나하나가 다 의미 있고, 기쁨의 시간들이었지만 가장 기억에 남는 것은 선유도에서 가졌던 야외 GBS와, 성경 공부 이후 교회 유치부실에서 밤을 새며 가졌던 GBS 모임이었던 것 같다. 성령이 우리에게 주시는 은사가 다양하듯 조원 각자의 특징도 달랐지만 우리는 그리스도 안에서 정말 하나가 되었고 조화를 이루었다. 하나님을 사랑하고, 또 하나님께 순종하는 삶을 사는 사람들끼리의 교제는 또하나의 기쁨이 되었으며, 매우 풍성한 은혜의 시간이 되었다. 그 기쁨들은 이루 말할 수 없을 것이다. 주님의 은혜가 우리 안 구석구석에 모두 미치기를 원하며 그러한 삶 가운데 열망과 실재가 우리에게 끊이지 않고 있었으면 좋겠다.

축하와 격려하는 GBS _GBS 중간 점검

일반 GBS가 짧은 팀에는 1-2개월, 긴 팀에는 3-4개월의 시간이 소요되는데, 사실 긴팀(3-4개월)의 GBS일 때는 리더와 조원들이 지치고 힘들어하는 경우가 있다. 그때는 격려가 필요하기에 교육총무를 중심으로 중간 평가를 하고 잘하는 GBS는 격려금과 함께 축복하고, 연약한 GBS는 이를 통해 격려하는 시간을 갖게 된다. 이를 위해 매 GBS 시간마다 교육총무가 자체적으로 만든 체크리스트로 리더들이 점검하여 기록하고, 교육총무와 리더들은 이 자료를 잘 활용하여 GBS를 운영해 나가고 있다.

이때는 함께 식사교제도 하고, 또한 어떤 때는 배운 내용 중에서 각 GBS별로 발표회도 갖고 서로 서로를 격려하고 위로하는 시간들을 가진다. 그래서 다시 달려가게 한다. 구약의 엘리야가 힘이 소진하였을 때, 하나님이 직접 엘리야를 먹이신 것처럼, 그 하나님의 주신 양식을 가지고 다시 일어서 하나님의 산으로 달려갔던 엘리야처럼 새벽이슬 같은 주의 청년들도 하나님이 공급하시는 양식과 격려로 남은 기간을 주와 함께 달려가는 시간을 갖게 된다.

이번 팀 GBS가 어떻게 진행되고 있는지 살펴보고, 좀 더 GBS에 활기를 불어넣고 격려하기 위해 중간 점검을 해 보았다. 리더들에게 점검표 작성이 아직 생소하고 서툴러서 정확한 결과라고 할 수는 없지만, 오로지 지금까지의 GBS를 돌아보고 앞으로의 GBS를 내다보자는 소박한 취지로 보면 된다. 아래는 어떤 한 팀의 중간 점검 결과이다.

*출석률 1위는 박근식 형제 GBS 조인데, 출석률이 88.6%이다.
*성경읽기 1위는 이화주 GBS 조의 임민호 형제이다. 2위는 윤한철 GBS 조의 조영민 형제이다. 3위는 박근식 GBS 조의 서기영 자매이다. 모두 모두 축하해 주세요.

또한 한 팀을 마치고 GBS 리더들의 기쁨과 애로 사항을 조사해 보니 '이런 점이 좋았어요'라는 항목에는, ① 성경공부시간이 증가했다(33%) ② 목사님과의 친근감이 증가했다(24%) ③ 기도시간이 증가했다(14%), 교회에 동역자가 증가했다(14%) ⑤ 예배 시간에 잘 참여하고 집중하게 되었다(10%) ⑥ 교회에 아는 사람이 늘어났다(5%) 등이며, '이런 점은 힘들어요'라는 항목에는, ① 조원들 출석 여부에 따라 마음이 어려워진다(42%), ② 조원 반응이 썰렁하면 마음에 부담이 온다(27%), ③ 주말이 되면 긴장감이 더해졌다(21%), ④ GBS 장소로 조원들을 모으기가 어려웠다(5%), 조원들에게 연락하기 위해 드는 비용이 높았다(5%) 등이었다.

3. 일대일 제자 양육

> 내 아들아 그러므로 너는 그리스도 예수 안에 있는 은혜 가운데서 강하고 또 네가 많은 증인 앞에서 내게 들은 바를 충성된 사람들에게 부탁하라 그들이 또 다른 사람들을 가르칠 수 있으리라(딤후 2:1-2)

신림교회에서 양육의 pole 중에 가장 핵심적인 사역이 일대일 제자 양육 사역이다. 일대일 제자 양육은 양과 목자의 관계를 통해서 만남(예수 그리스도), 교제(Q.T.), 성장(구원의 확신, 기도, 교제, 전도, 성령 충만 등)에 대해 성경적인 가르침을 나누는 것이다. 그 관계가 의미하듯이 성경적인 공부도 중요하지만 양과 목자가 서로의 삶을 진솔하게 나누는 것이 중요하다. 초창기에는 장년부의 열정(?)에 비해 청년부의 일대일 사역이 활성화 되지 못했다. 그러나 최근에 들어와서는 청년지체들 중에, 일대일 사역에 소망함을 가지고 헌신하는 몇몇 지체들의 헌신과 섬김으로 인해서, 점점 체계를 잡아가고 정착해 가고 있다.

일대일 교재는 두란노에서 출판된 『일대일 제자 양육』을 성경공부 교재로 하고 있으며, 16주 과정이다. 신청을 하면, 일대일 섬김이와 목자와 양이 함께 모여, 일대일 진행과 방향성에 대해서 전체적인 설명을 듣고, 그 이후 매주 한 번씩 16주 동안 공부한다. 짧게는 반 년, 길게는 1년 동안 목자와 양의 관계로, 친밀한 관계를 유지하게 된다. 일대일 제자 양육의 핵심은 단순한 성경공부가 아니라, 삶을 나누는 것에 초점을 맞추고 있다. GBS 성경공부가 그룹 과외라면, 일대일 제자 양육은 개인 과외라고 할 수 있으며, 삶의 모든 문제를 목자와 함께 성경적으로 하나님의 마음으로 풀어가려는 과정이다. 이 일대일 제자 양육을 마치게 되면, 일대일 지도자반으로 자연스럽게 연결되어, 지도 교역자와 함께, 또다시 16주 과정의 지도자반 과정을 이수하게 된다. 이들은 목자로 서게 되고, 또 다른 양을 치게 된다. 따라서 한 사람이 일대일 리더로 서는 데 그만큼 많은 시간이 필요하고, 그에 따른 목자와 섬김이의 헌신도 필요하다. 이를 통해 한 사람의 목자가 제대로 섰을 때, 수많은 양들을 성경적으로 잘 케어할 수 있고, 정착할 수 있음을 알 수 있다.

일대일 양육은 진리가 주는 자유함 _주님께로 올인

일대일 제자 양육의 가장 핵심적인 단어는 진리가 주는 자유함이다. 일대일은 단순한 성경공부가 아니라 진리가 주는 자유함을 누리는 양육체계이다. 사실 진리와 자유 이 두 단어는 청년들이 가장 좋아하는 단어이다. 그런데 이 단어가 같이 나오는 성경 구절이 있다. 요한복음 8장 32절 말씀이다. "진리를 알지니 진리가 너희를 자유케 하리라" 실제로 많은 대학에서 이 두 단어를 학교 표어로 삼고 있다. 그런데 요한복음 8장 32절이 있기 전에 31절이 있어야 한다. 성경을 보라. 이 구절은 32절에서 시작되는 구절이 아니라, 31절의 연장선상에 있는 구절이다. 31절에는 "그러므로 예수께서 자기를 믿은 유대인들에게 이르시되 너희가 내 말에 거하면 참 내 제자가 되고" 그 다음에 '진리를 알지니'로 시작하는 것이다. 이것이 무슨 의미인가? 31절에서 예수 그리스도(말씀, 진리)를 믿고, 그 말씀(진리, 예수 그리스도)에 머물면 참 자유를 얻게 된다는 것이다. 여기서 영어 성경을 보면, "if you are abide in my word, you are truly my disciples, …" 여기서 '믿는다는 것'은 'believed in him'이며, '머문다는 것'은 'abide(remain) in my word'이다. 이렇게 할 때, 진정한 진리와 자유를 얻게 된다는 것이다.

참 자유함은 어디에 있는가? 한마디로 '안(in)으로 깊숙이 들어가는 것'이다. '예수님께로 깊이 들어가는 것'이다. 진정한 자유는 'out'하는 것이 아니라, 주님께로 'in'하는 것이다. 주님께로부터 떠나가면 멀리 떨어져 있으면 자유할 것 같은데, 절대로 그곳에는 자유함이 없다. 누가복음 15장에 탕자의 비유를 보라. 아버지를 떠나간(out) 아들은 자유할 것 같았는데, 진정한 자유를 찾지 못했다. 결국에는 아버지(하나님)께로 돌아와 그 안에(in) 거할 때 진정한 자유함과 자신의 정체성을 찾을 수 있었다. 예수 그리스도를 믿는 저와 여러분이 누리는 자유는 예수님에게로 'in'하는 것이다. 'all in'하는 것이다. 그분께, 말씀에 매이는 것이다. 그래서 '예수의 사랑에 매이고, 예수의 임재 가운데 갇히고' 예수님의 말씀에 철저하게 통제 당하는 것이 진정으로 자유함을 누리는 것이다. 문득 이 찬양이 생각난다.

"오직 주의 사랑에 매여 내 영 기뻐 노래합니다. 오직 주의 임재 안에 갇혀 내 영 기뻐 찬양합니다. 내 영혼 즐거이 주 따르렵니다. 주께 내 삶 드립니다." 주님! 주님의 사랑에 매이고 싶습니다. 주의 임재 안에 갇히고 싶습니다. 그 주님의 사랑과 임재 안에 푹 빠져 진정한 자유함을 누리고 싶습니다.

참 성도는 주님 안에 있는 자이다. 단순히 교회 안에만 머물러 있는 자는 진정한 신앙인이 아니라, 종교인에 불과하다.

크리스천-(CHRISTIAN=Christ+I+an): 그리스도 안에 내가 있는 것이고,

종교인-(CHURCHIAN=Church+I+an): 교회 안에 내가 있는 것이다.

크리스천의 의미가 무엇인가? Christian = Christ + I + an = '그리스도 안에 내가, 내가 그리스도 안에' (cf. Churchian) 있는 것이다.

주님은 요한복음 15장에서 '나를 떠나서는 너희가 아무것도 할 수 없다' 고 단언하셨다. 믿음의 세계에 들어온 우리들은 주님을 떠나서는 아무것도 할 수 없는 자들임을 고백해야 한다. 사도 베드로가 갑자기 떠오른다. 주 안에 있었을 때는 천하를 호령했던 베드로가, 주님의 십자가 사건 이후, 사람 낚는 제자 자격증을 잠시 버리고, 세상의 바다로 갔던 베드로는 한 마리의 고기도 잡지 못했다. nothing 이다.

우리의 가장 근본적이면서도 중요한 문제는, 어떤 포도나무가 되느냐가 아니다. 또한 어떤 가지가 되어야 하는 문제도 아니다. 그것은 붙어 있느냐 그렇지 않느냐의 문제이다. 누가 진정으로 영적인 강자입니까? 그것은 주님께 붙어 있는 자이다. 일대일을 통해서 율법이 아닌 복음이 주는, 진리가 주는, 십자가가 주는 자유함을 누리게 되고 또한 이 자유함으로 다른 사람들을 자유케 하는 과정이 일대일 제자 양육 과정이다.

아울러 목자 개인의 양이 아니라 주님의 양임을 강조한다. 목자 개인에게 붙어 있게 하고, 목자에게 반응하는 양이 아니라, 주님께 붙어 있고, 주님을 바라보고, 주님께 반응하는 제자를 양육하게 한다.

하나님의 손에 단련되는 과정 _훈련과 연단

신림청년교회의 양육 체계 중 가장 중요한 과정이 일대일 제자 양육이다. 이 양육의 핵심 모토는 '절대로 훈련되지 않고, 연단되지 않은 사람은 하나님께서 쓰실 수가 없다' 는 것이다. 광야학교를 통과하지 않은 사람은 쓰임 받을 수 없으며, 일대일 제자 양육을 통해서 성품과 인격과 삶이 온전히 연단된 사

124

람만이 주님의 신실한 제자로 설 수 있음을 강조하고 있다.

성경에서 성도들을 비유할 때, '독수리'에 비유한다. 그런데 독수리가 독수리답게 되는 것은 오직 훈련과 연단으로 인해서이다. 아무리 '독수리'로 태어나도 훈련이 없으면, 그것은 참새와(참새를 비하하는 것이 아님, 독수리를 강조하기 위한 단순한 비교임) 같은 삶을 살 수밖에 없다. 따라서 독수리로 우리를 부르셨는데도 훈련과 연단이 없기에 참새와 같이 살아가는, 무늬만 독수리인 사람들이 우리 주위에 얼마나 많은가? 청년들에게 연단이 있다는 것은 하나님이 청년들을 참새가 아닌 독수리로 만드셨기 때문이다. 참새는 높은 절벽이나, 전기줄에서 자기 새끼를 연단하는 법이 없다.

하나님은 모든 청년들을 다 사용하실 수 있고, 그렇게 하기를 원하신다. 그러나 하나님의 원함이 있더라도, 청년들이 하나님의 손에 의해 연단 받고 단련되는 것을 거부한다면 하나님도 쓰실 수가 없는 것이다. 한 번 밖에 없는 인생이다. 그렇다면 구원받고 난 이후, 더욱 하나님의 뜻을 온전히 이루기 위해서는 광야 학교를 통과해야 한다. 풀무불 속에서 연단의 과정이 필요하다. 많이 담금질 할수록, 많이 다듬어질수록, 많이 연단될수록 더욱 정금 같이 나오게 되는 것이다.

대개 청년들은 성경의 인물 중에서 다윗을 묵상하기를 좋아한다. 다윗은 하나님이 쓰시기에 합당한 사람이다. 그는 예배에 집중했던 사람이고, 정직했던 사람이며, 무엇보다도 성품이 잘 다듬어진 사람이었다. 그는 감정대로 일을 처리하지 않았고, 하나님의 손에 일들을 맡길 줄 아는 사람이었다. 감정대로 처리하면 속은 시원할지 모르지만, 진정한 평화는 없는 것이다. 구약의 요셉은 자신을 노예로 팔아넘긴 형들을 향하여 개인의 감정대로 일을 처리하여 원수를 갚는 것이 아니라, 오히려 형들과 형들의 자녀들과 후손들까지도 책임지겠다고 함으로써 그 가계에 흐르는 저주를 단번에 끊어버렸다.

모세는 어떠한가? 자신의 감정대로 애굽의 노동 감독관을 쳐 죽였을 때 이스라엘 백성들은 모세를 비난했고, 모세는 광야로 쫓김을 당하였다. 그러나 모세가 하나님의 손에 의해 광야에서 훈련을 받고, 그 발에서 신발을 벗고 칼 대신에 하나님이 들려주신 지팡이를 잡았을 때, 모세는 진정한 이스라엘의 지도자가 되었다. 감정대로 칼 들고 설치는 청년 모세가 무서운 존재인가? 아니면 신발 벗고, 지팡이 하나 들고, 인간적으로 무장해제 되어 하나님 앞에 선 백발의 모세가 무서운 존재인가?

야곱의 경우는 어떠한가? 자기 잔꾀로 가득 찬, 사지가 멀쩡한 야곱과 하나님께 연단 받고 절뚝거리는 이스라엘과 둘 중 어느 쪽이 하나님께서 쓰시기에 합당한 사람인가? 육신이 멀쩡하고, 잔꾀에 능한 야곱이 아니라, 하나님의 손에 의해 환도뼈(자신의 감정, 의지, 계획, 잔꾀, 교만함 등)가 부러진 절름거리는 이스라엘을 하나님께서 쓰시는 것이다. 베드로가 언제부터 진정한 주님의 제자의 자리에 서게 되는가? 부활하신 주님께서 베드로를 만나주신 이후부터이다. 칼 들고 설치는(대제사장의 종인 말고의 귀를 자르는) 베드로가 진정한 주님의 제자인가? 아니면 남들이 베드로의 팔을 벌리게 함으로 십자가를 지고 가는 베드로가 진정한 제자인가?

일대일 제자 양육은 바로 세상적인 야망과 욕심과 정욕으로 무장된 주의 청년들을 이런 것으로부터 무장 해제시키고 하나님의 사람으로 새롭게 거듭나게 하는 양육체계이다.

살아 있는 교제 _일대일 제자 양육의 유익

신림교회에서 일대일 제자 양육이 활성화되는 이유 중의 하나가 바로 일대일은 단순한 성경공부가 아닌 삶의 나눔이며, 전 인격의 공유라는 사실 때문이다. 한번 맺어진 일대일 관계는 단순한 목자와 양의 관계, 단순한 스승과 제자의 관계가 아니라, 전 삶의 영역을 공유할 수 있는 단계에까지 이르게 된다. 친밀한 영적 교제의 단계까지 이르게 되는 것이다. 이것은 경직화되고 사변화된 율법의 교제가 아니라, 주 안에서 삶을 나누고 변화가 있는 살아 있는 교제이다. 일대일 제자 양육은 이를 감당하고 있다.

다음은 일대일 섬김이(권OO 자매)의 글이다. 일대일 성경공부는 단순한 성경공부가 아니라, 삶의 나눔이며, 그것은 곧 죽은 교제가 아니라, 살아 있는 교제라고 강조한다.

일대일 제자 양육 훈련과정을 통해서 얻을 수 있는 두 가지의 중요한 교제가 있다. 첫째, 멘토의 형성과 교제이다. 하나님께서 우리를 준비하시고 부르시고 구원하시고 은사를 주신 이유는 이 세상에 변화를 일으키고, 영향을 끼치게 하기 위해서이다. 그러나 우리는 세상과 얽혀 살아가는 가운데, 구분되는 삶을 살기보다는, 타협하고 세상의 영향을 받는 자들이 되어 따라 가고 있다. 우리의 사역은 이러한 사람들을 예수 그리스도께로 가깝게 이끌고, 예수 그리스도 안에 있지만 중심과 멀리 떨어져 있는 사람들을 움직이게 하는 것이다. 이렇게 다른 사람에게 그리스도의 영향력을 행사하며, 세워주는 사람을 멘토(Mentor; 선도자, 조언자)라 하고, 우리는 교회 공동체 내에서 그리스도의 영향력을 행사하며 멘토의 사역을 감당해야 하는 것이다. 일대일 제자 훈련 가운데 동역자나 중보자가 형성되고, 그들과의 열린 교제가 이루어진다.

둘째, 하나님과의 깊은 교제이다. 일찍이 플라톤은 자신을 살펴보지 않는 삶은 가치 없는 삶이라 할 정도로, 자신의 존재에 대한 고찰과 각성을 중시하였다. 또한 시간을 내어 하나님 앞에 자신을 솔직하게 드려본 적 없는 사람은 자신에 대한 깊은 하나님의 음성을 들어보지 못한 사람이라 할 수 있다. 일대일 제자 양육 과정은 예수 그리스도의 본질과, 그분이 이 땅에서 어떠한 일들을 무엇 때문에 행하셨으며, 그 일들의 가치는 무엇인가에 대해 공부하고, 묵상의 이론과 실제, 하나님의 속성과 말씀, 교제, 전도, 성령 충만한 삶, 순종하는 그리스도인의 삶, 사역 등으로 이루어져 신앙의 성장(Growth)과 그 후 성숙(Maturity)된 모습으로 하나님과 깊이 교제할 수 있다. … "우리가 그를 전파하여 각 사람을 권하고 모든 지혜로 각 사람을 가르침은 각 사람을 그리스도 안에서 완전한 자로 세우려 함이니"(골 1:28) 초대교회의 가르침대로 우리도 우리 속에서 역사하시는 이의 역사를 따라 힘을 다하여 수고하고(골 1:29) 배울 수 있기를 소망한다.

예수님의 사업 전략 _변화의 관계성

오랜 시간 동안(현재까지도) 일대일에 헌신된 자매로서, 일대일의 중요성을 온 청년교회에 퍼뜨리는 일대일 전도사가 있다. 이 자매는 일대일 제자 양육은 단순히 한 교회나 개인의 프로그램이 아니라, 예수님이 제정하신 것이며, 예수님이 심혈을 기울이신 유일한 전략이라고 표현한다. 이처럼 헌신된 한 청년의 열정으로 인해, 그 열정이 다른 사람에게 전염되었고, 그동안 성인들에 비해 상대적으로 약했던 청년부에 일대일 제자 양육의 부흥을 가져왔다. 분명한 확신과 열정을 가지고 장년부에 비해 상대적으로 약했던 청년교회 내에서의 일대일 사역을 부흥시킨 한 자매(안OO 자매, 일대일 짱)의 글을 소개한다.

예수님은 3년이라는 시간 동안 어느 누구도 흉내 낼 수 없는 기적들을 행하셨습니다. 그러나 오병이어로 5,000명을 먹이신 기적을 체험하고도 돌아가는 길에 제자들은 바로 먹을 것을 염려했고, 수많은 사람을 회개로 촉구하고 세례를 베풀었던 세례요한마저 비둘기 같은 형상으로 성령이 임하시고 하늘로서 나는 '이는 내 사랑하는 아들'이라는 소리를 들었음에도 불구하고 감옥에서 예수님이 그리스도이신가 하고 의심했습니다. 기적이 사람을 변화시키지 않았습니다. 어느 신학자는 예수의 공생애 기록을 파헤친 끝에 부모가 애써 낳아 기를 수 있는 최대한의 수인 12명. 그 적은 수의 제자들을 3년 동안 먹고 자고 볼 것과 들을 것을 함께하며 집중적으로 양육하신 것이 바로 예수님의 유일한 사업전략이었다고 고백했습니다.

아르헨티나의 영적 갱신 운동의 주도자 Juhan Carlos Ortiz 목사는

『제자입니까』(Disciple, 1975)에서 다음과 같이 말하고 있습니다. "우리는 주일이면 고아원 식당에 모두를 몰아 놓고 '자, 여기 음식이 있으니 입을 벌리시오.' 라고 말한다. 그리고 음식을 한 더미씩 쓸어 넣고 '자, 안녕히 돌아가십시오. 다음 주일까지 당신은 잊혀진 존재입니다.' 라고 말해 버린다…" 이것은 아이들을 먹이는 방법이 아니다. 한 아이씩 차례로 팔에 안고 우유병을 입에 물려야 한다. 아이가 조금 크면 저 혼자 우유병을 잡고 먹을 수 있게 되고, 마침내 우리를 도와 동생들 우유를 준비하는 일을 할 수 있게 될 것이다. 그렇게 되면 그 아이는 한 가정에서 보다 많은 비중을 차지하게 된다. 큰 아이를 다루는 일은 함양(edifying)과 세움(building up)의 일이지 돌봄이 아니다.

이제 에베소서 4장 16절 말씀을 묵상해 보면, 우리가 놓치고 있던 그래서 기꺼이 따르지 못했던, 예수님이 몸소 가르쳐 세계를 움직이신 제자도 (Discipleship)를 어렴풋하게나마 깨닫게 됩니다. "그에게서 온 몸이 각 마디를 통하여 도움을 받음으로 연락하고 결합되어 각 지체의 분량대로 역사하여 그 몸을 자라게 하며 사랑 안에서 스스로 세우느니라"(엡 4:16) 만약 지체들이 '연락하고 상합하지' 않으면 그것은 몸이 아니라, 사지를 얼기설기 엮어 놓은 것에 불과하다고 Ortiz는 강조합니다. 우리는 한 몸을 이룬 제자입니까? 아니면 생명의 교류가 없는 회원입니까? 제자는 가르침을 받는 사람입니다. 우리는 가르침에 있어서 지식에 연연하는 경향이 적지 않은데 비해, 예수님의 제자들에 대한 가르침은 '양육'에 초점이 맞추어져 있었습니다.

제자란 그의 스승의 삶을 살도록 요구 받는 동시에 자의로 그 삶을 목표로 하는 사람이며, 점차로 다른 사람에게 자기의 삶을 가르치는 사람입니다. 따라서 가르치는 자 역시 제자임이 분명합니다. 예수님은 제자들이 또 다른 제자들을 양육해 나가도록 가르치시고, 성령을 통해 동시적으로 하나님의 나라를 이루어가고 계십니다. 하나님의 나라는 생명이기에 자라지 않을 수 없습니다. 우리 안에 하나님의 나라가 임하길 찬양하고 간구하며 또한 일대일 제자 양육에 참여하시기를 바랍니다. "너희도 산 돌

같이 신령한 집으로 세워지고 예수 그리스도로 말미암아 하나님이 기쁘게 받으실 신령한 제사를 드릴 거룩한 제사장이 될지니라"(벧전 2:5)

목자 되신 주님을 찬양합니다

다음은 일대일 목자 지도자반을 마친 이〇〇 자매(75또래)의 글이다.

평범한 문을 열고

저에게 있어서 교회 사역이나 리더십에 관련한 여러 가지 교육들은 언제나 평범한 문입니다. 왜냐하면 저는 모태신앙으로 자랐기에 교회에서 진행되는 많은 일들에 적극적으로 참여하는 것이 당연하다는 사고방식을 가지고 있기 때문입니다. 또한, 제 신앙의 뿌리인 모 교회는 성도 수가 60-70명(주일학교 포함) 정도여서 언제나 교회에서 바쁘게 지냈고 집안에 목사님들도 많았습니다. 어려서부터 교회에 안 가면 부모님께 야단을 많이 맞았기에 교회에서의 특별한 것을 기대하기 어려운 부분도 함께 자리 잡고 있습니다. 특별한 것을 꼽으라면 부흥회나 수련회를 통해 잠시 누리는 기도와 찬양의 감격인데, 그것 또한 언제나 준비하는 사람의 입장이었고 지속적이지는 않았습니다.

늘 그러했듯이 일대일 목자반 교육도 당연히 거쳐야 하는, 평범한 하나의 문을 연 것과 같았습니다. 은혜를 사모하고 말씀을 사모하는 마음의 밭으로 기대하지 않았습니다. 그저 내가 거치지 않은 교회 교육 프로그램 하나를 훈련 받고 마침표를 찍어야 한다는 생각이었습니다. 이것이 목자반의 문을 연 저의 첫 출발점 모습입니다.

역시나 평범한 방 안 풍경

평범한 문을 열고 들어간 방 안은, 역시나 익숙하고 평범한 풍경으로 다가왔습니다. 좋은 말씀과 찬양이 있고 동일한 훈련을 받는 평범한 지체들의 모습이 있었습니다. 이제 저는, 익숙하고 평범한 방에서 가장 편한

곳을 찾아 자리를 잡기만 하면 모든 것이 끝나는 것이었습니다. 익숙한
방을 하나씩 열어보고 잠시 앉아보기 시작했습니다.

1. 목사님께서 말씀을 정리해서 가르쳐 주시는 말씀 듣기 방
2. 교회 모임에서 빠지지 않는 감정 몰입 주님 찬양 방
3. 지체들 간의 삶을 나누는 라이프 스토리 방
4. 열정적으로 자신을 오픈하여 초청하는 인비테이션 방(invitation)

이 네 개의 방들은, 제 상황에 따라 한 번씩 편안함을 제공해 주었습니다. 그렇게 편안함을 누리던 중, 제 마음 한구석에 편안함을 밀어내는 정체감의 한계성이 수면 위로 부상했습니다. 그것은 바로, 편안함으로만 채울 수 없는 공허함과 불안함이었습니다. 저는 공허함과 불안함의 원인과 해결책이 무엇일까를 고민하기 시작했는데, 그러던 중 또 다른 방 하나를 발견하였습니다. 그 방의 이름은 5번 방입니다. 5번 방은 성경일독의 방이었고, 인내와 발견의 방이었습니다. 일대일 목자반 훈련 내용 중에 성경일독이 있는데, 저는 이 방에서 공허함과 불안함의 원인이 해결될 것이라는 확신이 생겼습니다. 말씀을 편식하지 않고 창세기부터 매일 10장씩 읽는데, 성경을 읽어나가면서 시간이 지날수록 말씀이 입체적으로 다가오기 시작했고, 구약을 읽을 땐 영화를 보는 것 같은 실재감도 있었습니다. 물론 처음부터 그랬던 것은 아닙니다. 익숙한 내용과 어려운 부분들에선 졸리기도 하고 성경을 읽다가 자다가를 반복도 했고 10장을 한 번에 다 읽지 못하고 나누어 읽기도 했습니다. 그러다 이건 아니다 싶어서 주님께 기도했습니다.

"주님~ 제가, 말씀을 통해서 주님을 만나고 싶습니다. 말씀을 깨닫는 지혜를 주시고 은혜를 부어주세요. 말씀을 읽다 졸지 않도록 하나님의 말씀이 살아서 역사하는 생동감으로 다가오도록 도와주세요."

이렇게 기도한 후, 졸며 읽다가 놓친 주님의 말씀을 다시 잡아야겠다는 생각에 처음으로 돌아가 다시 성경을 읽기 시작했습니다. 그렇게 매일 10장씩 몇 주간, 그리고 몇 달을 읽는 과정을 통해서 인내심도 생겼고 사

모함도 생겼습니다. 성경을 통독하는 과정을 통해서 말씀이 얼마나 달고 오묘한지를 몸소 체험하는 주님의 은혜가 있었습니다. 말씀을 통해 우리 민족의 아픔과 주님의 눈물을 보았고, 당신의 백성을 향한 헤아릴 수 없는 주님의 사랑도 보았습니다. 그리고 교만함과 무지함으로 가득한 저의 모습도 보았습니다. 공허함과 불안함의 원인은 결국 주님의 말씀의 고갈이었고, 주님의 말씀으로 채워지지 않으니 주님의 자리도 없었습니다. 그러나 이젠 말씀을 통해 해결책을 배워가고 있습니다.

저는 이렇게 5번 방에서 몸부림을 치며, 처음 둘러본 방들을 다시 찾아가보았습니다. 앞에서 느꼈던 익숙하고 평범했던 방, 특별한 것 없어 기대하지 않았던 방에 사랑의 향기나무가 자라고 있었습니다. 사랑의 향기나무는, 평범한 것에 가치를 주는 날개와 빛나는 옷을 입혀주었습니다. 네 개의 방에는 지도자반을 위해 기도하시며 인내하시는 배요한 목사님의 모습이 보였습니다. 말씀을 정리하신 것을 듣는 것이 아닌 우리를 향한 목사님의 헌신적인 사랑과 섬김이 들리기 시작했습니다. 또, 지친 영과 육의 상황에서도 포기하지 않고 주님께 집중하여 찬양하는 지체들이 모습이 있었습니다. 자신의 희로애락을 나누며 서로를 배우는 아름다운 성도의 교제도 있었고, 기꺼이 자신의 삶을 나누어 마음과 마음을 이어가도록 무지개다리를 놓은 초청도 있었습니다.

평범한 방에서 자란 사랑의 향기 나무

이 세상에 예수 그리스도의 십자가의 사랑 외에 특별한 것은 없습니다. 매우 일상적이며 평범한 모든 것에 사랑의 향기나무만 있을 뿐입니다. 모태신앙으로 자라 교회 일과 나의 삶에 구분이 없을 정도로 생활한 나의 삶에 이제야 생명이 자라기 시작합니다. 평범한 것을 지나치는 삶이 아닌 사랑을 심는 삶을 살고자 합니다. 일대일 지도자반 교육을 마친 저는, 이제 양을 만나게 됩니다. 목자가 아닌 동행하는 양의 모습으로 만나 함께 걷고 물을 마시고 싶습니다. 다만 동행하는 양에게 날개를 달아주고 싶습니다. 빛나는 옷을 입혀주고 싶습니다. 목자의 인도를 따라 물을 마시고 풀을 뜯는 특별한 것 없는 양의 일상에서 사랑의 향기나무를 발견하게 하고 싶습니다. 그리고 그 양이 다른 양을 동일하게 기다리며 걸을 수 있도록 함께 하고 싶습니다. 일대일 지도자반을 무사히 마치도록 인도하시고 동행해 주신 주님과 목사님께 감사드립니다.

나의 영원한 목자이시며 나의 힘이 되시는 주님을 찬양합니다!

4. 말씀을 통한 양육 _말씀에 반응하는 청년들

태초에 말씀이 계시니라 이 말씀이 하나님과 함께 계셨으니
이 말씀은 곧 하나님이시니라(요 1:1)

말씀사역만큼 중요한 것이 없다. 예수님이 바로 말씀(로고스)이시기 때문이다. 말씀이 제대로 전달될 때, 그 말씀으로 변화가 일어나고 그 말씀으로 인해 온전한 제자로 성장해 가는 일이 가능하다. 단순히 문자화된, 활자화된 말씀이 아니라, 살아서 역사하고 움직이는 말씀이다. 나와는 상관없는 말씀이 아니라, 내 안에 육화된 말씀이 강조되고 선포된다. 말씀이 다른 사람에게 적용되는 것이 아니라, 각자 자신의 삶의 영역을 돌아보게 하고, 적용하게 하는 힘을 가진 말씀이다.

아래에 새터민(탈북 청소년)으로서 신림교회에 출석하는 한 지체의 글을 소개한다. 주일 예배 말씀을 통해서 참된 감사를 회복하였음을 고백하고 있다.

안녕하세요, 나는 매일 매순간 감사하고 있는지에 대해 되돌아보게 되요. 생활의 고민이 있을 때 어려운 일 있을 때 주님을 떠올리며 감사한 생활을 하고 있는지 스스로에게 묻게 되요. 그럼 과연 나는 무엇에 감사해

야 하는가에 대해 생각해 보게 되지요. 그리고 어떤 때에 감사하게 되는지도 말이에요. 기쁠 때도 감사, 슬플 때도 감사, 크거나 작거나 감사, 세상 살아가는 데 감사할 게 너무나 많다는 것을 예수그리스도를 구주로 믿는 자는 잘 알고 있을 거라고 생각해요. 감사는 왜 하는지, 어떤 이유에서 하는지 잘 알지요?

내가 은혜를 받고 있다는 것이 우연이든 무연이든 잠재적으로 내재된 상황에서 발생하는 것이지요. 오늘 밥을 먹을 수 있어서 감사, 수능 잘 보아서 감사, 취직 잘 되어서 감사, 돈 잘 벌게 해 주어서 감사, 명문대 보내주어서 감사, 이런 것들보다도 나 중심에서 벗어난, 나 이기주의에서 벗어난 감사를 해야 한다는 강렬한 느낌이 와요. 나의 아버지이자 온 민족의 아버지, 모든 나라의 아버지, 전 우주의 유일한 아버지, "하나님 감사합니다"라고요. 하나님의 아가페적 모범을 본받아 내가 행해야 하는 것을 나에게 강하게 주입하고 있어요.

이전에 나의 감사기도 스타일을 보면 압록강을 건너 중국에 가게 해 주어서, 학교에서 공부하게 해 주어서, 좋은 사람 만나게 해 주어서, 한국에 올 수 있게 해 주어서, 대학에 갈 수 있게 해 주어서 등이었지요. 철저하게 나의 중심에서 벗어나지 못한 감사였지요. 우리가 살아가자면 영양소를 골고루 흡수해야 하는 것처럼 감사도 나와 나 아닌 밖에서의 것들에 대해서도 균형이 이루어져야 하지 않을까 해요.

나는 한국 국민으로서가 아니라 조선인민으로서가 아니라 중국인민으로서가 아니라 세계시민으로서가 아니라 하나님 나라 시민으로서의 긍지감에 감사를 해야겠다고 내 영혼에게 강한 펀치를 주어요. 내가 한국 국민으로 살아가든 조선 인민으로 살아가든 일본인으로 살아가든 미국시민으로 살아가든 별 문제 없으나 하나님 나라 시민으로 살지 않을 때는 하나님께서 눈물로 중보기도 하실 거라 보아요.

신림청년 공동체가 가장 강조점을 두는 영역이 바로 이 '말씀'의 영역이다. 제대로 된 말씀, 예수 그리스도의 피뿌림이 있는 말씀이 선포되고, 그 보혈의 말씀을 가지고 공부하고, 삶에서 반응하는 공동체가 신림 청년 공동체이다.

1998년도에 주일 말씀 본문인 로마서 말씀을 16장까지 마치고 난 이후 몇몇 청년들이 표현한 말씀에 대한 반응과 소감을 아래에 간략하게 소개한다.

"이와 같이 성령도 우리의 연약함을 도우시나니… 우리를 위하여 친히 간구하시느니라"(롬 8:26). 너무나 자주 듣던 말씀이었다. 나의 중보자이신 예수님, 성령님, 많이 잊어버린다. 하지만 다시금 그 말씀을 통해 내가 힘들어 기도할 수 없을 때도 날 중보해 주시는 분이 계심을 믿는다. 그래서 난 오늘도 평안하다.

75또래 이○○ 사매

'구원은 하나님의 택하심이 있을 때만 가능하다' 라는 목사님 말씀에 과거에 전도하려 했다가 실패한 사람이 떠올랐다. 성경의 기적을 논리적으로 비판하고 부인하던 그 사람에게, 동일한 논리성으로 성경을 변호하려 했던 나. 결국 서로 등 돌리고 헤어졌었는데, 목사님의 말씀이 그때 나의 모습을 떠올리게 했고, 회개케 했다. 그때 그 만남에서 빠졌던 것은 그 사람을 택해 달라는 하나님께 대한 나의 기도였다. 내 의지와 내 지식으로 전도하는 것이 아님을 잊고 있었다. 아버지, 이제부터 모든 일을 기도로 시작하게 해 주십시오.

71또래 류○○ 자매

"높음이나 깊음이나 다른 어떤 피조물이라도 우리를 우리 주 그리스도 예수 안에 있는 하나님의 사랑에서 끊을 수 없으리라"(롬 8:39) 저는 이 말씀에 붙들려서 신림교회(사실 신림에서의 첫 예배 때 받은 말씀임)에 남게 되었죠. 그 크신 하나님의 사랑을 그리고 정복 불가능한 그 분 사랑을 전하여 주신 전 목사님과 목사님을 사용하신 하나님께 감사, 찬양, 사랑을 드립니다.

64또래 권OO 자매

"그러므로 형제들아 … 너희 몸을 하나님이 기뻐하시는 거룩한 산 제물로 드리라 이는 너희가 드릴 영적 예배니라"(롬 12:1) 내가 산 제물이 된다는 말씀에 나의 신앙 상태를 점검하게 되었다. 난 산 제물인가 아니면 죽은 제물인가. 이 말씀을 들은 뒤 나의 생활을 돌아보게 되었으며 예배에 임하는 자의 자세가 많이 달라졌다. 산 제물을 드리기 위해서 말씀 묵상과 찬양에 더욱 몰두하는 나의 모습을 발견하게 되었다. 하나님의 톱니바퀴에, 내가 살아서 돌아갈 수 있음에 감사한다. 실수하지 않으시는 하나님을 전심으로 찬양한다.

72또래 김OO 형제

"우리가 환난 중에도 즐거워하나니 이는 환난은 인내를 인내는 연단을 연단은 소망을 이루는 줄 앎이로다"(롬 5:3-4) 신림교회에 등록을 하고 청년부 예배를 드릴 때쯤, 내 생활은 정말 힘든 상황에 있었고 오직 하나님 이외에는 의지할 곳이 없었다. 그때 나를 버티게 해 주신 말씀이 바로 이 구절이었다. 예배에 참석하지 못해 듣지 못한 말씀들이 너무 아쉽게 느껴진다. 말씀으로 강건케 하시는 하나님께 감사드리고, 말씀 전하시는 전 목사님 사랑해요!

75또래 이OO 자매

> 그의 십자가의 피로 화평을 이루사 만물 곧 땅에 있는 것들이
> 나 하늘에 있는 것들이 그로 말미암아 자기와 화목하게 되기
> 를 기뻐하심이라(골 1:20)

담임목사의 강해설교가 청년들에게 많은 도전을 주고 있다. 연말에 등록한 사람들의 면면을 살펴보면 등록하게 된 주 요인 중의 하나가 담임목사님 말씀의 영향력이다. 79또래의 권○○ 형제는 이렇게 고백한다. "내가 신림교회를 찾은 것은 주변의 추천도 있었지만, 무엇보다도 도전하시는 목사님의 말씀이 좋아서였다. 올 여름 단기 선교를 준비하며 꾸준히 선교학교에 출석하고 있지만, 특히 오늘 전준식 목사님께서 직접 강의하신다는 점에서 더욱 기대가 되었다."

주일에는 사도행전, 로마서, 갈라디아서, 마태복음 등의 신약 강해설교를 하시고, 수요일에는 창세기, 출애굽기, 이사야 등의 구약 강해설교를 준비해서 선포하신다. 그리고 금요심야기도회에서는 사도행전을 중심으로 말씀을 선포하고 있다. 현재는 다시 읽는 사도행전을 강해하고 있다. 그런데 이 모든 강해설교의 결론과 핵심은 십자가이며, 예수 그리스도의 보혈을 강조하고 그 보혈로 끝을 맺는다.

신림 청년교회에서는 유독 십자가를 강조한다. 삶의 중심에 십자가를 꽂으라고 역설한다. 그런데 그 십자가는 성문 밖에 있었다. 따라서 십자가를 지는 것은 주류 기득권으로 들어가는 것이 아니라, 변두리로 가는 것이다. 십자가를 지는 삶은 메인 스트림으로 들어가는 것이 아니라, 변두리로 가는 삶을 말한다. 십자가의 복음의 능력은 변두리성에 있는 것이다. 그런 의미에서 교회 이름도 '…주변교회', '…변두리 교회'라고 명명하는 것이 옳지 않을까 싶다. 실제로 신림교회는 서울의 변방 신림동에 위치하고 있다. 이곳에서 새벽이슬

같은 주의 청년들이 십자가에 반응함으로 말미암아 열방을 품고 달려가고 있다.

주님도 하늘 영광이라는 주류를 떠나 낮고 천한 이 땅, 비주류의 땅에 태어나셨다. 그리고 일평생 변두리에서 비주류들과 함께 사역하셨다. 그리고 오직 십자가에 죽기 위해서 중심인 예루살렘으로 들어가신 것이다. 그렇다. 중심인 예루살렘은 즐기기 위해서 들어가는 곳이 아니다. 누리기 위해서 중심으로 가는 것이 아니다. 주님은 죽기 위해서 중심으로 들어가셨다. 죽으러 갈 때에 비로소 중심으로 가는 것이다. 사도바울도 그 당시의 중심인 로마로 죽기 위해서 들어간 것이다. 바로 이 십자가를 강조하는 교회가 신림교회이며, 그 십자가에 열정적으로 반응하는 지체들이 새벽이슬 같은 주의 청년들이다.

기존의 기복주의와 출세지향적인 사고방식, 예수 믿으면 성공하고 부자 된다는 식의 말씀을 극단적으로 지양하고 '이 세상에서의 책임적 존재' 로서 살아갈 것을 강력하게 선포한다. 개인 구원에만 만족하는 청년들을 향하여 하나님 나라의 건설을 강력하게 선포하고 있다. 계속해서 청년들에게 도전을 주고, 기득권에 안주하지 말 것을 강력하게 권고한다. 또한 교회는 종합병원이 아니라, 강력한 예수 그리스도의 군사들을 키워내는 영적 논산 훈련소라는 점을 강조한다.

이 모든 것의 중심에는 십자가가 있고, 예수 그리스도의 보혈이 그 십자가를 통해서 흐르고 있다. 신약을 강해하든, 구약을 강해하든, 항상 예수 그리스도의 십자가와 보혈로 연결시키는 말씀을 선포한다. 십자가 없는 영광은 변질된 것이고, 십자가를 지지 않는 제자의 삶은 있을 수 없으며, 예수 그리스도의 십자가를 삶의 중심에 세우라고 강력하게 선포한다.

이 말씀을 통하여 청년들이 삶에서, 신앙에서 도전을 받고 또한 그렇게 살려고 몸부림친다. 신림교회의 사역 중 서울역 노숙자들과 쪽방촌 사람들을 섬기는 '소망을 찾는 이' 사역을 섬기고 계시는 김용삼 목사님도 이곳에서 행시를 준비하다가 하나님의 강력한 부르심에 헌신하여 왕성하게 사역을 감당하고 계신다.

사도행전, 로마서 등 강해 말씀을 통해서 기존의 교회와 체질들을 바꾸어 놓았다. 담임목사의 첫 부임 설교를 통해 '제자 삼으라는' 주님의 명령의 말씀을 선포하면서, 교회의 영적 다이어트를 강력하게 설교하였다. 자기들끼리만 교제하고 먹고 마시는 그런 교회에서 열방을 바라보는 사도행전적 교회를 끊임없이 지향하게 한다.

그 흔한 부흥회나 새생명 축제 등과 같은 총동원 전도주일을 하지 않아도, 평상시 말씀을 통해 복음의 본질, 십자가의 복음에 대해서 강조하고 있다. 특히 십자가의 피 묻은 복음, 원색적인 복음을 강조하는 메시지가 많은 청년들이 잠자는 영성을 깨우고 있다. 그래서 한 해 교회의 표어도 십자가와 보혈을 강조하는 표어가 많다. 가령, '거룩과 순결'(1999), '보혈로 숨쉬는 교회'(2002), '보혈로 성장하는 교회'(2003), '내 쉴 곳 십자가'(2005), '주와 함께 달려가리이다'(2006) 등.

또한 매주 마지막 주일은 전도주일로 지키며, 이날은 그동안의 강해설교 본문을 잠시 내려놓고 복음의 순수한 본질에 대해서 말씀을 선포한다. 많은 청년들과 성도들이 도전받고 헌신하는 역사가 일어난다.

물 댄 동산, 끊어지지 않는 샘

신림청년교회는 계속해서 말씀의 양육과 공급을 받게 된다. 한번 받은 것으로 우려먹는 것이 아니라, 계속되는 은혜를 사모하고, 성령의 기름 부으심을 사모하게 된다. 이렇게 양육을 받고 은혜를 받았다면 그 은혜를 가지고 미션(Mission)을 감당하는 청년 제자로서 부르심을 받게 된다. 황폐된 삶의 자리, 무너진 기초, 파괴된 자리를 회복하고 수축하고 일으키는 사역에 부르심을 받게 되는 것이다.

이사야서 58장 11-12절 말씀에 보면, "여호와가 너를 항상 인도하여 메마른 곳에서도 네 영혼을 만족하게 하며 네 뼈를 견고하게 하리니 너는 물 댄 동산(a well-watered garden) 같겠고 물이 끊어지지 아니하는 샘 같을 것이라 네게서 날 자들이 오래 황폐된 곳들을 다시 세울 것이며 너는 역대의 파괴된 기초를 쌓으리니 너를 일컬어 무너진 데를 보수하는 자라 할 것이며 길을 수축하여 거할 곳이 되게 하는 자라 하리라" 이스라엘 땅에 물과 샘은 귀한 것이며, 따라서 물이 충만하다는 것은 하나님의 축복이다. 바라기는 메마른 이스라엘 땅에 내렸던 그 동일한 은혜의 강물이 동일하게 메마른 청년들의 심령에도 내리기를 소망한다.

흔히 청년들을 새벽이슬 같은 청년이라고 표현한다. 새벽이슬이 아무리 양이 적고, 보잘것없더라도 새벽이슬이 없으면 생명이 살수 없는 것처럼 청년들도 이슬 같은 주의 은혜의 단비가 필요한 자들이다. 따라서 청년들의 심령도 이사야의 말씀처럼 물 댄 동산과 같은 심령이기를 소망한다. 그것도 넘치는 물과 끊어지지 않는 샘과 같은 은혜의 심령이기를 소망한다. 바닥이 드러나 쥐어짜내야 하는 삶이 아니라 주님이 채우시는 넉넉한 물 댄 동산이 되기를 소망한다. 늘 주의 은혜로 젖어 있는 물 댄 동산이기를 소망한다. 그러기 위해서는 전적으로 주님께서 심령의 물을 공급해 주셔야 한다. 그래야 주님이 기뻐하시는 사역을 감당할 수 있고, 그런 동산이어야만 열매가 자랄 수 있을 것이다. 그리고 한번 물 댄 동산으로 끝나는 것이 아니라, 계속해서 물이 끊어지지 않는 샘과 같은 삶이어야 한다. 한번 은혜 받은 것으로, 수련회 기간의 반짝 은혜로 끝나는 것이 아니라, 계속해서 주의 은혜의 생수를 공급받아야 한다. 계속해서 주님의 은혜 가운데 머물러야 한다. 계속해서 주님의 임재 가운데 머물면서 주님만을 섬기는 청년이기를 소망한다.

이런 물 댄 동산과 같은 은혜를 주시는 이유가 무엇인가? 그것은 바로 사명(Mission)을 위해서이다. 말씀의 은혜를 받고 자신만 누리는 것이 아니라,

'오래 황폐된 곳들을 세우고, 파괴된 기초를 쌓고, 무너진 데를 보수하는 일에, 길을 수축하여 거할 곳이 되게 하는' 귀한 사명을 감당하라는 하나님의 뜻이 여기에 있다. 말씀의 은혜를 받은 자들은 가정과 이웃과 나라와 민족과 열방의 황폐되고, 파괴되고, 무너진 데를 세우고, 쌓고, 수축하는 일에 보내심을 받은 자들임을 잊지 말아야 한다.

따라서 우리 청년들에게 가장 우선적으로 필요한 것은 주님의 그 말씀의 강물, 은혜의 생수로 심령을 가득 채우는 작업이다. 자칫하면 청년들은 은혜 없이 열정과 뱃심으로 사역을 감당할 수 있다. 그러나 말씀의 은혜 없이 사역하면 금방 지치고, 결국은 주의 곁을 떠나게 된다. 날마다 끊임없이 솟아나는 시원한 성령의 샘물로 심령을 채우는 것이 먼저이다. 마치 댐에서 어느 정도 물이 찰 때까지는 절대로 물을 흘려보내지 않듯이 내 심령에 주의 말씀의 생수로 가득 채우는 것이 먼저이고, 그 다음에 그 심령의 물이 밖으로 흘러가게 해야 한다. 이것이 곧 Mission이다.

"요셉은 무성한 가지 곧 샘 곁의 무성한 가지라 그 가지가 담을 넘었도다"(창 49:22) 요셉의 무성한 가지, 샘 곁에서 날마다 은혜의 생수를 흡수한 그 가지가 결국에는 담장을 넘어서 이웃과, 나라와 민족과 열방을 살리는 역할을 하게 되고, 축복의 통로로 쓰임 받게 된다. 담장 너머로 뻗은 가지의 열매를 통해서 수많은 나라와 민족과 열방이 동일하게 하나님의 은혜를 누리게 되는 것이다. 이것이 물 댄 동산에 심기운 사람들의 비전이며, 청년들에게는 그 비전을 말씀을 통해서 날마다 확인하는 작업이 필요하다.

말씀의 성육화(Incarnation)

> 말씀이 육신이 되어 우리 가운데 거하시매 우리가 그의 영광
> 을 보니 아버지의 독생자의 영광이요 은혜와 진리가 충만하더
> 라(요 1:14)

영적 리더인 담임목사의 강해설교는 청년들로 하여금 세속적인 성공과 출세를 십자가에 못 박게 하고 어찌하든지 삶의 자리에서 선교사적인 영성으로 살아가기를 요구하고 있다. 무엇보다도 영적 리더인 담임 목회자가 말씀의 성육화를 강조하고 있다. 하늘에서 머물고 있는 말씀이 아니라, 철저히 육화된 말씀을 강조하는 것이다. 어렵고 사변화된 단어가 아니라, 삶의 체취가 묻어나는 말씀을 준비하기 위해서 몸부림치고 있다. 무엇보다도 담임목사와 부교역자 전체가 하나님의 말씀을 온전히 전할 수 있는 도구인 강해설교를 배우고, 또한 강해설교를 함으로, 철저하게 인간의 의지나, 소리나, 소망이나, 욕심이나, 바람이 설교에서 투영되는 것이 아니라, 성령님께서 말씀을 통해서 주시는 음성에 귀를 기울이게 한다. 일주일 동안 늘 그 다음 주 말씀을 묵상하고 되새김질하고, 또한 말씀을 성육화하는 작업을 통해서 하나님의 말씀을 성도들과 함께 공유하는 시간들을 가지게 된다. 말씀을 통한 성령님의 음성에 깊이 귀를 기울이는 훈련을 통해, 즉 깊은 산고의 과정을 통해 한편의 설교가 나오게 되고, 그것이 성령의 기름 부으심으로 강단에서 선포될 때, 결단하고 헌신하는 성령의 역사가 일어나는 것을 눈으로 보게 된다.

하나님이신 예수님이 육신의 몸을 입고 이 땅에 말씀으로 오셨듯이, 모든 사역자들의 설교와 성경공부와 모든 사역의 관심이 내려와야 함을 강조한다. 더 낮아져야 함을 강조하고 있다. 형이상학적이고 관념적이며 사변적인 사고에 머물러 있는 것을 경계하고, 철저하게 낮아지는 훈련을 청년교회 모든 사역자들과 또한 모든 지체들이 받고 있다.

아래의 글은 75또래 송○○ 자매의 글이다. 말씀의 성육화(incarnation)를 체험한 고백이다.

96년 가을, 난 처음으로 신림교회에 나오게 되었다. 혼자서 다른 교회에 다니다가 엄마가 다니는 교회에 처음으로 간 것이다. 예배시간보다 30분 일찍 예배당에 올라갔는데 한참 성가대 연습 중이었다. 예배가 시작되고 계속해서 찬양을 드렸다. 가식 없이 찬양하는 청년들의 모습과 형식적인 예배를 드리지 않는 모습을 보며 가슴이 뭉클해져 왔다. 목사님의 말씀을 들었을 때 난 더욱 동요가 되었다. 이제까지 설교라는 건 일반인들이 알아듣기 어렵고 우리와는 상관없는 신약, 구약의 이야기였는데 처음으로 말씀이 살아서 내게 오는 것을 느꼈다. 특히 로마서 1장의 말씀을 통해서 내가 하나님 앞에 얼마나 죄인인지를 절실히 깨닫게 되었다. 이 시대를 살아가면서 말씀으로 이기려 하고 기도로 간구하는 청년들을 보며, 처음으로 기독교는 교회가 아닌 하나님과 말씀이라는 것을 경험했다. 그리고 나에게 가장 큰 기쁨은 몇 주가 지난 후에 일어난 일이다. 아무도 기억하지 못하는 청년 공동체 안에서 축복송을 부르며 앉아 있는 나에게 목사님이 단 위에서 내려와 안아주셨다. 이제는 혼자가 아니라 하나님께서 나와 계시다는 것을 알았고, 이렇게 많은 청년 중에서 날 알아주시는 목사님이 계신 것처럼 이 세상 많은 무리 가운데 나란 존재를 사랑해 주시는 분 하나님을 처음으로 만나게 되었다. 나에게 이렇게 직접 다가오시는 하나님은 세상 모두의 동일하신 하나님이시다. 지체들을 만나보면 한 사람 한 사람을 똑같이 다루지 않는 하나님을 만날 수 있다. 우리들의 가장 연약한 부분을 아시고 그것을 치유하시는 하나님, 그리고 나만의 하나님이 아닌 온 인류의 하나님을 알게 되었다.

말씀을 받은 지체들은 그 말씀을 자신의 삶에 적용하고, 또한 말씀대로 살려고 몸부림치는 모습을 볼 수 있다. 그리고 그 말씀을 삶에 적용할 때, 삶의 나눔과 말씀의 적용을 통해 은혜 받은 경험뿐만 아니라, 실패한 경험도 공유하게 하고 있다. 특히 큐티나 성경공부 시간이나 소그룹 모임 때는 말씀을 다른 사람에게 적용하는 것을 지양하게 하고, 철저하게 자신에게 그 말씀을 적용하게 한다. 말씀을 통해서 자신이 깨어지고, 깨어진 그 심령으로 또 다른 사람들을 섬기고, 또 다시 말씀을 통해서 부서지고 낮아지는 과정을 통해 말씀이 삶에서 살아 움직이는 것을 경험하게 된다.

Sexy power vs Holy power

> 너는 이스라엘 자손의 온 회중에게 말하여 이르라 너희는 거룩하라 이는 나 여호와 너희 하나님이 거룩함이니라(레 19:2)

오늘날 가장 시급하게 들어야 할 하나님의 말씀이, 하나님께서 모세에게 하셨던 거룩함의 회복의 말씀이다. 특히 거룩함을 잃어가고 있는 이 시대, 아니 거룩함을 구시대의 낡은 유물처럼 생각하며 헌신짝처럼 버리는 이 시대의 청년들이 들어야 할 말씀이다. 지금 세상은 마치 Sexy함이 힘이고 능력인 세상처럼 보인다. Sexy함이 그야말로 대세(?)를 이루고 있다. 모든 대중매체가 하나같이 '누가 더 Sexy한가?'에 사활을 걸고 있다. 이에 올인하고 있다고 해도 과언이 아니다. 그 어디에도 거룩함이라고는 찾아볼 수 없다. 신림청년교회가 있는 신림동도 이런 세상적인 물결에서 벗어날 수 없다. 최근에는 미모(?)의 젊은이들을 고용한 술집 바(Bar)가 성행하더니, 이제는 아예 스포츠 마사지라는 이름으로 미모의 여성들이 청년들을 유혹하고 있다. 고시 준비하느라, 서울 생활하느라 힘든 청년들이 이 Sexy함의 마력에 많이 넘어가고 있고, 그것에 대해서 아무런 거리낌이 없다.

그러나 신림청년교회의 강단에서는 언제든지 '거룩함'이 능력이며, 힘이라고 강조한다. 모든 말씀에서 거룩과 순결을 강조한다. 청년들에게 가장 본질적인 것이 거룩함과 순결함이다. 영적전쟁에서의 승리도, 중보기도에서의 관건도 거룩함에 있다. 신앙함이라는 것은 거룩함으로의 투쟁이며, 싸움이다. 세속화 되려는 자신과의 처절한 싸움과 고투가 곧 신앙함이다.

신림청년교회가 Holy Passion과 Holy Mission으로 나뉘어져 있지만, 청년교회에서 강조하는 것은 그 어떤 열정(Passion)이나, 사명(Mission)이 아니라, 거룩함(Holiness)이다. 따라서 맹목적인 열정이나 사명이 아니라, 거룩한 열정과 거룩한 사명을 강조하는 것이다.

앞으로 국어사전에서 '거룩과 순결'이라는 단어 앞에 '古'語(고대에 사용된 말), '死'語(이미 사라진 말)라는 말이 붙게 될지도 모른다. 그러나 영적인 전쟁에 돌입한 청년들은 마귀의 궤계를 능히 물리칠 수 있는 영적인 군사의 조건이 다름 아닌 '거룩과 순결'임을 명심해야 한다. 특히 하나님의 말씀의 검(성령의 검)으로 무장해야 한다. 그래서 무늬만 고수가 아니라, 주님의 말씀의 능력을 덧입음으로 말미암아 영적인 싸움에서 참된 고수가 되어야 한다. 그리고 그 능력으로 각자의 삶의 자리로 돌아가서 담대히 싸워야 한다. 대학 캠퍼스에서, 동아리 모임에서, 동문 모임에서, 가정에서, 그리고 직장에서, 독서실에서, 고시원에서… 각자의 삶의 자리에서 '끊임없이 세속화 되려는 자신의 욕망'과 싸워야 한다. 십자가 없는 영광을 취하려는 자신과 싸워야 한다. 우리의 손에 들린 무기는 오직 말씀으로 정결케 된 거룩과 순결뿐이다.

말씀을 통해서 거룩함을 계속적으로 견지해 나가지 않으면 우리는 또다시 밀려오는 세속적인 유혹에 빠지게 되고 하나님 앞에 범죄하게 된다. 여기에는 예외적인 사람이 있을 수 없다. 사자와 같은 젊은 청년들도 바로 이 음란함의 영에 빠지게 되면 금방 무기력하게 된다. 승승장구하던 다윗도 마찬가지이다. 사무엘하 11장 2절에 보면, "저녁 때에 다윗이 그 침상에서 일어나 왕궁 지붕 위에서 거닐다가 그곳에서 보니 한 여인이 목욕을 하는데 심히 아름다워 보이는지라." 묵상의 대가인 다윗도 한순간 하나님을 놓치고 '여인'을 묵상하니까 시험에 들게 되는 것이다. '거룩한(Holy) 하나님은 온데 간데

없고 매혹적인(Sexy) 여인이 다윗의 마음을 점령해 버린 것이다.'

사실 신림청년교회의 양육은 예배 때 말씀을 통해서 많은 부분 이루어지고 있는 것이 특징이다. 청년들이 말씀에 도전을 받고, 그 말씀 앞에 신실하게 반응함으로 앞으로 달려가는 것을 보게 된다. 아래의 글들은 말씀을 통해 도전 받은 청년지체들이 어떻게 반응하며 주님의 제자로서 달려 나가는지를 살펴볼 수 있다.

주와 함께 달려 가리이다

아래의 글은 청년 지체로서 Holy Passion의 임원을 역임하고, 유치부 교사로 섬기고 있는 한 자매(김OO 자매, 80또래)의 고백이다. 말씀에 반응하는 모습이 참 아름다워 보인다.

새해가 되면 늘 많은 계획들을 세우게 된다. 새 다이어리를 사고 그곳에 새로운 계획들을 하나둘 그렇게 써 내려간다. 작년, 내 다이어리엔 수많은 일들이 기록되어져 있다. 검정 글씨로 꾹꾹 눌러 쓴 나의 계획들, 그리고 그 위에 빨간 글씨로 쓰인 다른 계획들, 지켜진 약속들과 지키지 못한 약속들.

1월부터 12월 그렇게 2005년이 지나가버렸다. 사람들은 묻는다. 2005년을 잘 보냈냐고, 연초에 계획한 것들은 다 잘 지켜졌냐고. 솔직히 웃음만 난다. 지켜진 게 없으니… 내가 세운 검정 글씨의 계획들 가운데 10%도 실행에 옮기지 못했다. 그래도 감사하다. 이루지 못한 게 참 많지만, 내가 계획하지 못했던 것들이 더 많이 이루어져 있음을 알았기 때문이다. 이제 2006년 새해 계획을 세우려 한다. 새로 산 다이어리에 검정 볼펜으로 작년보다 더 꾹꾹, 더 꾹꾹 눌러 써 본다. 내년 새해가 되면 분명 내 계획보다 더 훌륭하게 내 삶을 간섭하실 주님의 계획하심이 그 위에 새겨질 거라 믿는다! '주와 함께 달려 가리이다.' 올해(2006년) 우리교회 표어이다.(마음에 와 닿는다.) 다시는 혼자 달리지 않을 것이다. 분명 혼자 달리는 것이 아니리라. 분명 내 옆에서 내가 지치면 같이 걸어주실, 내가 힘이 들면 날 대신해 달려 주실 주님이 있다. 참 감사한 1월의 시작이다.

2006년 1월 2일

여기까지가 2006년 1월 2일 새해를 시작하면서 쓴 일기다. 내가 새해의 시작을 저렇게 했구나 생각을 하면서도, 막상 글샘에서 내가 달리는 이유에 대한 글을 쓰기로 결정한 후, 왜 달리는지 쓰려 하니 막막하기만 하다. 늘 많은 계획들 가운데 나는 그것들을 이루어 내느라 버거웠다. 때로는 내가 달리면서도 왜 달리는지 모를 때가 많았다. 그래서 옆에 누군가가 나보다 빨리 달리면 내 본래의 속력보다 더 빨리, 남들보다 앞서기 위해 발버둥치는 나를 보곤 했다. 지금까지 그랬던 것 같다. 늘 멈추지 않고 달리는 나에겐, 잠시 멈추거나 쉬는 건 쉽지 않은 일이었다. 달리다 멈추는 것이 창피하기도 하지만 어쩌면 내 욕심 때문일지도 모른다는 생각이 든다. 예전의 나와 지금의 나, 여전히 달리고 있다. 내가 세운 계획들 그 위로……

하지만 달라진 것들이 너무 많다. 예전에 나는 무작정 달렸다. 목표도 없이, 내 상태가 어떤지도 모른 채 무작정, 남들이 달리니까, 또 달려야 하는 것이 맞는 거라고 하니 그렇게 달렸던 것 같다. 그러다 지치면 나는 내 자신에게 최면을 건다.

'괜찮아, 잘 달리고 있어. 멈추면 안 돼, 바보야. 멈추면 사람들에게 손가락질 받아. 끝까지만 달리자. 괜찮아, 힘들지 않아.'

지금까지 그랬다. 이런 나의 모습들이 틀렸다는 걸 알면서도 말이다. 하지만 하나님은 나의 생각으로, 나의 의지로 달리는 것을 멈추게 하셨다. 포기하게 하신 것이다. 내가 가장 힘들어하는 하나님의 방법이다. 그래서일까? 하나님은 나에게 포기하는 법을 알게 하셨다.

나는 지금 달릴 준비를 하고 있다. 아직 내 삶 가운데 한 번도 달려보지 않은 길을. 매번 달려봐서 쉬운 길이 아니라, 내가 가 보지 않아서 두렵고, 포기하고 싶은 그 길을 하나님은 지금 달리게 하신다. 아니, 지금까지 그 길을 달리게 하기 위해 준비하셨고, 걷게 하셨고, 이젠 천천히 뛰는 법을 가르쳐 주신다. 어쩌면 계속 뛰어야 할 길일지도 모르기에 그렇게 천천히 뛰는 법을 나는 인내심을 가지고 배우고 있다. 분명히 천천히 뛰는 법을 배우려면 남들보다 두 배나 더 오랜 시간이 걸릴 것이다. 하나님이 나를 만드셨고 이제 내가 나를 알기에 그 시간들이 두렵기 보다 기대가 된다. 올해 처음 쓴 그 일기처럼 지금도 역시 나는 믿는다. 분명 나 혼자 가는 길이 아니라는 것을……

주님을 알리는 작은 행동

한 사법시험 준비생이 신림교회에 와서 '말씀과 선교'로 나가는 신림교회에 도전 받고, 또한 반응함으로, 선교비전 헌금(10만 원)과 함께 편지를 보내온 적이 있다. 전문을 그대로 싣는다.

안녕하십니까? 저는 등록은 아직 하지 않은 상태이지만, 신림교회에 주일마다 다니고 있습니다. 주일마다 예배드리며 은혜를 많이 받고 있습니다. 서울에 올라와 예배 참석할 교회를 찾기 위해 두루 다녀보았는데, 신림교회가 가장 말씀이 가슴에 와 닿고 활기가 느껴졌습니다. 이 모든 것이 선교를 위해 힘쓰는 열정이 나타난 결과가 아닌가 생각합니다. 저는 선교는 고사하고 전도도 제대로 하지 못하고 있습니다. 주님께서 주신 사명을 따르지 못해서 늘 죄스런 마음만 가지고 있습니다. 아직 성경 지식도 부족하고 믿음 생활도 깊지 못한 것 같습니다. 그러나 전 목사님 말씀대로 무슨 일을 하든지 예수님의 이름으로 행하며, 예수님이라면 어떻게 하셨을까 생각하며 생활하려고 노력하고 있습니다. 이 또한 믿지 않는 사람들에게 백 번 말하는 것보다 한 번 행동으로 보여주는 것이 나으리라 생각하고 저의 작은 행동 하나 하나가 주님을 알리는 계기가 되기를 바라고 있습니다.

신림교회의 비전을 보며 땅 끝까지 복음이 전파되어 예수님의 재림을 볼 수 있는 시기가 앞당겨질 것으로 느낍니다. 이 모두가 주님께서 역사하시는 것으로 믿습니다. 직접 그 역사에 참여치 못하는 것을 부끄럽게 여기며 조그만 정성을 보탭니다. 이 작은 물질로나마 그 반석이 튼튼해져서 신림교회의 비전이 현실로 속히 이루어지기를 빕니다. 할렐루야 아멘.

"God of Covenants" _말씀에 대한 반응

여기에 말씀에 반응하는 청년교회 한 자매(임○○ 자매, 83또래)의 글을 소개한다. 언약의 하나님의 붙들고 몸부림치며 나가는 자매의 모습을 볼 수 있다.

"어떤 사람들은 내일이 없어서 죽고, 어떤 사람들은 내일이 있어서 죽는다."

작년 가을, 어느 날 아침 눈을 떴을 때 이 말이 생각났다. 어디서 들어본 말인지, 아님 그냥 생각난 말인지 모르겠는데 난 그때 내일이 존재한다는 것 때문에 너무 힘들었다. 그때 난 매일같이 제출해야 할 페이퍼와 읽어야 할 엄청난 양의 책들 속에 파묻혀서 매우 힘든 시기를 보내고 있었다. 내일이 오지 않으면 좋을 텐데, 왜 나에게는 내일이라는 게 기다리고 있어서 힘든 걸까.

이번 학기도 예외는 아니었다. 특히 대학 마지막 학기이고, 대학원을 준비하는 과정에서 오는 압박감은 너무 컸다. 나는 완벽주의자와는 거리가 멀지만, 나의 전공에 있어서만큼은 완벽하길 원했다. 이번 학기는 정말 친구 한번 만나지 못하고, 쇼핑 한번 나가지 못할 만큼 바빴고, 학기 중간에 휴학을 해 버리고 싶을 정도였으니 정말 스트레스를 많이 받았던 것 같다. 공부와 미래에 대한 두려움, 그리고 잘해야 한다는 압박감이 날

짓눌렀다.

바쁜 가운데 생활이 흐트러지고 때로는 예배드리기가 힘들 정도로 마음이 어려워지기도 했지만, 그래도 하나님은 큐티 말씀을 통해 나를 붙드셨다. 마침 나는 창세기 말씀을 묵상하고 있었다. 하나님은 아브라함에게 많은 후손을 주겠다고 약속하셨다. 나이가 많이 든 아브라함은 하나님 말씀을 들으며 웃고, 사라 역시 그 말씀을 듣고 비웃는다. 우리에게 익숙한 말씀이지만, 이 기간에 이 말씀이 나에게 특별하게 다가왔다. 아브라함과 사라는 기다리다 못해 하갈을 통해 이스마엘을 낳지만, 하나님은 거듭 아브라함과 사라를 통해 후손을 주시겠다고 약속하신다.

"여호와께 능하지 못한 일이 있겠느냐 기한이 이를 때에 내가 네게로 돌아오리니 사라에게 아들이 있으리라"(창 18:14).

하나님의 말씀은 약속(promise)이 아니라 언약(Covenant)이다.

재작년, 한 영국 교회의 주일학교에 참석할 수 있는 기회가 있었다. 그때 주일학교 선생님이 영국 꼬마들에게 Covenant와 promise의 차이를 설명해 주시던 게 생각난다. 약속은 두 사람이 상호간에 맺는 합의로서 깰 수 있는 것이지만, 언약은 하나님이 우리에게 일방적으로 주시는 것이기 때문에 절대로 깰 수 없는 것이다. 그 때 난 그 설명을 들으면서 "과연 저 꼬마들이 Covenant의 뜻을 이해하는 걸까?"라고만 생각했었는데, 놀랍게도 2년이 지난 후에 하나님은 그때 그 말씀을 기억나게 해 주셨다. 그 기억은 내게 언약의 하나님을 묵상하게 해 주었다. 하나님이 아브라함에게 언약을 주시고 바로 이삭을 주셨다면 참 편했을 텐데, 하나님은 오랜 시간을 기다리게 하셨다. 하긴, 아브라함도 참 답답했을 것 같다. 하지만 중요한 것은 하나님은 그분의 언약을 반드시 지키시는 신실한 분이라는 점이다. 나는 생활 가운데 하나님의 이런 신실함을 놓치고 있었던 것 같다. 하나님은 분명 나를 위한 계획을 가지고 있고 나를 그 길로 이끄시는데, 무엇보다 하나님은 절대 날 놓지 않으시는 분인데, 나는 왜 그렇게 불안해 했을까? 하나님은 이 묵상을 통해 날 회복시키셨다.

대학원에 가서 계속 공부하겠다는 내 결정은 분명 기도하면서 얻은 것이고, 나는 하나님께서 그 길로 날 이끄신다는 것을 확신한다. 나는 내가 가고자 하는 길이 기도를 통해 하나님이 나에게 주신 언약의 길이라는 것을 믿는다. 그런데 내가 그런 하나님의 약속을 붙들지 못하고 스트레스 속에서 살았던 건 결국 모든 걸 내가 하려고 했기 때문이다. 내 불평은 사실 교만함의 다른 얼굴이었던 같다.

내가 달리는 이유? 나는 그 이유가 신실하신 하나님이 내게 주신 언약 때문이라고 생각한다. 내 길을 이끄시는 분이 하나님이라는 것, 누구나 아는 사실이지만 그걸 매일 체험하기는 참 어려운 것 같다. 내가 가기로 한 길은 분명 쉽지 않을 것이고, 어쩜 난 시시때때로 이렇게 힘든 길을 왜 가야 하는지 물으며 좌절할 지도 모른다. 하지만 그것이 하나님이 주시는 길이라는 걸 기억한다면, 나는 기쁘게 달려갈 수 있을 것 같다. 언약의 하나님이 계획하신 내일이기에, 내일이 있다는 것은 하나님이 나에게 주시는 큰 축복이다!"

5. 공동체를 통한 양육

> 철이 철을 날카롭게 하는 것 같이 사람이 그의 친구의 얼굴을
> 빛나게 하느니라(잠 27:17)

주님은 공동체를 통해서 신림청년들을 다듬어 가고 계신다. 다 연약한 지체들이 모였지만, '철이 철을 날카롭게 한다'는 말씀처럼 그렇게 반응하고 있다. 조금이라도 세상적인 습기가 차면 녹이 슬고 그래서 부식되쉽고, 때로는 날카로운 비수가 되어 서로를 아프게도 하지만, 궁극적으로 주님께서 그 위에 기름을 부으셔서 그들을 의의 병기로 사용하신다. 여기에 공동체의 소중함을 깨달은 한 청년(신OO 형제, 70또래)의 고백을 들어보자.

올해도 역시 마음고생이 심한 한 해였다. 엘리팀 가운데서의 어려움과 오랜 친구와 헤어진 아픔, 직장에서의 피곤함 등 여러 가지 영적인 전투에서 상처를 입고 허우적거리며 불안해 하는 모습이었다. 그러면서, 아무에게도 보일 수 없는 최악의 모습과 허물을 누군가에게 보이게 되었다. 전혀 의도한 바는 아니었지만 공동체 안의 지체에게 나의 허물을 보여 줌으로써, 힘들기도 했지만 오히려 상처가 나누어지고 회복되는 것을 느꼈다. 하나님은 또, 진정한 동역자가 없다고 생각하며 교만한 나를 성숙된 지체의 모습을 통해서 낮추기를 원하시고 공동체의 소중함을 깨닫게 하셨다. 결론적으로, 올해의 나의 삶을 정리하면 큰 물고기 속에서 기도학교를 졸업한 요나의 3일처럼, 또는 무덤 속에서 보낸 예수님의 3일처럼 주님의 종이 되기 위한 마지막 시험의 기간이었던 것 같다. 주님도 긴장되셔서 설교시간엔 마치 특집으로 말씀을 주신 듯 했고, 연약한 나는 집에서나 차안에서나 두 손으로 빌면서 무릎 꿇었던 날들이었다. 앞으로 어떠한 모습으로 인도하실지 모르지만, 다만 하나님의 아들 되게 하시고 예수님의 동생(?)되게 하신 은혜와 내가 진정으로 주님의 종이 되길 소망한다는 것과 주님을 사랑한다는 것을 깨달았다. '주님 사랑합니다.'

신림청년교회의 소그룹 공동체 중의 하나는 일반 GBS이며, 또 하나는 또래별 모임이다. 그 또래별 모임을 통해서 양육을 받고 공동체성을 형성해 나간다. 또래별 모임은 신년 기도회를 정점으로, 약 한 달간 또래별 GBS를 실시하고 있으며, 매월 마지막 주일은 일반 GBS를 내려놓고 또래별로 모임을 갖게 한다. 신년기도회에서는 공통적인 기도제목 외에 또래별로 기도모임을 갖게 하고, 또래별로 깊은 교제를 나누게 한다. 무엇보다도 신림교회의 또래 모임에서 가장 큰 특징은 또래 찬양제라고 할 수 있을 것이다. 이 또래 찬양제를 짧게는 한 달, 길게는 세 달 정도 준비하면서 또래의 친밀함을 높이게 되고, 또래의 부흥을 이루게 되는 것을 경험하게 된다. 또한 단순히 찬양과 공연과 보여주는 것에만 그치는 것이 아니라, 이 또래 찬양제를 통해서, 그동안 서먹서먹했던 지체들을 교회 공동체 안으로 들어오게 하고, 심지어 교회의 문화에 낯설어 하는 부모님 세대까지 교회로 초청하여 함께 동참하게 하는 효과도 있다. 또한 각자에게 주어진 달란트와 끼를 마음껏 발산할 수 있는 장을 마련할 뿐만 아니라, 하나님이 주신 창조적인 생각들을 쏟아내는 장이 되고 있다. 이제 또래 찬양제는 청년교회만의 행사가 아니라, 신림교회의 한 문화로 자리매김하고 있다.

감사와 감격의 회복 _또래 찬양제

> 형제가 연합하여 동거함이 어찌 그리 선하고 아름다운고(시 133:1)

신림청년교회 공동체에서 '글샘 마을'(예닮지)을 섬기고 있는 한 형제(조○○ 형제, 79또래)의 글을 싣는다. 여자 친구와 함께, 그리고 교회에 대해서 낯설게만 여겼던 어머니와 함께했던 뜻 깊은 또래 찬양제였음을 고백하는 글이다.

지난 3월 19일 교회에서 또래 찬양제가 있었다. 부산에서 어머니가 올라오셨기에 사촌동생과 여자 친구와 함께 점심을 먹었다. 또래 찬양제에 내가 출연한다는 말을 듣고는 어머니와 여자 친구가 함께 가기로 했다. 여태껏 어머니와 여자 친구에게 교회에 같이 가자고 했을 때 한 번도 응했던 적이 없었기에 본인들의 마음이 움직일 때까지 기다릴 생각이었는데, 갑자기 생각지도 않게 교회에 초청을 하게 된 것이다.

물론 목사님의 직접적인 말씀은 없었지만, 공연 중간 중간에 흘러나오는 메시지들이 어찌나 감사하고 감격적이던지. 공연의 분위기 또한 가볍고 즐거워서, 어머니와 여자 친구도 쉽게 적응해서 함께 즐거워했다. Holy Passion에 갓 올라온 85또래의 깜찍한 모습, 83또래의 열정적인 무대 매너와 74또래의 망가지는 모습, 그리고 81또래의 기발한 아이디어에 감사했다. 나는 하나님의 놀라운 계획과 은혜로 인하여 공연을 하면서도 결코 실수가 두렵지 않았다. 어머니와 여자 친구가 왔기에 실수하는 것이 두려울 수도 있었겠지만, 그 순간 결과는 오직 하나님께 있었다. 하나님 께서 이들을 인도하셨으니 마지막까지 주관하시는 것 또한 하나님께 달려 있음을 믿지 않을 수 없었던 것이다.

공연 전날까지 부담스럽기만 했던 예수님의 역이었지만, 그것마저도 감사했다. 이 역할을 통해 하나님께서 어머니와 여자 친구의 마음을 만져 주신다면… 그러실 것이란 마음이 들었다. 비록 우리 79또래가 높은 성적 을 내지는 못했지만, 그래도 하나님께서는 이번 공연과 그것을 위해 땀 흘린 친구들의 마음을 기쁘게 받으셨음을 믿는다.

주 안에 우린 하나 _또래 찬양제

신림청년교회 출신으로 지금은 사랑의 교회 사역자로 섬기고 있는 김○○ 형제(75또래)의 글을 소개한다. 하나님께서 또래 찬양제를 통해서 어떻게 또 래 공동체를 하나 되게 하시는지, 또 어떻게 다듬어 가시는지에 대해서 밝히 고 있다. 또래 찬양제가 단순한 찬양제가 아니라, 공동체의 소중함과 공동체 의 친밀함에 대해서 많은 것을 깨닫게 함을 알 수 있다.

또래 찬양제를 위해 기도하면서 가장 많이 불렀던 찬양이 '기대' 라는 찬양이다. "주안에 우린 하나 모습은 달라도 예수님 한 분만 바라네, 사랑 과 선행으로 서로 격려해 따스함으로 보듬어 가리" 올 한해 청년교회의 임원으로 섬기면서 느낀 것은 역시 이 공동체가 하나님이 피로 사신 공동 체이며 그러기에 하나님께서 얼마나 이 공동체를 사랑하시는가였다. 하 나님은 항상 한 공동체의 리더를 통해 하나님이 원하시는 모습을 그려주시는가 보다. 전 목사님의 비전대로 올해 이 공동체에서는 정말 하나됨을 위해 기도하는 모습이 여기저기에서 보인다. 그래서 그럴까? 이번 또래 찬양제가 참 많이 기대되었었다.

　얼마 전 금요철야에 참석한 적이 있다. 그날은 조금은 독특한 방식으로 기도회가 진행되었는데, 전준식 목사님 인도로 중보기도를 하게 되었다. 목사님은 장로님을, 장로님은 권사님을, 권사님은 집사님을 중보하는 식으로 기도가 진행되었다. 진행 중 난 뒷자리에서 서로를 중보하시며 진심으로 눈물 흘려주시는 여러 성도들을 보면서 '참 세상에 어떤 공동체가 서로를 위해 이렇게 눈물 흘려 줄 수 있을까?' 하는 생각이 들었다. 또래 찬양제의 목적은 분명하다. 그건 우리의 공동체의 주인이신 하나님을 찬양하고 높이며, 그분으로 인하여 기뻐하는 축제의 장을 마련하는 것이다. 동시에 찬양제를 준비하는 가운데 각 또래의 새로운 지체들이 신림청년 교회 공동체 가운데 하나로 연합하는 것이다. 또래 찬양제가 끝난 지금 오히려 하나님이 만들어 주신 공동체의 하나됨을 힘써 지켜나가야 할 때라고 생각한다. 76또래 안에 있었던 부흥은 몇몇의 헌신된 지체의 섬김에 의하여 일어난 것으로 알고 있다. 주 안에서 알게 된 지체들을 예수 그리스도의 마음으로 섬기며 사랑할 때 이 공동체는 분명 소망이 있는 공동체가 될 것이다.

믿음으로 반응 _신년 기도회

> 사람이 일하면 단순히 사람이 역사하지만, 사람이 기도하면 하나님이 역사하신다. when man works, man works, when man prays, God works.

문제가 생겼을 때 어떻게 처리하고 반응하는지를 보면 그 사람이 어떤 사람인지를 알 수 있다. 문제가 생기기 전에는 그 사람이 어떤 사람인지를 절대로 알 수가 없다. 그렇기에 문제를 통과하기 전에 섣불리 그 사람에 대해서 판단해서도 안 된다. 문제가 생겼을 때, 돈에 올인한 사람(돈에 가치를 두는 사람)은 반드시 돈으로 문제를 해결하려고 한다. 안 되면 사람을 사서라도 말이다. 권력에 올인한 사람은 반드시 그 권력의 힘으로 문제를 해결하려고 한다. 꼼수에 능한 사람은 문제가 생기면 자신의 꼼수로 해결하려고 한다. 눈물이 많은 사람은 문제가 생기면 무조건 울고 본다. 눈물로 모든 것을 해결하려는 것이다.

그러면 믿음의 사람은 어떠해야 할까? 믿음이 부요한 자는 반드시 그 문제를 믿음으로 반응하고, 믿음으로 해결하는 사람이다. 그러면 믿음으로 반응하는 것은 무엇일까? 내 안에 내주하고 계시는 주님을 신뢰하고, 내 문제를 그분께 고백하고, 아뢰는 것이다. 토해내는 것이다. 모르드개와 에스더는 나라와 민족과 개인의 위기 앞에서 다른 그 어떤 수단과 방법으로 문제를 해결하려는 것이 아니라, 하나님 앞에 가서 엎드렸다.

"모르드개가 이 모든 일을 알고 자기의 옷을 찢고 굵은 베옷을 입고 재를 뒤집어쓰고 성중에 나가서 대성 통곡하며"(에 4:1)

에스더와 모르드개는 사람의 위로를 뒤로한 채 하나님 앞에 자신의 모든 심정을 토해 놓았다. 이것이 신앙인의 방법이다. "백성들아 시시로 그를 의지하고 그의 앞에 마음을 토하라 하나님은 우리의 피난처시로다"(시 62:8). "내가 소리 내어 여호와께 부르짖으며 소리 내어 여호와께 간구하는도다 내가 내 원통함을 그의 앞에 토로하며 내 우환을 그의 앞에 진술하는도다"(시 142:1-2). 다윗은 자신의 문제를 전혀 숨기지 않고, 있는 모습 그대로 들고 나가서 하나님께 엎드린다. 하나님은 이런 자를 기뻐하신다. 종교적인 가면과, 허식과, 가식된 모습이 아니라, 있는 모습 그대로 들고 나가서 자신의 심정을 토하는 이런 기도를 기뻐하신다. 하나님은 청산유수로 말하는 달변의 기도보다 하나님 자신을 갈망하는 마음으로 자신의 죄를 인식하고 참회하며, 겸비해진 마음으로 하는 기도에 응답하시기를 기뻐하신다. 영이 없음에도 고상하고 유창한 기도, 반질반질 기름칠한 것 같이 종교적 언어로 포장된 기도에는 하나님의 감동이 없다.

청년교회에 있어서 신년 기도회가 청년사역의 첫 테이프를 끊는 첫 사역으로서 참 중요하다. 믿음으로 반응한다는 것은 주님 앞에 와서 엎드리는 것임을 고백하는 청년들이 신년 기도회에 참석한다. 대개 사시, 행시 1차 시험을 한 달 정도 앞둔 시점이다. 그렇지만 이들이 새해에 하나님 앞에 어떻게 서야 할지를 말씀과 기도와 교제를 통해서 깨닫게 되기에 이들은 바쁜 시간을 쪼개어서 신년 기도회에 참석한다. 그래서 '기도의 지성소'에까지 들어가서 하나님의 임재를 체험하고 하나님의 음성을 듣고 새롭게 출발한다. 세상의 소리와 소문을 듣기 전에 하나님의 음성에 민감하게 반응하고픈 지체들이 신년 기도회를 사모하고 참여한다. 모든 청년들에게 한 해를 어떻게 믿음으로 달려갈지를 새롭게 결단하는 시간이 신년 기도회 시간이고, 그 해에 들려주신 하나님의 말씀을 사모하며 기다리는 시간이 신년 기도회 시간이다. 이에 신년기도회를 맞이하는 한 지체(오○○ 형제)의 글을 싣는다.

요즘 나에게 있어서 먼 미래의 계획이란 별 의미가 없이 다가온다. 내게 미래를 바라볼 능력이 없을 뿐더러 상상으로 그 미래를 생각하고 계획한다고 해서 그렇게 될 가능성도 희박하다는 것을 알고 있기 때문이다. … 하지만 하나님은 우리의 미래보다 현재에 관심이 많으시다고 생각한다. 지금 이 순간에 내가 주님의 음성에 순종하는지에 관심이 많으시다. 그리고 먼 미래에 내가 어떻게 되는 것은 내가 결정하는 일이 아니라고 생각한다. 주님께서 인도하시고 이끄신다. 지금 내게 맡겨진 것은 현재의 삶, 당장 오늘의 삶이다. 주께서 주신 오늘 하루에 충실하고, 끊임없는 선택의 기로에서 주님의 음성에 순종하는 것이 우리에게 맡겨진 일이다. 나의 올해 신년기도회의 기도제목은 이랬다. "하나님, 제가 내일의 삶 가운데, 아니 지금 이 순간에 주님께 순종하게 해 주세요." 12월 31일의 하나님과 1월 1일의 하나님은 동일하셨고 역시 신년기도회에도 동일하신 하나님이셨다. 앞날의 문제들이 두렵고 걱정되기는 하지만 그것은 주님을 신뢰하느냐 하지 않느냐의 문제였다. 나의 삶 전반에 가장 소중하고 가치 있는 일은 하나님과의 만남이라고 생각한다. 내가 사역을 하고, 일을 하고, 전도를 하고 선교를 하는 것도 그분과의 만남에서 비롯되어야 하고, 그분과의 만남으로 해 나가야 한다. 그래서 나의 삶의 소망도 그분이요, 나의 삶의 계획도 그분이다.

6장 청년교회의 둘째 기둥 _선교 Pole

　　1995년 전준식 담임목사가 부임하면서 신림교회는 선교하는 교회로 체질로 바뀌었다. 첫 부임 설교 때부터 선교를 원하시는 하나님의 마음, 주님의 지상명령인 선교에 관한 말씀을 하셨다. 다소 의외(?)의 부임설교를 듣고는 신림청년들을 비롯한 많은 성도들이 충격과 함께 큰 도전을 받았다. 단순히 끼리끼리 모이고 즐기는 교제의 차원을 벗어나서, 선교를 원하시는 하나님 아버지의 강력한 메시지를 통해 변화가 시작된 것이다. 사실 그 전까지는 교제에 중심을 둔 교제 공동체로서 교회가 존재했었는데, 이때부터는 선교하는 공동체로 바뀌었으며, 지금도 진행 중이다.

　　목사님은 선교에 대한 강한 도전을 주시고 있다. 다른 헌금은 믿음의 분량대로 해도 되지만, 선교헌금은 필수라고 강조하고, 이곳에서 양육 받고 선교사적인 삶을 살지 않는다면 교회를 옮기라고(?)까지 협박 아닌 협박을 하기도 한다. 그럴 때마다 청년들의 가슴에 뜨거움이 회복되고, 하나님 앞에 헌신하고자 하는 마음의 결단이 나타난다.

선교는 '한 생명'에게 관심 갖는 것

> 너희 중에 어떤 사람이 양 백 마리가 있는데 그 중의 하나를 잃으면 아흔 아홉 마리를 들에 두고 그 잃은 것을 찾아내기까지 찾아다니지 아니하겠느냐(눅 15:4)

선교는 그 어떤 업적이나 성과가 아닌, 잃어버린 영혼에 대한 아버지의 마음을 품는 것이다. 자칫 업적주의와 성과주의로 빠질 수 있는 선교를 지양하고 한 영혼에 대한 소중함을 깨닫고 잃어버린 영혼에 대한 아버지의 안타까운 마음을 품는 것이 선교이다. 이를 위해 신림교회가 힘쓰고 있다. 이 아버지의 마음을 읽을 수 있는 장면이 구약 사무엘하 18장에 나온다.

18장 24절 이하에 보면, 동일한 사건을 놓고 2명의 전령이 각기 다른 소식을 전하고 있다. 아히마아스는 승리의 소식을, 구스 사람은 승리에 따른 대가, 즉 압살롬의 죽음을 전하고 있다. 그런데 본문에서 중요한 것은 '다윗이 가장 듣고 싶어 하는 소식이 무엇이냐? 하는 것이다. 두 문 사이에 앉은 다윗에게 있어서 듣고 싶은 소식은 무엇일까? 승리의 소식일까? 사역의 열매일까? 굉장히 큰 업적일까? 일의 성공일까? 그런데 놀라운 것은 우리의 상식을 깨고 다윗은 아히마아스의 승리의 소식을 듣고 기뻐한 것이 아니다. 오히려 그 승리의 소식을 들었을 때, 아히마아스를 한 켠으로 물러나게 한다. "왕이 이르되 물러나 곁에 서 있으라 하매 물러나서 서 있더라"(삼하 18:30). 다윗의 최우선적인 관심은 전쟁에서의 승리도, 일의 성공도, 사역의 염려도 아니었다. 그런 것들은 옆으로 물러서게 한다. 다윗에게 있어서 가장 큰 관심은 아들의 생명이며, 그 영혼이었다. 한 생명이 어찌되었는지가 가장 큰 관심사였다.

주님의 마음도 이와 같으리라. '세상에서 얼마나 큰 성공을 했느냐?' 에 관심을 두는 것이 아니라, '한 영혼, 한 생명에 대한 관심' 에 최우선적 가치를 두시는 분이 우리 주님이시다. 본문에서 우리는 다윗이 그 아들 압살롬이 죽게 되었을 때, 잃어버린 바 되었을 때 통곡하는 모습을 보게 된다. "왕의 마음이 심히 아파 문루로 올라가서 우니라. 저가 올라갈 때에 말하기를 내 아들 압살롬아 내 아들 내 아들 압살롬아 내가 너를 대신하여 죽었더면, 압살롬 내 아들아 내 아들아 하였더라" 마찬가지로 한 영혼이 아버지의 마음을 떠나 엉뚱한 길로 갔을 때 가슴을 찢고 통곡하는 아버지의 마음을 읽을 수 있다. 하나님 아버지는 잃어버린 한 생명, 한 영혼에 관심을 두시는 분이시다. 그 영혼이 돌아오기를 두 문 사이에 서서 지금도 간절히 기다리는 분이시다. 우리의 관심도 사역의 성공이나, 일의 업적이 아니라, 하나님께서 그토록 관심 있어 하시는 한 영혼, 한 생명에게 두는 것이 옳지 않을까?

신림교회와 청년들은 한 영혼에 대한 안타까움과 한 생명에 대한 소중한 마음, 즉 아버지의 마음을 그 어떤 것보다 소중하게 생각한다. 그 어떤 사역의 열매보다도 한 영혼, 한 생명에게 관심을 가지는 것을 귀하게 여긴다. 누가복음 15장에 보면 잃어버린 것들에 대해서 찾으시는 하나님에 대한 비유가 나온다. 잃은 양, 잃은 드라크마, 잃은 아들의 비유의 한결같은 초점은 잃은 것을 도로 찾았을 때 느낀 큰 기쁨이다. 다시 말해서, 잃은 것을 찾기 전까지의 기쁨은 온전한 것이 아니다. 잃은 것을 찾기까지 나머지는 중요한 것이 아니다. 이것은 산술적 계산의 문제가 아니다. 하나님 나라에서는 하나, 단 하나만 없어도 전체는 온전하지 못하다. 하나! 단 하나만 없어도 기쁨은 온전하지 못하다. 하나님의 계산법은 세상의 그것과 다르다. 100-1=99(세상) 100-1=0(하나님) / 10-1=9(세상) 10-1=0(하나님) / 2-1=1(세상) 2-1=0(하나님) 이것은 산술적 · 합리적 계산의 문제가 아니다. 이처럼 하나님은 목자처럼, 정혼한 여인처럼, 아버지처럼 단 하나의 영혼을 온 천하보다 더 귀하게 여기시며, 더욱이 잃어버린 양을 찾으면 나머지 집에 있는 양보다 더 기뻐하신다.

　단순히 말로만 영혼에 대해 안타까워하는 것이 아니다. 영적 리더인 담임목사와 장로 중 한 분은 서울역에서 방치되다시피 한 두 남매를 당신의 가정의 식구로 받아들여서 지금까지 위탁모로서 아이들을 돌보고 있다. 담임목사님이 양육하는 아이는 서울역에서 태어난 지 약 5개월밖에 되지 않았고, 그 누이는 1살이 많은 아이였다. 지금은 어느덧 5살, 6살이 되었다. 그때 너무 심하게 방치된 이유로 이 아이들은 지금까지 몸의 장애를 안고 있으며, 계속적인 치료를 받고 있다. 무엇보다도 이들에게 필요한 것이 부모에 대한 사랑이기에 목사님과 장로님은 그들에게 주의 사랑과 함께 부모의 사랑을 공급하고 있는 것이다. 담임목사님과 장로님은 늘그막에(?) 늦둥이를 본 것과 같이 기뻐하며 그 아이들을 양육하고 있다. 여러 가지 힘든 부분이 있지만 하나님이 주신 마음으로 그 영혼을 사랑하고 있다. 또한 이런 일을 통해서 주위에 믿지 않는 사람들에게 많은 영향력을 끼치고 있다.

신림교회 선교 비전 2020 Project
_복음열차를 타고 부산에서 호치민까지

　신림 100년 비전은 97년 처음 우리에게 V국 땅을 밟게 하신 하나님의 사랑으로 계획된 것이다. 부산에서 H도시까지 복음 열차를 타고 북한, C국, V국까지 우리는 쉬지 않고 달릴 예정이다. 이미 이것을 위해 하나님께서는 우리보다 먼저 움직이고 계셨음을 경의선 복구를 통해 우리는 눈으로 보게 되었고, 확신하게 되었다. 이날을 위해 우리는 기도하고 물질로 후원하며 선교사를 파송함으로 헌신할 것이다. 우리와 함께 이 기차에 탈 사람들을 초대하고 기다리고 있다. 이 사역을 위해 수많은 청년들이 헌신하고 있으며, '가든지, 보내든지' 하라는 하나님의 준엄한 명령 앞에 자신의 삶의 영역을 드러서 섬기고 있다.

미전도 종족인 V국의 참족에 자생적 교회가 세워지기까지 힘쓰고 있다. 이미 그곳의 참족 출신 신학생을 신림교회가 후원하고 있으며, 최근에(2006년) 그 참족 신학생이 졸업을 하였고 사역자로서의 준비를 잘 갖추어가고 있다.

지금은 V국 사범대 내에 한국어 학당이 개설되어 전담 사역자가 들어가 훈련 중에 있고, 매년 한글 캠프팀이 그 땅에 들어가서 1주일간 집중적으로 한글을 가르치고 있으며, 많은 청년들과 성도들이 자신들의 휴가 기간을 이용하거나, 개인적으로 휴직을 신청하고 그 땅에서 교사 선교사로 헌신하고 있다. 또한 2007년부터는 또다른 미전도 종족을 입양하기 위해서 기도 중에 있으며, 아울러 통일을 준비하는 교회로서 신림교회가 감당할 북한 선교를 준비하고 있다. 2006년 현재, 순수한 해외 선교 헌금으로 재정의 20% 이상을 사용하고 있다.

신림교회가 나아가는 선교의 대략적인 방향을 대략 살펴보면 아래와 같다.

종족 입양 → 정탐도시 선정 → 정탐팀 파송 → 보고 및 자료 정리 → 선교사 파송 → Gateway City Network 형성 → 정탐팀의 순회 방문 → 현지인 제자 양육 → 단기 제자 양육팀 파송 → 현지인 지도자 교육 → 현지 교회 설립 → 선교 사역 종결

주님 앞에 반응하는 신림(청년)교회
_신림 교회 선교 약사

전준식 담임목사의 부임 이후, 신림교회의 선교 역사를 간략히 살펴보면 1995년 8월 제1기 일본 정탐여행이 있었고, 1996년 이은숙 선교사의 러시아 파송, 1996년 7월 제1기 V국 비전 트립, 1998년 11월 '선교축제', 1998년 11

월 V국 C족(미전도 종족) 입양, 1999년 1월 이수산나 선교사 파송, 1999년 2월 김자현(청년) 단기 선교사 파송, 1999년 5월 제1회 신림선교학교 개최, 1999년 9월 제1회 참족 음악회 개최, 2000년 1월, 박솔잎-김초롱 선교사 파송(C국), 2000년 우즈베키스탄, 일본 가미고리 단기선교, 2001년 중국 신강 위구르지역 단기 정탐, 2002년 7월 중국 단기 선교, 2003년 1월 V국 H시 사범대학 내 한국어학당, 한국학 도서관 건립을 위한 조인식, 2003년 4월 V국 H시 사범대학 한국어학당 개관, 2003년 5월 김승봉 협력선교사 V국 H시 사범대학에 파송, 2003년 10월 김영신 단기선교사 파송(일본), 김경진(청년) 단기 선교사 파송(베트남 하노이 사범대학), 2003년 12월 14일 정희원(청년) 키르키즈 파송, 2004년 2월 V국 문화공연(H시 사범대, 문화대/마이쩌우), 2004년 6월 13일 김정현-황경란 선교사 파송(V국), 2004년 7월 캄보디아-일본-중국 단기선교, 2004년 11월 14일 한은희(청년) 단기선교사 파송, 2005년 2월 13일 황신연(청년) 단기 선교사 파송, 2005년 2월 27일 오준표(청년) 단기 선교사 파송, 2005년 3월 김은주(청년) 단기 선교사 파송, 2005년 7월 북한 금강산 비전트립(통일문화교육원), 2005년 7월 일본-인도네시아 비전트립, 2005년 8월 제1회 베트남 한글 캠프 개최, 2005년 8월 박영호-김누라 선교사 파송, 2005년 8월 신숙정(청년) 단기 선교사 파송, 2005년 10월 제1회 한일 문화 공연, 2006년 1월 박한솔(청년) 단기 선교사 파송, 2006년 2월 최진용(청년) 훈련 선교사 파송, 2006년 2월 홍현혜(청년) 교사 선교사 파송, 2006년 4월 이민경 교사 선교사 파송, 2006년 4월 윤하신-노영주 선교사 파송······.

위의 선교 약사에서 보듯이 많은 청년들이 자신의 직장을 휴직하고, 방학을 이용하여, 또한 자신의 삶의 귀중한 시간들을 들여서 선교 현지로 달려 나가고 있다. 자신의 삶의 소중한 부분들을 떼어내서 하나님께 헌신하고 있는 것이다. 이것은 주님의 마음에 자발적으로 순종할 때 가능하다. 그렇기에 신림교회에서는 수많은 청년들이 단기·장기로 떠나는 파송예배를 심심찮게 볼 수 있다.

심지어 앞으로 결혼을 계획하고 있는 청년들에게는, 공식석상에서 자기가 품고 있는 그 땅, 그 선교지로 신혼여행을 가지 않으면 주례를 하지 않겠노라고 은근히 압박하고 있다. 이에 많은 청년들이 그 말씀 앞에 반응하고 있는 것이다.

1. 선교학교(선맹 탈출)

> 너희는 내게 배우고 받고 듣고 본 바를 행하라 그리하면 평강의 하나님이 너희와 함께 계시리라(빌 4:9)

신림교회, 특히 신림청년교회의 선교를 이야기할 때 반드시 다루어야 할 영역이 '선교학교'와 '선교 축제'이다. 청년교회 뿐 아니라, 전체 신림교회의 1년 행사 중 가장 큰 행사가 전반기의 선교학교와 후반기의 선교축제이다. 이 귀한 사역에 청년들이 주체가 되어 사역을 감당하고 있다. 전반기에 선교학교를 통해서 다시 한번 선교적 마인드를 고취하고, 또한 후반기에는 선교축제를 통해 한 해 동안 신림교회를 통해서 이루셨던 선교의 결과를 점검하고, 감사하며 반성하고, 또다시 재헌신하는 귀한 시간들을 가지게 되는 것이다.

매년 전반기에는 선교학교를 마련하여, 수많은 청년들이 여름에 단기 선교여행을 떠나기 전에 구체적이고 깊은 선교 이론과 현장 학습을 통해 선교에 대한 마인드를 형성하게 되고, 하반기에는 선교 축제를 통해 많은 청년들이 다시 한번 선교로 부르시는 하나님의 음성을 확인하고, 하나님께서 부어주신 마음들을 찬양, 워십, 다양한 모습을 통해 펼쳐 나가고 있다. 이 시간들을 통해 선교의 방향을 재점검하고 결단하는 시간들을 갖고 있다.

선교학교는 자체적으로 선교위원회가 주관이 되어 약 2-4개월 동안 주일 오후예배, 혹은 수요예배 때 체계적인 이론과 실제적인 방안에 대해서 선교적 마인드를 배우게 된다. 반드시 이 선교학교를 수료한 지체들만 그해 여름에 단기선교를 나갈 수 있다. 비단 청년들뿐만 아니라, 모든 성도들이 이 선교학교에 동참하고 있으며, 선교를 원하시는 하나님의 간절한 마음을 선교학교를 통해서 공유하고 있다. 특히 신림교회 각 지체들은 '각자의 삶의 현장에서 선교적 삶을 살지 않는다면 선교 현지에 가서도 못한다'는 인식하에 삶의 현장에서 최선을 다하면서 선교학교에 임하고 있다.

선교학교는 주님께서 주신 위대한 명령과 비전을 행하기 위해 준비하는 과정이다. 사실 이러한 '배움과 훈련'의 과정 없이 선교를 하기란 불가능하다고 할 수 있다. 우리 모두는 이 땅에 보냄을 받은 존재들이다. 우리를 보내신 분은 우리를 보낼 때에 그냥 보내시지 않으셨다. 한 가지 목적을 두셨으니, 베드로전서에 이른 말씀대로 '우리를 어둠에서 불러내어 그의 놀라운 빛 가운데로 인도하신 분의 업적을 우리로 선포하게 하려는 것'이다. 이 일에는 시간과 장소의 구별이 있을 수 없다. 가정에서, 학교에서, 직장에서, 길거리에서, 식당에서, 농촌에서, 도시에서, 국내에서, 해외에서, 어디에서든 할 수 있고, 해야 하는 일이다. 우리가 발을 딛고 서 있는 그곳이 바로 우리의 사역지가 되며, 선교지가 된다. 이 일을 위해서 우리가 준비되어야 하고, 훈련되어져야 한다. 예수님의 제자로서 그분을 전하는 삶을 살기 위해서는 훈련이 필요하다. 바로 이를 위해 선교학교가 있는 것이다. 아래에 제3기 선교학교 일정표를 참고로 실어본다.

신림교회 제3기 선교학교 일정

주	날짜	강의 제목	강사
1	4/7	기독교 선교 역사	한철호 선교사(선교한국)
2	4/14	세계 선교의 흐름과 현황	신갈렙 선교사(ANN 대표)
3	4/21	선교의 성서적 기초	김형익 선교사(GP한국 대표)
4	4/28	청년교회 일일 찻집으로 인해 휴강	
5	5/3	선교현장 이야기	주은파 선교사(중국어문선교회)
6	5/12	선교와 문화 인류학	김동화 선교사(GBT 공동대표)
7	5/19	선교사역과 선교사 자녀	백인숙 교수(MK-NEST)
8	5/26	선교사를 어떻게 도울까	김병선 목사(내수동교회)
9	6/2	선교와 기독교 세계관	최바울 선교사(인터콥 본부장)
10	6/9	창의적 접근지역에서의 전문인 선교 전략	민요섭 본부장(HOPE)
11	6/16	영적 전쟁과 중보기도	이광임 사모(YWAM DTS강사)
12	6/17	주일 오후 예배(4시)	

선교학교에서 제일 큰 관건은 강사의 섭외에 달려 있다고 해도 과언이 아니다. 선교위원회와 선교국 간사들이 신림교회의 방향성에 맞는 강사들을 기도하며 섭외하고 있다. 단지 유명한 강사가 아닌, 신림교회의 선교적 방향성에 맞는 건실한 강사들을 섭외하기 위해 노력하고 있다. 위의 강사들 외에 윤순덕 목사(선교대구대표/ 우리는 선교사/ 4기), 김형익 선교사(GP한국대표/ 선교의 성서적 기초/ 4기), 고형원 전도사(부흥한국 대표/ 문화를 통한 선교/ 6기), 유병국 선교사(한국 WEC대표/ 선교와 지역교회의 역할/ 6기), 양치호 목사(인천성광교회/ 평신도의 선교적 삶/ 6기), 이재환 선교사(come mission 대표/ 역사적 관점에서 본 세계선교/ 8기), 권성찬 선교사(GBT대표/ 선교와 문화/ 8기), 조용관 교수(북한선교연구모임/ 북한의 상황과 이해/ 8기), 이관우 목사(CCC/ 북한 선교의 실례/ 8기) 등 다수의 선교사들을 초청하여 귀한

말씀을 듣는 시간을 가졌다.

그리고 최근에는 선교학교를 마치게 되면, 각자가 품은 영역에 대한 체험 학습의 시간을 가지는데 대사관과 그 나라의 집회에 직접 참여하고, 그 나라 음식을 먹어 보는 등의 체험을 한 후 돌아와서 발표하는 시간을 갖기도 하였다.

왜 선교학교인가? 선맹 탈출!
_선교학교의 존재 이유

신림교회 성도라면 반드시 1회 이상 수료해야 하는 필수과정인 선교학교, 이곳을 졸업하지 않고서는 그해의 비전트립(Vision Trip)을 나갈 수 없는 피할 수 없는 관문이 바로 선교학교이다. 이에 선교국 대표 간사로 섬기다가 지금은 선교사 훈련 중에 있는 박OO 형제(체첸을 품고 선교 준비 중)의 선교학교 안내의 글을 소개한다.

글자를 모르는 것을 문맹이라고 하고, 컴퓨터를 모르는 것을 컴맹이라고 하고, 인터넷을 못하는 사람을 넷맹이라고 한다. 마찬가지로 선교를 모르는 것을 선맹이라고 하고, 그런 사람을 가리켜 선맹인이라고 할 수 있다. 만일 당신이 선맹인이라는 생각이 들면, 선교학교에 등록하기를 바란다. 선교학교는 선맹 탈출을 위한 지름길이다. 선교에 헌신하기 전에는 나도 종종 "한국에서도 할 일이 많은데 굳이 외국에 나가서까지 돈 쓸 필요가 있겠는가? 선교는 충분한 여유가 있을 때에 하는 것이지, 여건도 안 되는데 선교하겠다고 하는 것은 허영심의 표출이다!"라고 비판하곤 했다.

아마 이 글을 읽고 있는 독자들 중에도 이와 같은 생각을 하고 계신 분이 적지 않으리라 생각한다. 그러나 그러한 분들도 난곡에 사는 걸식아동을 돕자고 하면 "신림 9동에서도 할 일이 많은데 굳이 난곡에 가서까지 돈 쓸 필요가 있겠는가? 난곡에 사는 걸식 아동 돕는 것은 충분한 여유가 있을 때에 하는 것이지, 여건도 안 되는데 난곡에까지 가서 걸식 아동을 돕겠다고 하는 것은 허영심의 표출이다."라고 비판하는 사람은 한 명도 없을 것이다. 왜냐하면 난곡은 우리가 마음만 있으면 큰 돈 들이지 않고 쉽게 갈 수 있는 곳이며 보다 현실적으로 피부에 다가오기 때문이다.

그동안 우리에게는 해외여행의 기회가 많지 않았고, 외국에 나가는 것은 큰 사치로 여겨진 것이 사실이다. 따라서 우리도 모르는 사이에 선교도 도매금으로 사치성 사역으로 여겨진 것이다. 아마 해외 여행이 작은 돈으로도 할 수 있는 것이었다면, 나도 그때에 그와 같은 비판은 하지 않았을 것이다. 물론 이 글을 읽고 있는 독자들도 나와 같을 것이다. 아마 난곡이 해외 어딘가에 있어서 한 번 가는 데에도 큰돈이 든다면 누군가 난곡의 걸식아동을 돕지고 하면 많은 사람들이 선교와 동일한 반응을 보였을 것이다.

결국, 우리는 주님의 뜻에 관계없이 많은 돈이 들면 배척하고, 적은 돈으로도 할 수 있으면 환영한다. 서로 사랑하는 주님의 명령은 환영하지만, 가서 제자 삶으라는 주님의 명령은 애써 모른 척 해 버린다. 서로 사랑하라고 하신 이가 가서 제자 삼으라고도 하셨음을 기억해야 한다. 우리는 40일 성경탐구를 통하여 성경의 개관을 배운다. 또한, 우리는 아버지학교를 통하여 아버지 됨을 배우고, 결혼학교를 통하여 올바른 가정관을 배우고, 큐티학교를 통하여 큐티를 배우듯이 선교학교를 통하여 주님의 명령인 선교를 배워야 한다.

2002년 선교학교 졸업시험
_선교학교 점검 및 feedback

선교학교를 졸업한 후에는 피드백과 아울러 배운 것을 되새김질하기 위해 선교학교 졸업시험을 치른다. 아래에 한 예를 소개한다. 선교국에서 전 성도들이 선교학교에 지속적인 관심을 갖게 하고, 무엇보다도 선교에 대한 열정이 식지 않게 하기 위해 다양한 방법을 모색하던 중 나온 것 중의 하나가 '졸업시험' 제도이다. 시험문제는 철저하게 선교학교 강의 내용 중에서 뽑게 된다. 물론 이 시험에 낙제되어 그해 선교지에 나가지 못한 사람은 한 사람도 없었음을 밝혀 둔다.

공통문제

1. 다음 중 한국에서 최초로 순교하신 서구 선교사는 누구입니까? (5점)
   ① 헤론   ② 헤밍웨이   ③ 모차르트   ④ 나이팅게일

2. 다음 중 신림교회가 입양한 미전도 종족은 어느 종족인가? (5점)
   ① 베트남(Viet) 족   ② 가족(Family)
   ③ 오렌지(Orange) 족   ④ 참족(Charm)

3. 다음 중 아브라함을 복의 근원으로 부르신 하나님의 계획은 무엇인가? (5점)
   ① 아브라함이 잘 먹고 잘 살게 하시려고
   ② 모든 민족이 잘 먹고 잘 살게 하시려고
   ③ 모든 민족에게 구원의 복을 주시려고
   ④ 성경을 재미있게 꾸미기 위해서

4. 다음 중 사도적 교회의 뜻은 무엇인가? (10점)
   ① 사도들이 많은 교회   ② 개척교회
   ③ 선교하는 교회   ④ 초대교회

5. 다음 중 키맨(Keyman)의 역할이 아닌 것은? (5점)
   ① 후원자 명단 정비   ② 기도편지 편집 및 발송
   ③ 후원자들과 열린 마음으로 교제하기   ④ 열쇠 복사하기

6. 다음 중 "나는 웨스트민스터의 성묘에 묻히는 것보다 한국 땅에 묻히겠다(I would rather be buried in korea than Westminster abbey)"라는 유언을 남기고 소천하신 선교사는 누구입니까? (5점)
   ① 언더우드   ② 아펜젤러   ③ 헐버트   ④ 알렌

7. 다음 중 신림교회가 미전도 종족을 입양한 날은 언제인가? (5점)

　① 1997년 11월 11일　　　② 1998년 11월 11일

　③ 1999년 11월 11일　　　④ 2000년 11월 11일

8. 다음 중 선교사와 키맨(Keyman)의 역할 비중은 어느 정도인가? (10점)

　① 선교사 : 키맨 = 90 : 10　② 선교사 : 키맨 = 70 : 30

　③ 선교사 : 키맨 = 50 : 50　④ 선교사 : 키맨 = 30 : 70

9. 다음은 비전을 잡고서 그것을 이루기까지의 과정이다. (　)에 적당한 것을 넣으시오.(15점)

　비전 잡기 → 비전 세우기 → (　　　) → 비전을 성취한다.

*이 문제의 답은 '윤순덕 목사님' 강의안을 참고하면 됩니다.

* 만55세 이상을 위한 문제 - 정직하게 있는 그대로 기록해 주세요.

10. 당신은 미전도 종족을 위하여 하루에 얼마나 기도하십니까? (35점)

　(　　　)시간　(　　　) 분

* 만55세 미만을 위한 택일 문제* 11번, 12번 문제 중 한 문제를 택하여 푸시오.

11. 사도행전 14장 8~18절에는 바나바와 바울이 영적 전쟁에서 이기고도 선교(전도)에 실패한 장면이 나온다. 이 사건은 2000년 전에만 있었던 것이 아니라 지금도 선교현장에서는 얼마든지 있을 수 있는 일이다. 왜 영적 전쟁에서 이기고도 선교(전도)에 실패했는지 그 이유를 설명하고 그 대안을 제시하시오. (35점)

☞ 모범 답안: (이유) 피전도자들의 역사와 문화적 배경을 충분히 이해하지 못함

　　　　　　　(대안) 피전도자의 이해의 틀 가운데서 하나님의 형상을 이해할 수 있도록

12. 누가복음 24장 44-48절에는 예수님께서 부활하신 후에 제자들을 모아 놓고 마지막으로 GBS 또는 예루살렘 구역의 구역예배를 인도

하시는 장면이 나온다. 눅 24:44-48을 근거로 하여 신림교회의 청년교회 GBS 또는 신림교회의 구역예배가 지향해야 할 방향성을 제시하시오. (35점)

☞모범 답안 :성경의 중심이 예수님인 것에 대하여 알아야 하고, 결국 우리의 GBS 또는 구역 예배의 적용 또는 결과는 선교로 이어져야 한다.

아래에는 통일을 준비하는 신림교회로서 선교학교를 참여한 후 한 청년(정OO 자매, 82또래)이 선교학교 소감문을 기록한 것을 여기에 소개한다.

북한선교를 위한 Mission Perspectives*

1. 들어가는 말

통일은 어려울지도 모른다. 2000년 통일을 원하는 비율은 74%였지만 2004년 60%로 감소했고, 특히 젊은 세대는 통일의 필요성에 대한 공감도가 낮다. 통일을 하면 군사비용도 절감되고, 세계에 퍼진 한인교민에 대한 집결력이 강화되며, 북한의 풍부한 지하자원이라든지 값싼 노동력도 활용할 수 있고 좋을 텐데도 말이다. 통일은 되어야 한다. 그러기 위해서는 북한선교가 선행되어야 하고, 이를 위한 성경적 접근의 시도가 필요하다.

---

* 제8기 선교학교의 조용관 교수님의 '북한체제의 이해와 북한선교의 전략', 김형원 목사님의 '북한선교의 성경적 접근', 권성찬 선교사님의 '선교와 문화'를 듣고 작성한 글이다.

2. 성경적 관점

(1) 복음이란 무엇인가?

사도바울은 은혜와 평강을 통한 영적인 평화를 선포한다. 복음을 분단 국가인 우리나라에 적용해 보면, 민족 간의 벽을 허무는 것, 즉, 통일을 이루는 것은 화목하게 하고 평화를 만들라는 복음을 실천하는 것과 같다. 우리는 복음을 통하여서 하나님과의 관계를 회복시키고, 실제 삶에서 근심 걱정을 하나님께 맡김으로써 평화를 경험한다. 우리 크리스천은 이 세상에 평화의 대사로써 파송되었다. 이런 복음을 단순히 전하는 것에서 출발해야겠지만, 그뿐만이 아니라 병든 자를 고치는 사역, 배고픈 자를 먹이는 사역도 병행함으로써, 평화를 만드는 일반은총의 영역으로 북한을 초대해야 한다. 그것이 예수님께서 하늘에 오르시면서 우리에게 주신 비전이다.

(2) 성경적 관점에 의한 선교

선교방법의 가장 핵심이다. 구약부터 신약까지 관통하는 선교와 하나님의 영광을 보면, 창세기 3장 15절의 통치(다윗 왕)와 구속(아브라함)의 역사와 마태복음 1장 1절 왕으로서의 예수(사자)와 제물로서의 예수님(어린양) 등으로 나타난다.

1) 구약: 홍수 후로 노아의 아들 셈, 함 야벳을 통해 번성한 사람들이 바벨탑을 쌓고 사탄 루시퍼처럼 자기들의 이름을 내려고 하자, 결국 하나님은 하나님의 사랑을 깨닫지 못하는 자들을 일단 흩어 놓으신다. 독생자 예수 그리스도를 죽이는 일이 하나님께도 얼마나 어려우셨는지 하나님은 25년간이나 아브라함에게 아들을 바치라고 하심으로 그 아비의 심정을 나누게 한다. 그리고 계속해서 이삭과 야곱을 통해 이스라엘이 조성되고 종 되었던 애굽에서 건져내시고 율법을 주시고 선지자를 보내시면서 하나님의 때는 무르익는다. 마침내 베들레헴의 마굿간에서 처녀 마리아의 몸을 빌어 예수는 이 땅에 오신다.

2) 신약: 예수님은 12제자를 가르치시는데, 물론 제자들이 예수님을 온

전히 이해한 것은 아니었고 결국 부활 후에야 깨닫는다. 예수님은 "오직 성령이 너희에게 임하시면 너희가 권능을 받고 예루살렘과 온 유대와 사마리아와 땅 끝까지 이르러 내 증인이 되리라"라는 말씀을 하시고 하늘로 올라가 버리셨다.

3) 말세: 이제 남은 일은 바벨탑 사건 이후로 흩어진 사람들(2만 4,000여 종족 그 중 8,000여 미전도 종족)에게, 하나님의 말씀을 자기들이 이해할 수 있는 언어로 복음을 전하는 일이다. 물론 그 미전도 종족에는 북한도 당연히 포함된다.

3. 북한선교에의 적용

월드컵 4강 신화는 유효기간이 있는 일시적 마술에 불과에 불과했던 것 같다. 월드컵 16강전에 떨어져서 정말 안타까웠는데, 그런 일로 민족 자긍심이 왔다 갔다 하면 정말 큰일이다. 난 한국인으로서의 긍지를 어디에서 느낄까? 내가 미국시민권을 포기하지 않고 계속 미국에서 살 생각이었다면, 난 분명히 풍요롭고 즐겁게 잘 먹고 잘 살 수는 있었을 것이다. 그러나 정말 그뿐일 것이다. 나는 거창하게 "우리나라의 평화를 위해서 한국 국적을 택했다," 라고 말하기엔 쑥스럽다. 그러나 내가 여기 한국에 있을 때 더 쓸모가 많을 것이란 생각을 한다. 즉, 우리나라에는 문제가 많은 만큼 해야 할 일도 많다. 그러기에 발전할 가능성도 많다. 다이내믹한 우리나라에 있으면 재미있다. 한마디로 표현하기에 부족하겠지만, 그런 우리나라의 역동성을 보면서 참, 하나님이 우리나라를 사랑하시는구나, 라고 느낀다. 그때 난 한국인으로서 긍지를 느끼는 것 같다. 감사함으로 말이다.

가장 시급한 일은 한반도 평화의 부재를 모두 깨닫는 것이다. 우리나라 사람들은 안전 불감증에 걸린 것처럼 평화 불감증에 걸린 것 같다. 여로보암 2세 때의 북이스라엘 사람들처럼 말이다. 아무리 아모스나 이사야 같은 선지자들이 남유다를 돕자고 설득하고, 북이스라엘의 멸망 위기에 대해 경고해도 소귀에 경 읽기라고, 그들은 우상숭배하고 매일 향연을 즐기곤 했었다. 우린 정말 이렇게 되어서는 아니 되겠다.

나는 지금 우리나라의 민족 평화를 위해 무엇을 하는가? 난 생래적 법조인인지라, 내 법적 지식을 내 권리 회복 수단으로써만 잘 이용할 줄 안다. 문제는 물질적인 손해를 아주 싫어하는 이기적인 성향이 강하다. 물론 받은 것이 있으면 꼭 그만큼 혹은 그것에 못 미치게 베풀고자 하는데, 문제는 그것이 다음에 올 이익을 위한 또 다른 계산을 위해서 하는 경우가 많다는 것이다. 예수님은 우리를 위해 희생하셨고, 평화를 가져오셨다. 바꿔 말하면, 평화의 사도로 나아가겠다는 결단은 희생을 요구한다는 것이다. 큰일이다. 나는 희생을 두려워하니 말이다. 뭔가, 희생이 궁극적으로는 나에게 더 큰 이익이 된다는 근거가 필요한 것 같다.

2. 선교축제(선교음악회)

주의 도를 땅 위에, 주의 구원을 모든 나라에게 알리소서 하나님이여 민족들이 주를 찬송하게 하시며 모든 민족들이 주를 찬송하게 하소서 온 백성은 기쁘고 즐겁게 노래할지니(시 67편)

선교축제는 청년들을 중심으로 하는 선교 음악회를 통해 한 해의 선교 사역과 열매들을 점검하고 다음의 선교 방향성에 대해 알아보고 재헌신하는 시간들이다. 이 선교축제를 통해서 특히 선교 음악회를 통해서 청년들은 다시 한번 선교의 의미를 되새기며, 세우신 강사를 통해서 선교의 방향성을 재정립하고, 주일 결단의 시간을 통해서 다시 한번 선교에 헌신할 것을 다짐하게 된다.

여기에 제9회 선교 축제의 내용들을 살펴보면 아래와 같다.

제9회 선교축제 – "여호와를 기뻐하라"

제1부 : 감사(10월 7일)

　　　강사- 홍성건 목사

제2부 : 축제와 회복(10월 8일) – 선교 음악회(신림청년교회 주관)

　　　제1막- 아리랑

　　　　동영상 / 아리랑 / 찬송261장

　　　제2막- 역대하 7:14

　　　　동영상 / 메마른 뼈들에 생기를 / 그날 / 나의 백성이

　　　제3막- 프뉴마

　　　　주님의 긍휼 / 프뉴마 / 부흥 있으리라 / 모의통일 / One Way

　　　제4막- 에스겔 37:22

　　　　동영상(통일을 준비하시는 하나님의 열심) / 하나 되게 하소서 / 우리의소원은 통일 / 모든 열방 주 볼 때까지

　　선교음악회의 시초는 지난 1999년 음악을 전공하는 몇몇 지체들이 하나님으로부터 받은 달란트를 어떻게 사용할까 하는 고민에서 '참족 음악회'라는 명칭으로 시작되었다. 1998년 11월 11일 신림교회가 V국의 미전도 종족 중의 하나인 참족을 입양하였다. (AAP를 통해) 참족을 입양한다는 것은 참족 내 자립교회가 생길 때까지 어린아이를 입양하는 것처럼 한 종족을 품고 모든 지원을 아끼지 않으며 중보하는 것이다. 그래서 1999년 몇몇 자매들이 씨앗을 뿌려 참족 교회설립을 위한 기금마련 음악회를 처음으로 열었다. 첫 참족 음악회를 참여했던 최OO 자매(77또래)는 음악회를 이렇게 소개한다.

　　지난 토요일 관악산 골짜기 아래 지상보다 약간 오목하게 파인 분지,

선분의 중앙처럼 녹두거리 꼭 가운데 오밀조밀 들어앉은 모 교회에서 언뜻 보기엔 동네잔치 같은, 그러나 그 뜻은 심히 창대한 사건이 벌어졌다. 바로 우리가 뜨겁게 품었던 참족 내에 참으로 생명력 있는 교회를 뿌리 깊게 심기 위한 기금마련 음악회였다. 이벤트를 각별히 좋아하시는 하나님께서 마련하신 그 행사는 매우 성공적으로 치러졌고 사람들은 잘했다가 아닌 참족을 사랑하자는 말로 서로의 피곤을 보듬어 주었다. … 내가 말하고 싶은 것은 과정들이기 때문에 음악회 당일의 감동에 대해서는 보다 객관적인 필자에게 미루겠다.

뒤풀이 자리에서는 많은 이야기들이 오갔다. 참족에 대한 긍휼을 품게 된 형제(티켓을 판매할 때 무슨 내용인지도 몰랐단다. 정말 장족의 발전이다), 찬양해야만 하는 이유를 깨달은 자매, 영혼이 맑아졌음을 나타내는 투명한 눈빛들… 참족을 사랑하기에 앞서 우리 안에 사랑이 거해야 함을 깨달았고, 우린 정말 서로를 사랑하게 되었다. 오예!(오직 예수) 성가단(청년 성가단)은 이제 그 시작의 중반부를 맞이하게 되었고 내년에 또 참족을 품기 위해 노래할 것이다. 참족 입양 예배 때 찬양하는 우리의 모습을 그리며 … 그날 저녁 우리의 합창은 우리의 목소리로 부른 게 아니었다. 그 순간 주님의 성령이 우리 머리 위에 임했음을 믿는다. 그리고 아름다운 선율이 천장을 뚫고 나가 바다를 건너 베트남 상공, 참족이 살아가고 있는 그 마을 위에도 거룩한 예루살렘 성의 호산나 찬양 소리가 울려 퍼졌음을 확신한다.

2000년에는 오직 예수 성가대가 '전신갑주를 취하라' 는 주제로 뮤지컬을 무대에 올렸고, 2001년에는 '빛을 비춰라' 라는 주제로 음악회를 가졌고 지금까지 이어지고 있다. 2005년부터는 '통일을 준비하는 교회' 로서 북한에 대한 마음을 주셔서, 북한과 통일에 관련된 선교음악회를 준비하고 진행해왔다.

부흥 있으리라 이 땅에
_신림교회 선교 음악회 스케치

교회 등록한지 얼마 되지 않은 한 형제가 낯선(?) 선교 음악회에 참여하여 받은 은혜와 소감을 이렇게 표현하였다. 이 형제도 선교 음악회를 통해서 하나님의 관심과 일하심에 대해서, 또한 북한을 사랑하시는 하나님의 열정에 대해서 배우게 된다. 81또래 김OO 형제의 글이다.

아차, 조금 늦었다. 기다리고 기대하던 선교음악회인데, 본당으로 뛰어 올라갔을 땐 연합성가대가 찬양을 하고 있었다. 어두운 본당 안으로 사람들을 헤치고 조심조심 들어가 앉았다. 고요한 가운데 울려 퍼지는 찬양이 음악회에 금세 집중할 수 있게 해 주었다. 이어지는 영상은 제법 무거운 내용이었다. 영욕이 교차되는 한국 근대사의 모습을 영상으로 꾸민 것이었다. 경제적 발전 뒤에 가려진 우리나라의 어두운 모습들과 죄악들, 부정부패, 가난한 자들을 외면한 것들, 다툼과 거짓, 이 모든 죄악들이 하나 하나 드러날 때 침통한 심정밖에는 없었다. 그리고 영상을 통해 전달되는 한마디, 지금 주님이 우리에게 원하시는 것은 무엇입니까? 그것은 역대하 7장 14절 말씀처럼 "스스로 겸비하고 기도하여 내 얼굴을 구하면 내가 하늘에서 듣고 그 죄를 사하고 그 땅을 고칠지라"라는 말씀을 붙들고 그렇게 우리의 죄를 자복하고 애통하는 것뿐이었다. 이어지는 역대하 7장 14절에 곡을 붙인 회중 찬양 속에서 찬양하는 사람들 모두다 "아버지여 고쳐주소서. 이 나라 주의 것 되게 하소서."라고 힘차게 외쳤다. … 통일을 주제로 한 다음 막이 시작되었다. 영상을 통해 남북관계가 더디지만 한 단계 한 단계 통일을 향해 전진해 왔음을 실감할 수 있었고, 이 과정들에 분명히 개입하시는 하나님의 섭리를 느낄 수 있었다. 연합성가대가 다시 나와 "우리의 소원은 통일"을 함께 불렀다. 어린 시절 학교에서 부를 때는 별 감흥 없었던 이 노래가 하나님이 주시는 소망이 될 때 얼마나 감격적일 수 있는지 스스로도 놀라고 있었다. 마지막으로 모든 회중은 함께

"모든 열방 주 볼 때까지"라는 찬양을 함께 부르며, 모든 열방이 주를 보는 그날까지 전진할 것을 다짐하며 선교음악회를 마쳤다. 음악가 끝나고도 흥분이 가시지 않은 사람들은 남아서 깃발패의 One Way의 워쉽을 함께하며 선교음악회의 성공적인 공연을 축하했다.

신림교회에 주신 "부산에서 호치민까지"라는 비전, 그리고 그 길 가운데 가장 중요한 길목이자 우리 민족의 영원한 숙제인 북한에 대해서 구체적으로 그들을 품는 마음을 새길 수 있는 기회였던 것 같다. 우리의 소원이 통일이라는 노래는 선교적인 시각에서 바라볼 때 그 진정한 의미, 북한에 대한 하나님의 마음을 알 수 있겠다고 생각하며 집으로 발걸음을 돌렸다.

선교음악회는 천국잔치

코이카(KOICA)를 통해 중국 고비사막에서 사역을 감당하다 들어온 한 청년 지체(최〇〇 형제, 71또래)의 글을 통해 선교축제에 함께하는 것의 의미가 어떤 것인지 살펴보자. 이 형제는 지금 현재(2007년) 한국에 들어와서 다시 중국의 장기 선교사로 나가기 위해 준비하고 있다.

… 중국에서 돌아온지 벌써 두 달 가까이 됐는데 아직도 선교현장과 신림교회와의 코드를 맞추는 데 어려움을 느끼고 있다. 내가 있던 신강을 먼저 생각하게 되고, 이곳에서의 사역보다 현장에서의 선교사님들과 자녀들, 현지인들을 위해 기도할 수밖에 없는 것 같다. 그래서인지 선교축제에 대해 들었을 때 스스로의 몫은 아주 소극적으로 정의하고 있는 나를 발견하게 된다. 선교에 발을 담근 나의 모습이 이러한데 공부하고, 결혼하고, 일하고 이 땅에서 할 일이 너무도 많다. 게다가 성경에 너무나 박식한 우리들이 잠깐 이 자리에 참석하는 게 과연 무슨 의미가 있을까 묻지 않을 수 없다.

누가복음에 천국잔치의 비유가 있다(눅 14:16-24). 천국잔치는 무엇이고, 그들은 왜 일치하게 사양하는가? 천국잔치는 은혜의 시간이다. 함께 모여 주님을 찬양하고, 감사하고, 기뻐하는 시간일 것이다. 초청을 거절한 사람들은 그러한 잔치에 참여할 여유가 없는 사람들일 것이다. 혹은 왕이 그의 권위로 우리에게 나의 일이 아닌 당신의 책임을 맡기실지 두려워서 일지도 모르겠다. 우리는 주님의 은혜로 새 생명을 얻었다. 주님은 우리와 교제하고, 함께하길 원하신다.

"추수할 것은 많되 일꾼이 적으니 그러므로 추수하는 주인에게 청하여 추수할 일꾼들을 보내어 주소서 하라"(눅 10:2). 중국에서 이 말씀을 절실히 체험했다. 너무나 많은 영혼들이 하나님의 자녀들을 기다리고 있다. 왜 힘들고, 묶인 삶을 살아야 하는지도 모르는 그들은 이전의 우리의 모습일 것이다. 이제 받은 은혜를 나누길 원하신다. 그 은혜를 나누는 길을 찾아야 한다. 그리고 주님이 일하시는 현장을 확인하는 특권을 누려보자.

"너희 보물 있는 곳에는 너희 마음도 있으리라"(눅 12:34). 보물은 현금일 수도 있고, 자신의 소욕, 성취, 행복일 수도 있을 것이다. 혹시 우리는 부자 청년처럼 고민하고 있는 것은 아닐까? 주님 앞에서는 항상 부족하다고 하지만 막상 다 버리고 주님을 따르기에는 너무 많은 것을 가지고 있지는 않은가. 이 작은 시간을 드림으로 우리 삶 속에서 현실과 진리의 간격을 좁히는 시간이 되길 기대한다.

3. 열 · 중 · 모(열방을 향한 중보 모임)

내게 구하라 내가 이방 나라를 유업으로 주리니 네 소유가 땅 끝까지 이르리로다 Ask of me, and I will make the nations your inheritance, the ends of the earth your possession(시 2:8).

180

모든 민족이 하나님 앞에 예배하는 그날을 소망하며 매월 셋째 주 금요일 저녁 9시부터 11시까지 열방을 품고, 선교사님과 가정과 사역을 위해서 집중적으로 중보기도하는 모임이다. 처음 태동은 목요 선교 중보기도 모임으로 한 달에 한번 목요일에 있었는데, 금요일로 시간을 옮겨 '열방을 향한 중보기도' 모임으로(줄여서 열중모) 명칭이 변경되었다. 이때는 다른 기도 제목을 잠시 내려놓고 파송선교사와 후원 선교사, 장·단기 선교사, 협력 선교사, 국내 선교사들을 위해 기도하는 시간이다. 선교위원회에서 각 장·단기 선교사와 협력 선교사 기도 제목을 취합하여 미리 준비하여 기도할 수 있게 하고 있다.

강사로 국내에 들어오신 안식년 중인 선교사님이나, 신림교회 파송 선교사, 혹은 선교하는 교회의 목사님을 모시고 귀한 말씀을 듣고 도전받는 시간을 가지고 있다. 아울러 각 단기 정탐팀의 선교 보고를 받는 시간을 갖기도 한다.

이 시간을 통해서 하나님 아버지의 마음을 다시 한번 공유하고, 모든 신림교회 지체들이 다시 한번 나라와 민족과 열방을 향해 빚진 자의 마음으로 중보하고 있다. 아래에 전준식 목사의 글을 참고하면 좋겠다.

빚진 자의 마음을 아시나요? 여러분! 빚져 보셨습니까? 빚진 자의 마음이 어떤 것일까요? 어떤 사람은 자다가 발자국 소리만 들려도 가슴이 뛴다고 합니다. 그런데 어떤 사람은 빚을 지고도 갚을 생각을 하지 않고 자기 배만 불리는 사람도 있다는 소리를 듣습니다. 우리는 예수님을 믿는 사람들입니다. 이러한 축복은 누군가가 우리에게 복음을 전해 주었기 때문이라는 것은 어느 누구도 부정할 수 없는 점일 것입니다. 복음이 하늘에서 떨어진 것도 아니요 땅에서 솟은 것도 아닙니다. 그렇다고 우리가 유대인으로 말씀을 유산으로 받은 사람들도 아닙니다. 복음의 전달자 때문에 우리가 구원받은 것입니다. 빚을 진 것입니다. 그런데 우리가 잠깐 생각해 보아야 할 것이 있습니다. 빚을 지고도 자기 배만 불리우면 그 사람은 도덕적으로 시달릴 것입니다. 때문에 우리는 비만해지지 않으려고 땀을 흘려서라도 필요 이상의 것들을 배출시키고 있습니다.

교회란 어떤 곳입니까? 우리가 교회의 사도성을 부인하지 않는다면 교회는 선교적이어야 한다는 것입니다. 하늘에서 내려 주신 신령한 축복을 받은 교회가 세상으로 그 힘을 배출하지 않으면 몸이 비대해져서 제 기능을 발휘하지 못할 것입니다. 마치 자기 몸을 지탱하지 못한 공룡이 이 지구상에서 사라졌듯이 하나님께서 계속해서 부으시는 하늘의 신령한 은혜를 받고(input)도 전하지(output) 않는다면 우리는 그 은혜를 주체하지 못하고 쓰러질 것입니다.

그런데 참으로 하나님께 감사한 일은 30여 년 된 신림교회가 세계를 바라보기 시작했고 미전도 종족을 입양하게 되었다는 것입니다. 그러나 이 아름다운 일은 갑작스럽게 이루어지지 않았다는 것을 말씀드리고 싶습니다. 선교의 출발은 일대 담임목사를 지내신 전계백 목사님의 비전과 기도에서부터였습니다. 그 어르신께서는 신림교회가 세계 선교센터가 되게 해 달라고 기도하셨다는 소리를 권사님들을 통해서 듣습니다. 그 당시 교인들은 그게 무슨 말인지도 모르지만 순종함으로 기도했다는 것입니다. 하나님은 우리의 기도를 절대로 흘리지 않으시는 분임을 찬양 드립니다.

이제 하나님께서 신림교회에 구체적인 선교의 현장을 허락하셨습니다. 이제부터 이 선교의 현장에 거룩의 발자국들을 남길 것입니다. 그리고 기쁨의 소식을 전할 것입니다. 먼저 베트남을 거룩의 이름으로 덮을 것입니다. 나아가서 중국을 예수 그리스도의 이름으로 덮을 것입니다. 또한 이 힘이 북한을 덮을 것입니다. 빚진 자는 빚을 갚아야 다리를 뻗고 잠을 잘 수가 있습니다. 하나님께서 사랑하시는 자에게 주시는 잠을 자는 거룩의 성도가 되기를 바랍니다. '어서 와서 우리를 도우라' 외치는 영혼의 소리를 들어보십시오.

바로 열중모를 통해서, 베트남과 중국과 캄보디아와 나라와 열방을 예수 그리스도의 보혈로 덮는 것이다. 중보기도의 능력으로 그들을 덮는 것이다. 중보기도로 그들을 안전하게 보호하는 것이다. 그들의 생명을 보존시켜 달라고 간구하는 것이다.

4. 사역 마을 · 선교 마을

> 우리가 알거니와 하나님을 사랑하는 자 곧 그의 뜻대로 부르심을 입은 자들에게는 모든 것이 합력하여 선을 이루느니라 (롬 8:28)

신림교회는 사역마을과 비전 마을로 이루어지는데, 사역마을은 주로 예배를 돕는 마을이며, 비전마을은 하나님께서 주신 비전대로 모인 공동체이다. 특히 선교쪽은 비전 마을과 밀접한 관련이 있다. 하나님께서 주신 비전대로, 또한 하나님께서 보여주신 부르심에 따라, 베트남 마을, 중국 마을, 북한 마을, 이슬람 마을, 일본 마을 등으로 나뉘어 각기 부르심에 순종하여 마을을 섬기고 있다. 이들은 정기적으로 모임을 갖고, 그 종족의 언어를 배우며, 무엇보다도 그 땅을 향한 하나님이 주신 마음을 서로 공유하고, 기도함으로 나아가고 있다. 이들 마을들은 하나님이 주신 부르심에 따라 열방을 향한 빛으로, 소금으로 사역을 감당하고 있다.

여기에 베트남 마을장으로 섬겼던 한 형제(김○○ 형제, 72또래)의 이야기를 들어 보자.

신림교회에 발을 들여놓은지도 벌써 만 3년이 되었고, 이제 4년째를 맞게 된다. 98년 겨울에 마치 신입생 환영회에 들어오는 신입생처럼 신림교회를 찾았다. 아무튼 무작정 상경해서 공부하는 것은 너무 힘들고 외로운 일이었다. 재정적으로 힘들어서 신림동 산 아래에 있는 고시원에서 공부를 했었다. 신림동은 아이러니하게도 산 위로 올라갈수록 고시원비가 비싸다. 이때는 오직 하나님만 의지하고 바라보는 시간이었다. 왜냐하면 의지할 데가 하나님밖에 없었기 때문이다 지금 돌아보면 마치 출애굽 시절에 이스라엘 백성을 먹이시는 하나님의 은혜가 내게도 임했다는 생각이 든다.

… 하나님께서 나의 모든 것을 원하시고 예수 그리스도를 날 위해 보내시고 십자가에 못 박으실 만큼 날 사랑하신다는 것이 그제서야 내 마음에 와 닿았다. 나는 내가 사랑하고 나를 너무나 사랑하시는 하나님을 위해서 뭔가를 하고 싶다는 생각이 들었다. 그래서 베트남 마을을 섬기게 되었다. 베트남을 품은 것은, 베트남을 품은 교회를 다니면서, 선교에 대해서 아무것도 모르는 사람이 선택하게 되는 자연스러운 일이었다. 선교에 대해서 전혀 문외한이었던 내가 이 일을 감당하게 된 것이다. 하지만 내가 어디서 무슨 일을 하든지 간에 예수 그리스도의 복음을 가지고 어떤 작은 일이든지 복음을 전하는 데 도움이 될 수만 있다면, 그 작은 일 때문에 나를 기뻐하시고 자랑스럽게 여기실 하나님을 생각하면 나는 너무나 기쁘다.

하나님은 이런 순 어린아이 같은 신앙을 가진 나를 베트남 마을장으로 세우시고, 인도차이나 땅의 대표로 일 년을 섬기게 하셨다. 이 기간 동안 하나님께서 내게 주신 것은 베트남에 대한 사랑이었다. 나는 이전에는 전혀 관심도 없었고, 알고 싶어 하지도 않았던 베트남에 대해서 기도하고 연구하면서 내가 점점 그 땅을 사랑하게 되어가고 있다는 놀라운 사실을 알게 되었다.

우리의 거룩함과 신실함과 빛 됨과 정직함이 드러나야 할 장소는 교회가 아니라 세상이다. 주님께서 분명히 말씀하셨다. '너희는 세상의 소금이다',

'너희는 세상의 빛이다'. 이 세상에서의 빛 됨이며, 소금이다. 그런데 우리는 교회 안에서 소금 덩어리로 뭉쳐 있지는 않는가? 각기 흩어져서, 이 땅에 순결한 모습으로 서기를 원하시고, 나의 소금이 녹아져서 부패함을 방지하는 역할을 하라고 하셨는데, 우리는 여전히 우리끼리 뭉쳐 있지는 않는가? 이단의 특징은 자신들끼리 잘 뭉치는 것이다. 다른 사람들은 인정하지 않는다. 오직 자기 공동체에 들어온 사람들만 인정해 준다. 이것은 성경에 정면으로 위배되는 것이다. 우리는 이 세상에 흩어진 소금 알갱이들이다. 교회 안에서 소금 뿌리고(상처 주고) 다니지 마시라.

또한 아울러 우리는 세상의 빛이다. 세상에서 주님의 빛 된 삶을 살아야 하는 제자들이다. 그런데 정작 우리는 이 세상에서는 꼬리를 내리고, 교회 안에서만 빛을 드러내는 삶을 살고 있지는 않는가? 우리끼리 서로에게 빛을 비추어 너무나 눈부신(?) 그런 삶을 살고 있지는 않는가? 주님은 우리들에게 너희는 '이 세상의 빛'이라고 말씀하셨다. 그것도 자신을 태워(죽여서-헌신) 생명을 살리는 빛이다.

신림교회 청년부는 은사별로, 각자의 비전에 따라 사역마을과 비전마을로 이루어져 있다. 각 사역마을은 《예닮지》를 비롯한 청년부의 문서를 감당하는 글샘 마을과 청년교회와 전체 교회의 환경과 데코레이션 작업에 헌신하고 있는 그림 마을과 예배 때 방송과 음향 시스템을 감당하는 멀티 마을이 있다. 아울러 예배를 섬기는 오직 예수(오직 믿음) 성가단과 샘 찬양단이 조직되어 운영하고 있다. 특별히 예배를 섬기는 성가단과 찬양단은 신입 단원을 뽑을 때, 적게는 4주에서 많게는 8주간에 걸쳐서 영성, 예배, 교회, 섬김과 헌신, 큐티에 대해서 교육을 받은 후 일정 기간의 인턴 과정을 거쳐서 예배팀으로 섬기게 하고 있다. 따라서 친밀함과 헌신도가 매우 뛰어나다. 또한 이들은 단순히 사역에만 머무는 것이 아니라, 예배를 준비하고 난 이후, 자신들의 삶을 나누고, 말씀을 나누는 과정을 귀하게 여기며 여기에 헌신하고 있다. 이들의 시간과 물질과 정성의 헌신으로 인해 예배가 더욱더 풍성해 져가고 있다.

여기에 글샘 마을 지체로서 하나님께 반응하는 조OO 자매(79또래, 글샘마을 주민)의 이야기를 소개하고 싶다.

'주님 제가 1할도(1%) 죽지 못했습니다.' – 내가 처음 글샘원이 됐을 때 나는 꿈에 부풀어 있었다. 이 멋진 《예닮지》가 내 손으로 만들어지겠구나! 그런데 그 글을 들고 간 첫날부터 나는 실망하고 괴로웠다. 사실 편집 일은 한 사람이 얼른 해버리면 한 시간도 안 걸려서 끝낼 수 있는 것인데, 이상하게도 새벽 한 시를 넘겨 끝날 때가 대부분이었다. 고시 공부를 하는 나로서는 시간이 아깝다는 생각이 들었다. … 결국 글샘 마을 모임에 자주 빠지게 되고, 시험을 한 달 앞두고 금요일 시간을 비우지 않기로 마음먹은 후 어느 날, 《예닮지》를 보니 내가 '휴가간 주님'이 되어버렸다.

그때도 많이 고민하고 망설였지만 시간이 아깝다는 생각 때문에 결국 나의 유익을 구하는 결정을 한 것이었다. 내가 하는 일을 주님이 보시고 기뻐하시리란 생각을 하지 못했다. 차라리 고시땅에 갈 걸 잘못했다는 후회도 밀려 왔다. 그런데 생각이 여기까지 이르게 되자 GBS나 주일 2시 예배도 제대로 못 지키게 되는 날이 많아졌다. 시험을 치고 나서도 마찬가지였다. 그럴듯한 핑계를 댔지만 결국 난 주님께 드리는 시간이 아까웠던 것이다.

지난 주에 나는 하나님이 오늘 답을 주시지 않으면 내 맘대로 해버리겠다는 무서운(!) 생각을 하고서 예배에 참석했다. 주일 설교 말씀이 내가 죽어야 부활을 알고 부활을 알아야 십자가도 알 수 있다는 것이었다. 덜 죽은 사람이 분란을 일으키고 교회를 떠나간다고 하시는 말씀을 들었을 때 비로소 아둔한 머리가 깨쳐졌다. 나는 1할(1%)도 죽지 못했던 것이다. 그래서 그 시간 하나님 앞에 제가 온전히 죽을 수 있도록 기도를 드렸다. 다음 달부터는 좀 시간이 걸리더라도 편집일을 나눠서 하기로 결정을 했다. 아마도 내가 할 일이 많아질 것 같다. 주님이 보고 계심을 항상 느끼고 싶다. 그래서 내가 느끼는 기쁨이 《예닮지》에 묻어나길 원한다.

또한 비전별로 중국 마을, 북한 마을, 일본 마을, 이슬람 마을 등으로 공동체를 형성하여 자신의 비전에 맞게 준비하며 사역을 감당하고 있다. 특히 중국-북한 마을은 탈북자들의 모임인 새터민 학교를 정기적으로 섬기고 있으며, 올해부터는 교회의 지원으로 전담 전도사님(새터민 출신)을 모시게 되어, 통일을 준비하는 교회로서의 준비를 해 나가고 있다. 이슬람 마을은 매주 김포에 있는 외국인근로자들이 출석하는 교회를 예배와 여러 가지 섬김으로 헌신하고 있으며, 안산 한 부모 가정의 아이들을 매월 정기적으로 섬겨주는 일에 청년들이 헌신하고 있다. 특별히 일본 마을은 일본의 가미고리현 교회와 오랜 시간 동안 관계를 형성하여, 꾸준하게 협력하고 있는 중이다. 최근에는 신림교회 담임목사님이 일본 가리고리 교회의 정식 초청으로 방문하였고, 또한 가미고리 교회의 담임목사님이 한국으로 초청되어 말씀을 듣는 시간을 가지기도 했다. 두 교회의 친밀한 관계를 형성하는 데에 청년 일본 마을의 지체들이 헌신적인 섬김이 있었다.

또한 청년 비전마을 지체들이 '비전 헌금'을 작정하여, 매달 조금씩 모아진 비전 헌금으로 여름과 겨울 단기 비전 트립을 나갈 때 도와주고 있다.

2005년부터는 신림교회에 북한과 통일에 대한 마음을 주셔서, 북한 마을 지체들과 중국마을 지체들을 중심으로 매년 금강산 비전 트립을 비롯 새터민에서 나온 빵과 차와 냉면을 팔아주는 행사도 갖고 있다. 특히 2007년부터는 장로신학대학교에 재학 중인 새터민 출신 신학생을 신림교회가 지원하여, 전적으로 새터민 사역에 헌신하도록 하고 있다.

하나님이 보여 주신 땅 금강산
_2006년 금강산 vision trip 후기

> 그는 육체에 계실 때에 자기를 죽음에서 능히 구원하실 이에게
> 심한 통곡과 눈물로 간구와 소원을 올렸고 그의 경외하심을 인
> 하여 들으심을 얻었느니라 그가 아들이시라도 받으신 고난으
> 로 순종함을 배워서 온전하게 되었은즉 자기를 순종하는 모든
> 자에게 영원한 구원의 근원이 되시고 하나님께 멜기세덱의 반
> 차를 좇은 대제사장이라 칭하심을 받았느니라(히 5:7-10)

내 마음의 안개는 씻기고 오늘 날씨처럼 쾌청하다. 해 뜨는 아침, 참 오
랜만이다. 공기 맑고 물 좋고 산 좋고, 통일 후에는 여기 청산에 살리라.
너무나 깨끗하게 잘 보존된 산을 보며 우리도 이렇게 해야 하는데, 엄한
벌금형이 있어야지, 원. 하나님께 앞에 바로 선 뒤에 나아가는 것이 기본
전제. 어제 QT는 광고로, 오늘은 찬양으로 시작한다. 한 사람씩 돌아가며
2번 읽었다면 오늘은 다 같이 한번 말씀 읽고, 해설 후 묵상 대신 묵상 후
해설로 바꾸고, 어제는 나눔을 다, 오늘은 기도를 다 돌아가며 한다. 식사
후 만물상 그룹과 해금 그룹으로 나눴다. 해금강에 가신 어르신들, 안내
원이 봉래 양산의 "태산이 높다 하되"의 시조를 읊고 "다시 만나요" 노래
도 부르고 또 원옥 언니가 화답하는 등 좋았다고 한다.

만물상은 만상정–삼선암–칠층암–절부암–안심대–하늘문을 지나 제1
정상인 천선대와 제2정상인 망양대(봉우리 2개)로 이루어진다. 천선대까
지는 어제보다 난코스인데 오히려 등산하는 맛이 나고 좋다. 안개, 구름,
담소, 폭포 등 물을 많이 보았던 어제와는 달리 오늘은 바위를 정말 많이
본다. 엄청난 층암절벽과 기암 괴석들! 나는 자연인이다! 정상에 오를 때
마다 안내원들은 적극적으로 우리에게 미사일에 대해서 묻는다. 둘째 날
몇 튀는 지체들 때문인지, 셋째 날 안내원들은 이미 신림교회를 알고 있

었고 요주의 인물로 대한다. 전략적 북한 선교에 플러스일지 마이너스일지 모르겠다. 놀랍게도 김일성의 어머니 강반석은 권사였다. 김일성은 기독교적 요소를 그대로 가져와 하나님 대신 자신을 우상화했다. 북측인은 집회마다 김일성 어록을 읽고 개회하고, 소모임을 통해 자아비판하고 회개한다. 그리고 어버이 수령님에게 감사와 찬양을 드린다. 조선 인민공화국은 하나의 거대한 이단이다. 나중에 탈북자들은 그동안 속고 산 것에 치를 떨며, 그 배신감은 남한에 와서도 잘 치유되지 않는다고 한다. 그렇다면 통일 후 북한 사람들의 정신적 공황은 얼마나 클까? 통일이 되어지는 것이 아니라 이루어져야 한다. 하지만 하나님이 생각하시는 적당한 때, 우리가 준비된 때가 아니면 안 된다.

점심 후 땅콩, 연필, 메밀, 표고 · 이깔나무 버섯을 산다. 북측 출입사무소부터 거치는데, 세수하다가 조금 젖은 name tag가 걱정되었지만 잘 말리고 또 언니들이 기도해 줘서 무사통과! 남측 출입사무소에서 천계영의 만화 주인공같이 생겼던 TC와 헤어지고 단체사진 찍고, 신림동으로 출발. 북측과 남측은 얼마 되지도 않은 거리인데도, 참 멀다. 속초에서 미역과 다시마를 사고, 후원금으로 식사도 하고 밤 9-10시쯤 도착한다. 자책감이라고 하는 여행 꼬리표를 feed back이란 가위를 통해 잘라낸다. 청년의 지속적인 열정, 그리고 장년층의 홍보와 관심, 이 모두가 필요하다. 통일은 모든 세대가 통곡과 눈물로 간구하고 소원을 올리는 대제사장이 되어야 가능하기에.

역시 제갈공명 같은 선견지명으로 통일을 준비하는 교회로 세워주신 목사님! 여행 내내 제일 힘들었고 제일 큰일을 한 숙희 언니! 사랑을 담아 사람을 찍어준 만목 오빠! 또 지윤 오빠, 성지 오빠! 같이 리더하며 완전 친해진 정표 형과 남식 형! 진정한 섬김이 12년째 내 그루터기인 조은이! 또 the power of prayer를 보여준 한솔 오빠, 원갱, 우리 가족들! I appreciate you all. 무엇보다 하나님! I give thanks to you, my Lord.

정○○ 자매

지역 교회로서의 선교적 사명
국내에 들어온 미전도 종족 섬김

서울대와 대기업의 초청으로 중국의 교수들과 지도층 인사들이 신림동에 거주하게 되었는데, 선교에 비전이 있으신 장로님과, 중국 마을과, 외국인 근로자 마을의 청년들이 매주 토요일과 주일 저녁에(약 7시부터 10시까지) 무료로 한글을 가르쳐주면서 자연스럽게 복음을 접하게 하는 계기가 되었다. 현실적으로 한글을 배우고 싶은데 마땅한 시설이 없는 이들이 자연스럽게 교회와 연결이 되고, 헌신적인 장로님과 섬김이들을 통해서 단순히 한글만 배우는 것이 아니라, 교회의 문화를 접하게 된다. 예를 들어 선교 축제가 있을 때나, 성탄절 행사가 있을 때, 이들을 초청하여 함께 교제를 나누고, 이들도 자체적으로 프로그램을 준비해서 성도들에게 기쁨을 주기도 한다. 매 학기마다 약 20여 명의 중국 사람들이 참여하고 있으며, 숭실대를 비롯해서 유학 온 중국 사람들도 계속 합류하고 있다. 몇 년 째 이어진 사역이기에 이제는 많이 정착되었으며, 한 텀마다 중국인들이 바뀌게 되는데, 자연스럽게 전임자가 후임자에게 이 과정을 소개시켜 주어서 계속해서 교육을 진행하고 있다.

신림청년교회는 단순히 해외 선교에만 눈을 돌리는 것이 아니라, 대한민국과 서울대를 비롯한 지역사회에 들어오는 수많은 미전도 종족들을 관심 있게 섬기고 있다. 특히 서울대에는 수많은 외국 학생들이 교환학생으로 유학하고 있는 상황이다. 이를 위해 교회가 지속적으로 관심을 가지고 있으며, 한글학교를 통해서 접근하고 있다. 최근에는(2006년) 서울대에서 베트남 하노이 사범대 학생 3명을 초청하여 한글을 가르쳐 주는 기회를 가졌는데, 여기에 드는 모든 제반 비용과 섬김을 신림교회에서 맡아서 감당했다. 또한 이러한 교류는 앞으로도 계속 확대되어갈 전망이다.

아울러 가까운 김포 하나로교회에 러시아를 비롯한 우즈벡에서 온 근로자들이 있는데, 이들에게 한글이라는 도구를 통해서 주의 복음을 아울러 전하고 있고, 장차 이들이 본국으로 돌아갔을 때는 자국에서 복음을 전하는 일꾼이 될 수 있다는 비전을 품게 된다.

여기에 한 V국 형제가 신림교회에 보내온 편지가 있어서 소개한다. 이 형제는 V국 H대학 출신의 형제(26세)로서, 하나님을 영접하고 목회자가 되려고 신학 공부를 하기 위해 한국에 왔으며, 서울대 어학연구소에 다니는 동안 신림교회 공동체 형제들과 함께 생활했다. 전문을 그대로 살려서 옮겨 싣는다.

사랑하는 신림교회 여러분! 우선, 저는 하나님께 영광과 찬양과 예배를 드립니다. 그리고 신림교회 목사님들과 모든 교유들께(교우들께) 고마운 마음을 드립니다. 가득 차는 예수님 사랑 속에는 여러분이 저에게 많이 도와 주셔서 정말 감사합니다. 첫째, 여러분 공동체에서 제가 형제와 함께 사는 것을 허락했습니다. 같이 살면서 저는 언어를 많이 언습힐 뿐만 아니라 사랑과 평안과 같은 성령님의 열매가 맺힌 적 있었습니다. 저는 여러분 공동체서 산 지 6개월이 됐는데 엊그제 같다고 생각합니다. 공동체 형제는 말할 것도 없고 여러분도 저에게 많이 도와 주셨습니다. 명절이나 특별한 날은 목사님이나 권사님들이 '찌(트리)가 고향에서 계시는 부모님과 친한 사람들을 생각나서 슬픈가 봐'를 생각해서 위로하는 뜻으로 특별한 한국 전통 음식을 갖다 주셨습니다. 정말 저는 그 고마운 마음을 잊을 수 없습니다.

둘째, 여러분은 저에만 관심이 많을 뿐만 아니라 우리 V국 사람들에 관심을 가져 있는 것을 제 마음이 무척 감동합니다. 우리나라는 여러분의 관심과 기도 덕분에 앞으로 하나님께서 V국에서 복음의 문을 틀림없이 열 것이라고 믿습니다.

저는 우리나라 사람들이 예수님을 알고 믿기 위해서 신학에 대한 하나님의 명령을 공부하러 한국에 왔습니다. 그동안 서울대 어학연구소에서 6급까지 한국말을 공부했습니다. 이제 저는 하나님의 계획대로 서울 장신대에서 신학과 3학년으로 공부하느라 그 학교 근처 이사합니다. 여러분은 저를 하나님께 끊임없이 기도하기 소원합니다.

마지막, 하나님께서 신림교회 여러분에게 건강해 주고 축복하기 빕니다. 또한 계속해서 V국 참족에 대한 전도 문제를 기도해 주세요. 고맙습니다.

서울, 3월 1일 뜨리 올림

선교 단체와의 유기적 협력
_Local Church & Para-Church

신림청년교회에서는 자칫 평행선을 달릴 수도 있는 두 영역, 로컬 처치인 지역교회와 파라처치인 선교단체와의 유기적인 협력을 강조하고 있다. 대학의 선교단체에 소속되어 훈련받고 있는 청년들이 선교단체의 훈련과 장·단기 선교를 위해 나갈 때 신림교회에서 물질적인 후원 뿐 아니라 중보기도로 그들을 돕고 있다. 또한 캠퍼스의 선교단체를 통해서 온전한 제자 양육을 받을 수 있게끔 격려하고 지원하고 있다.

또한 서울대 UBF에서 오랜 시간 동안 사역하셨던 권OO 간사(서울대 동양철학 박사)가 오랜 시간 동안 청년 새가족부를 맡아서 말씀으로 양육하고, 또한 리더들을 돌보아 주었다. 아울러 신림교회는 서울대를 비롯한 각 캠퍼스의 선교단체에 속한 지체들이 유기적으로 몸된 교회의 지체로서 한 몸을 이·루어가는 교회 구조를 가지고 있다. 가령 청년수련회의 강사 섭외나, 예배 후 특강 강사를 청빙할 때도, 신림교회 청년들이 속한 선교단체의 간사님들을 추천 받아 모시고 있다.

또한 예수전도단과 협력하여 무슬림을 위한 30일 기도 운동 기간에는 예전단에서 기도 책자를 일괄적으로 구입하여 교인들에게 저렴하게 공급, 그 기간에 집중적으로 무슬림들을 위해서 기도하는 일에 동참하였다.

무엇보다도 각 선교 단체에서 잘 훈련받은 좋은 영적 자원들과 신림교회가 동역하여 주님의 몸된 교회를 온전히 세우는 일에 앞장서고 있다. 선교단체에 속한 지체들이 자칫하면 지역 교회에 잘 적응하지 못하고 조화를 이루지 못하는 경우가 많은데, 이를 해결하기 위해 신림청년교회가 그들을 적극적으로 도우려고 한다. 선교단체에서 훈련받고 선교지로 나갈 때는 반드시 지교회의 물질과 중보의 도움을 받을 수 있도록 협력하고 있다. 이에 많은 청년들이 각 선교 단체의 아웃리치를 떠날 때, 지교회의 뜨거운 격려와 기도와 일정의 후원금을 받아서 나가고 있는 것이다.

특히 올해(2007년)에는 신림교회의 연중 행사 중 가장 중요한 전반기의 '선교학교'를 선교단체인 '순회선교단'(대표 김용의 선교사)에게 전적으로 위탁하였다. 지금까지는 자체적으로 신림선교위원회에서 주관해 왔던 사역이다. 물론 어떤 영역은 선교단체의 영성과 지역교회의 영성이 잘 맞지 않는 경우도 있지만, 자칫 틈이 생기기 쉬운 교회와 선교단체와의 유기적 협력을 위해 신림교회는 계속적으로 힘쓰고 있는 중이다.

5. 대외 선교적 삶의 헌신 _장 · 단기 선교사

> 예수 그리스도가 나의 하나님이시며 나를 위해 죽으셨다면 그분을 위한 나의 어떤 희생도 결코 크다고 할 수 없다_C.T. 스터드

2006년의 최대 화두 중의 하나는 북한의 핵실험이었다. 그 엄청난 파괴력으로 인해 모든 인류가 두려워하고 염려하고 있다. 그렇지만 기독 청년들은 그것과 가히 비교할 수 없는 복음의 핵탄두를 간직한 자들이다. 단순히 인류가 두려워하는 정도가 아니라, 어둠의 영들이 두려워하는 복음의 핵폭탄을 소유한 자들이다. 이들이 복음의 탄두를 장착하고, 선교지에서 또한 각자의 삶의 자리에서 그것을 터뜨릴 때, 그 파편에 맞은 사람들이 복음으로 변화되는 놀라운 역사 가운데 쓰임 받게 되는 것이다. 이들이 간직한 복음의 핵폭탄

은 살상용 무기가 아니라, 생명을 살리는 무기가 되는 것이다.

선교는 열방에 '도피성'을 세우는 일
_예수 그리스도는 가장 안전한 도피성

선교는 열방에 도피성을 만드는 것과 같다. 어둠의 영에 의해 죽을 수밖에 없는 저들의 삶의 자리에, 열방에 예수 그리스도의 이름으로 도피성을 만드는 것이 곧 선교이다. 또한 이 도피성이 없는 곳에 예수 그리스도의 이름으로 안전한 도피성을 만드는 사람들이 곧 장·단기 선교사이다. 이들은 예수 그리스도만이 '유일한 도피성'임을 전하는 자들이다. 조상신을 비롯해서 이데올로기와 철학과, 온갖 우상들을 자신의 도피성으로 삼고 있는 저들에게 예수 그리스도의 도피성을 건설하는 자들이 장·단기 선교사들이다. 어느 누구나, 쉽게, 값없이, 전적인 은혜로 예수 그리스도의 도피성 안으로 들어오게 하는 것이 곧 선교이다.

구약에 보면 부지중에 실수로 살인을 저질렀을 경우에 도피성을 만들어 두었는데, 6개의 이름을 풀어보면 전부 예수 그리스도와 관련된 단어이다. 게데스(성소), 세겜(어깨), 헤브론(친교와 동맹), 베셀(요새), 길르앗 라못(높은 고지), 골란(기쁨), 예수 그리스도가 우리의 도피성이시다. 이 도피성 규정 중에서 가장 중요한 것은 찾기 쉽고, 찾아가는 길이 쉬운 곳에 있었다는 사실이다. 아무리 예수 그리스도의 도피성이 좋아도 심신산골에 있으면 찾아가다가 원수에게 잡혀서 어려움을 당하고 말 것이다. 그래서 도피성은 가까이 있게 하였다. 이 도피성이 우리 청년들에게 주는 의미는 무엇일까?

먼저는 도피성이 여러 곳에 분산되어 있었다는 사실은, 어느 한쪽만 정복해서는 안 된다는 것을 보여준다. 모든 삶의 전반에서 예수 그리스도의 십자가가 세워져야 한다. 사람이 많다고 십자가가 편중되어 있으면, 하나님의 뜻이 아니다. 사람이 없는 오지, 섬, 그곳도 치열한 영적인 싸움이 필요한 곳이고, 그래서 복음의 십자가가 세워져야 한다. 접근이 용이한 평지에도 십자가의 복음을 세워야 하지만, 가기 힘든 협곡이나 사막에도 십자가는 세워야 한다. 또한 가기 힘든 것은 아닌데, 가기가 싫은 황량한 광야 같은 곳도 예수의 복음의 십자가를 들고 정복해야 한다. 이것은 나중에 도피성을 배분할 때 가나안 전역에 걸쳐 자리 잡게 하신 것을 보아도 잘 알 수 있다. 그렇기에 선교는 각각의 선교지에 예수 그리스도의 도피성을 세우는 일이라 할 수 있다.

아래에는 몇몇 형제자매들의 이야기를 소개하고 있다. 신림 공동체에서 한 몸을 이루어 열심히 섬기던 형제자매들이 주님의 부르심으로 주님이 보여주신 그 땅으로 나가는 내용을 소개하고 있다. 각기 삶의 자리에서 하나님의 부르심에 순종하여 자신의 소중한 시간과 물질을 구별하여 드림으로 그 땅을 향해 달려 나가는 지체들이다. 이들은 그 땅에 예수 그리스도의 이름으로 구원의 도피성을 세우러 나가는 자들이다.

라오스의 중보자, 예배자, 영적군사

이 형제는 신림 청년부 Holy Passion 공동체에 속한 지체로서, 샘 찬양단을 섬기다가 주님의 부르심으로 미지의 땅 라오스로 떠난 형제(82또래 이OO)이다. 아래에 라오스로 떠나면서 공동체에 남긴 글을 소개하고 싶다.

저는 이번에 7월 6일 KOV로 라오스에 파견됩니다. KOV라고 하시면 다들 잘 모르시겠죠? 혹시 KOICA는 아시나요? KOV는 Korea overseas volunteer의 약자이구요. 외교통상부 산하에 있는 한국 국제협력단 (KOICA)에서 파견한 volunteer를 말해요! 아직까지 군대를 가지 못해서 어떻게 군대를 갈지 고민하다가 KOICA 국제협력요원에 지원했는데 합격해서 KOV로 라오스에 가게 되었어요. 혹시 아직 군대를 안 간 Holy Mission, Passion 형제들 중에 선교에 마음이 있으신 분들은 지원해 봐도 좋을 듯해요.

대학교를 다니면서 이런저런 이유로 군 입대를 미루다 보니 졸업이 코앞에 있더군요. 나이 때문에 일반 군인보다는 장교로 갈 생각을 하고 마지막 기말고사 시즌에 장교시험도 같이 준비를 했었어요. 그런데 장교시험을 준비하면서 주님께 기도 하던 중에 제가 KOICA로 가게 될 것이라는 마음을 많이 부어주시는 거에요. 전 지금 장교를 시험을 준비하고 있는데 이게 무슨 말씀이신지? 그리고 제가 알기론 공군 장교시험도 경쟁률이 꽤 되지만 KOICA도 경쟁률이 높은 것으로 알고 있어서 인간적인 생각으로는 공군 장교가 더 쉽겠지 라는 생각을 했어요. 많이 공부하진 못했지만 짧은 시간 열심히 공부를 하고 공군장교 시험을 치렀어요. 그리고 1월에 결과를 확인해 보니 떨어졌더라구요. '급하게 준비해서 공부를 별로 안 해서 그렇지' 라고 생각하며 스스로 위안을 삼았는데 그래도 아쉽더라고요. 그런데 기도하면서 주님이 주신 마음이 떠올라서 마음이 평안해졌어요. 아직 아무것도 결정된 것은 없지만!

이후에 KOICA를 지원하려고 저희 과 TO를 확인했어요. 그런데 이게 웬걸요. 원래 보통 TO가 과마다 1-2명 정도 나오고 많아야 3명 정도가 나오는데 이번에 6명으로 TO가 늘었어요. TO를 보면서 '하나님이 나를 이곳으로 보내시긴 보내시려는가 보다' 라고 생각이 들더라고요. 이후에 1-4차 시험을 거쳐서 최종 합격이 되는 것을 보고 참 감사했어요. 학교를 다니면서 YWAM이란 선교단체에서 활동을 했습니다. 선교단체를 통해 또 교회를 통해 하나님께서 선교에 대한 마음을 많이 부어주시고 또 재정도 허락하셔서 여러 번 국내 및 해외 전도 여행을 다녀올 수 있었어요. 처음 전도여행 갔던 케냐에서는 무슬림에 대한 마음을, 인도에서는 빈민들에 대한 마음을, 카자흐스탄에서는 현지 교회에 대한 마음을, 국내 여러 전도 여행지에서는 한국교회에 대한 마음을 부어주셨어요. 선교지에 다녀오면서 계속해서 선교지에 나가고 싶은 마음이 많았는데 하나님께서 은혜를 주셔서 군대도 선교지로 가서 지내게 되네요. 영적 군사로 라오스로 보내시는 것 같아요.

라오스란 나라는 대다수의 국민들이 불교를 믿는 나라이고 아직 공산주의 정권이라 기독교의 포교가 법적으로 금지되어 있습니다. 그리고 저는 정부 소속 volunteer로 가게 돼서 자유롭게 활동하지는 못할 것 같아요. 그리고 복음을 전하는 것도 쉽지는 않을 것 같구요. 하지만 주님께서 어떻게 선하게 인도하실지 기대됩니다. 제가 할 수 있는 수준에서 섬길 수 있는 사람들을 어떻게 붙여주실지, 혹시나 라오스에 있는 탈북자들을 만나게 하실지, 예수님이 필요한 어떤 사람들을 만나게 하실지,

같이 기도해 주실래요? 제가 그 땅에 예배자로, 중보기도자로, 영적군사로 서 있도록이요. 보고 싶을 거에요. 사랑하고 축복합니다.

주님과의 친밀함을 누릴 수 있는 특권
_선교에 헌신하게 된 계기

아래의 자매(박OO 자매, 81또래)는 청년 공동체에서 신앙생활을 하다가, 하나님의 부르심으로 단기선교를 다녀왔다. 이를 통해 전적으로 선교에 헌신하게 되었고, 동생인 박OO 자매도 최근에(2006년) 네팔로 단기 선교를 다녀왔다. 선교에 헌신하게 된 계기를 아래의 글을 통해서 알 수 있다.

3년 전 대학 2학년 여름에 학교에서 선교단체인 IVF를 통해 단기 선교 여행을 다녀왔다. 하나님에 대해 막연히 알아오다가 대학에서 말씀을 통해서 진정 하나님이 어떤 분인지 알게 되고, 그분에 대한 신뢰와 사랑이 조금씩 천천히 자라나고 있었던 그 시기에, 난생 처음 해외라고 발을 디딘 중국 땅을 그 여행을 통해 잠깐 경험하게 되었다. 내가 지금껏 살아온 것과 다른 생각과 다른 방식으로 살아가는 사람들과 자연을 포함한 한국

과 다른 환경들을 처음으로 경험하며 '정말 세계가 넓구나. 이 넓은 세계에 대해서, 그리고 그 세계를 지으신 하나님에 대해서 모른 채 나는 우물 안 개구리와 같이 살아왔구나.' 라는 생각이 들었다.

그 이후 내가 경험해 보지 못한 넓은 세계, 그 세계에 계획과 사랑을 가지고 계신 하나님에 대해 정말 알고 싶은 생각이 들었고, 그에 대해 무엇인가 내가 깨달은 바가 있다면 불투명한 앞으로의 나의 인생을 살아가는 데 큰 도움이 될 것 같았다. 그래서 단기 선교의 기회를 찾기 시작했고, 결국 OM이란 선교단체에서 주관하는 단기선교 프로그램에 지원하게 되었다. 어리숙하게 준비한 채 떠난 1년의 시간들이 지금 돌아보면 쉽지는 않았던 것 같다. 향수병과 언어로 인한 스트레스를 겪으며 내가 익숙하게 지낼 수 있는 환경에서 오는 안락함을 포기하는 것이 참 어려운 일이라는 것도 알게 되고 한국에서 그토록 중요하게 여겨지는 것들이 다른 땅에서도 똑같이 중요하지는 않다는 것을 경험했던 것 같다. 무엇보다도 믿지 않는 자들에게 복음을 전하며, 그들을 향한 하나님의 마음을 느낄 수 있었고 그것을 통해 하나님이 어떤 분인지 더 잘 알게 되고 사랑하게 되었다. 같이 계시는 장기 선교사님들을 바라보며, 그분들의 삶에 대해서 그리고 그 고충에 대해서 더 잘 알고, 내가 한국에 돌아갔을 때 그분들을 재정과 기도로 후원하면서 어떻게 살아야 할 지 구체적으로 알고 느끼게 되었다. 또 시간과 공간에 관계없이 하나님께서는 나를 지키고 보호하신다는 것, 그리고 가르치신다는 것에 대해 체험하고 마음에 깊이 기억하게 되었다.

이런 이유들 때문에 하나님께서는 모세를 광야로 부르시고, 아브라함으로 그의 본토 친척 아비 집을 떠나 새로이 지명한 곳으로 가게 하셨을 것이라는 생각이 들었다. 그래서 내게 있어서 선교는 하나님께서 영혼 구원이라는 그분의 핵심 관심 하에 우리를 집중시키게 함으로써 우리를 가장 그분이 의도하신 모습으로 바꿔가시고, 그분을 친밀하게 알아갈 수 있는 특권의 자리였다.

주님의 거룩한 영향력을 끼치는 것

_V국 한국어 학당을 다녀와서

아래의 자매는 Holy Mission에 속한 청년으로서, 신림교회가 품고 있는 V국에 대한 소망함을 계속 주시고, 또한 한국어 학당에서 섬김의 손길이 필요하다는 소식을 듣고 자신의 삶에서 소중한 부분을 떼어서 단기로 그 땅을 다녀온 자매(김OO 자매, 75또래)이다.

신림 그리고 V국. 교회가 V국을 품고 그 땅을 밟고 기도하는 동안, 내게 그곳은 그저 언젠가 한번은 가보아야 할 땅이었습니다. 내가 속한 공동체가 품은 땅이니까 언젠가 한번은 꼭 가야 하지 않을까라는 작은 부담감과 함께. "2003년 봄. 그리고 전공(?)" 한국어학당 교사를 모십한나는 광고를 보았습니다. 외국인에게 한국어를 가르쳐 보는 일. 국어를 전공한 제겐 한번은 해 보고 싶은 일이었지요. "from 29 to 30: and only 6" 내 나이 스물하고도 아홉. 하지만 현재 내가 스물아홉이라는 나이보다는 내가 다시 한국에 돌아왔을 때 서른이 된다는 사실이 참 많이 부담이 되더군요. 내 평생에 단 6개월을 그분께 구별하여 내어드리는 것뿐인데, 그 6개월의 시간이 내가 스물아홉에서 서른으로 넘어가는 때라는 것이 어찌나 부담스럽던지요. 그분이 내게 주신 그 수많은 시간들 속에서 딱 6개월일 뿐이었습니다.

세계에서 선교가 가장 어려운 나라 중에서 세 번째인 V국. 그 이면엔 철저한 공산주의식 교육이 그들에게 자리 잡고 있지요. "한국어 학당"을 통해서 우리는 꿈을 꿉니다. 환상을 봅니다. 이 어학당을 거쳐 간 아이들이 한국에 유학을 와서, 이 땅에서 주님을 만나고 주님의 제자가 되어 다시 그 땅으로 돌아가 그 땅에 영향력을 끼치는 사람이 되는 것. 대학 강단에 서서, 혹은 어느 조그만 촌락의 조그만 유치원에서 주님의 거룩한 영향력을 끼치는 사람이 되는 것. 그것이 한국어 학당의 꿈이자 비전입니다. V국에 주님의 거룩한 영향력이 흘러가는 그때를 보는 것. 우리 때에 그것을 보는 것. 그 아이들을 만나보고 싶지 않으십니까?

이처럼 신림청년교회에서는 하나님의 말씀에 대한 반응함과, 주님의 부르심에 대한 응답으로 자신의 소중한 시간과 물질을 들여서 열방을 품고 돌아오는 청년들이 참으로 많다. 또한 일회성 단기선교로 끝나는 것이 아니라, 장기적으로 그 땅을 품으며, 장기 선교사로 준비하는 청년지체들도 많이 일어나고 있다. 아울러 각자의 삶에서 선교사로서 살아가려는 몸부림을 신림청년들에게서 쉽게 찾아볼 수 있다.

6. 대내 선교적 삶의 헌신 _긍휼 사역

> 우리에게 있는 대제사장은 우리 연약함을 동정하지 못하실 이가 아니요 모든 일에 우리와 똑같이 시험을 받은 자로되 죄는 없으시니라(히 4:15)

구원의 은혜를 입은 자는 이제 그 구원을 전해야 할 소명을 갖게 되는 것이다. 따라서 은혜와 은총에는 책임이 따른다. 은혜 받았다는 것, 하나님께로부터 복을 받았다는 것은 전해야 할 책임이 있다는 것이다. 책임적 존재로 살아가야 함을 말하는 것이다. 여기서 책임적 존재란, 많이 배운 사람들은 그렇지 못한 사람들에 대한 책임감을 갖는 것을 말한다. 많이 가진 사람들에게 단순히 그것을 누리라고 주신 것이 아니라, 그렇지 못한 사람들을 위한 나눔과 책임에 사용하라고 주신 것이다.

지금까지의 청년들의 사역을 살펴보면, '시온 찬양의 집' 섬김과, 신림동 지역의 독거노인들을 섬기는 모임과, 안산 한 부모 아이들 섬김과, 김포 하나로 선교회의 외국인 근로자들의 섬김, 또한 청년교회의 사랑의 마을이 주최가 되어 어르신들을 위한 '섬김 잔치' 등을 들 수 있다. 또한 성탄절 전야 노방 찬양 때 모금하는 돈은 전부 외국인 근로자들을 위해서 사용하고 있다.

참 섬김은 주님의 발을 씻기는 사역
_참 제자도는 서로 사랑

신림 청년교회에서 섬김의 사역은 다름 아닌 주님의 발을 씻기는 사역이다. 이웃의 더러워진 발, 씻겨지지 않은 채 방치된 발, 냄새나고 지저분한 발을 씻기는 것이, 주님의 발을 깨끗하게 씻겨주는 사역임을 알 수 있다. 이것의 성경적인 근거를 요한복음 13장에서 찾아볼 수 있다.

요한복음 13장에 보면, 주님이 식사하던 중에 갑자기 식사를 멈추시고 자리에서 일어나셨다. 베드로, 야고보, 요한 어느 누구도 일어서지 않으니까 주님께서 일어서신 것이다. 제자들은 '내가 누군데', '내가 어떤 사람인데' 라는 생각으로 가득 차 있었기에 그들은 주님의 발이 더럽혀져 있고, 형제들의 발이 더럽혀져 있음을 보고 알면서도 선뜻 일어서려고 하지 않았다. 주님이 그것을 아시고, 식사를 하시던 중에 일어서신 것이다. 우리 주님은 앉아서 식사하실 수 있는 권리가 있으신 분이시다. 그런데 주님이 그 최소한의 권리를 포기하셨다. 또한 주님은 겉옷도 벗었다. 그리고 주님은 친히 수건을 가져다 허리에 동이시고, 대야와 물을 친히 준비하셔서 제자들의 더러운 발을 씻기셨다. 교만한 베드로와 야고보와 요한의 발을 씻겨주셨다. 주님은 제자들의 발이 더럽혀져 있는 것을 보셨다.

동일하게 주님께서 우리 신림 청년들에게도 다른 형제 자매들의 발의 먼지와 더러운 때와 허물을 보여주신다. 나라와 민족과 열방의 안타까움을 보여주신다. 왜 보여주실까? 그 더러움을 보고 그들을 정죄하라고 보여주는 것이 아니다. 우리들로 하여금 씻겨 주라고 보여주시는 것이다.

막달라 마리아 이후 주님의 발은 더럽혀진 채로 방치되어 있는지도 모르겠다. 우리가 먼저 일어나서 다른 사람들의 발을 씻겨주지 않기에, 우리에게 진정한 섬김이 없기에, 우리 주님의 발은 아직도 씻겨지지 않은 채 남겨져 있는 것이 아닌가? 누가, 우리 중에 주님의 발을 씻겨줄 사람이 없는가. 진정한 제자됨은 무엇인가? 제자됨의 조건이 그 어떤 뛰어난 재능, 명석함, 부지런함, 열정에 있는 것이 아니라, 요한복음 13장에서 주님이 보여 주셨던 것처럼 섬기는 사랑이 우리 가운데 있을 때 비로소 너희가 내 제자가 되고, 사람들도 이로 인해 하나님께 영광을 돌리게 된다는 것이다. 우리가 능력을 행하고, 기적을 행하는 것도 소중하지만, 진정한 제자됨의 조건은 다른 사람의 발을 씻겨주는 것이며, 이것은 기적을 행하여 샌달을 바꿔주는 것보다 더 소중하다는 것이다.

우리의 도움을 필요로 하는 형제 자매, 이웃과 지체들을 섬기는 것은, 아직까지 더럽혀져 있는 주님의 발을 씻기는 것이다. 귀한 청년들과 성도들이 매주, 매달 서울역 노숙자들의 발을, 쪽방 지체들의 발을 주께 하듯 씻겨주고 있다. 안산 한 부모 아이들의 발을 씻겨 주고 있다. 김포 하나로 외국인근로자들의 발과 그들을 섬기는 사역자들의 발을 씻겨주고 있다. 서울대 주변에 와 있는 수많은 교환 학생과 중국인 교수들과, 지체들의 발을 주께 하듯 섬겨주고 있다. 이것이 바로 진정한 섬김이며, 주님의 발을 씻기는 것이다.

무엇보다도 최근에는 신림교회에 주신 하나님의 부르심에 따라 북한에 대한 소망함이 생겼으며, 특히 새터민(탈북자 모임) 공동체 지체들의 발을 씻겨주는 사역을 기쁨으로 감당하고 있다.

여기에 외국인 근로자들이 주로 모이는 김포 하나로선교교회를 정기적으로 방문하여 그들에게 한글을 가르치며, 또한 하나님의 사랑을 가르치면서 섬기는 신림청년교회 외국인 노동자 마을 지체들의 모습을 잠시 살펴보자.

"남의 나라에 머슴살이 했던 한민족, 한국전쟁으로 경제가 밑바닥까지 내려가 배고픔을 겪어야 했던 한민족, 이 모든 시련을 극복한 우리는 이제 가난하고 어려움에 처해 있는 유색인종들에게 모범적인 본보기가 되어야 한다. 아픔을 아는 우리 한민족이 인류 가운데 힘들어하는 민족들을 도와서 세계사에 공헌해야 한다. 하나님은 이런 우리 민족을 사용하실 것이다." 이 글은 이광규 교수님께서 '해외 한인 사회와 문화'라는 강의를 통해 하신 말씀이다. … 한국어로 선교를 할 수 있다는 사실에 흥분된 마음이 채 사라지기도 전에 김포 외국인 노동자들을 위한 한국어 교실 광고를 보게 되었고 청년들과 함께 사역에 참여하게 되었다. 올 1월 서울보다 더 추운 김포 하나로교회에서 만난 귀한 분들을 기억한다.

추운 겨울 수업을 위해 모든 난로를 다 동원해서 우리의 몸을 녹여 주신 목사님과 언제나 감사해 하시며 환한 미소로 우리를 맞아주셨던 사모님, 서로에게 매개 언어가 없어서 힘들어하는 우리를 도와 통역해 주었던 리따 자매, 매일 열심히 많은 나이에도 일찍 와서 기다리시던 므스탕, 아이다라는 8개월 된 아기를 데리고 한 주도 빠지지 않고 열심히 공부한 알마스와 굴잣 부부, 장난꾸러기 알렉산드르, 우등생 나타샤, 잠시 본국에 다녀온 귀여운 아자맛, 뒤늦게 학생이 되어 마칠 때 많이 아쉬워했던 스볘탕 1-2, 우즈벡 사람인 작은 알렉산드르는 자신이 고려인으로 러시아어, 카작어, 우즈벡어를 다 할 수 있지만 한국어는 못한다고 아쉬워했었다.

한국에서 외국인 노동자들은 여러 가지 어려움들을 겪으며 살아가고 있다. 고용주들의 임금 착취는 이제 공공연한 사실이고, 외국인들을 기숙사에 버려두고 잠적해 버리는 사장도 있고, 정해진 시간 외에 많은 노동력을 착취하고 있다. 임금 문제로 사장에게 따지다가 사장이 옆에 끓고 있는 뜨거운 물을 자매의 얼굴에 부어 화상과 정신과 치료를 받은 경우도 있었다. 이런 이야기를 들을 때면 화가 나기도 하고 그들에게 너무 부끄럽고 미안한 마음이 들었다.

한국어를 가르치기 위해 그들을 만났지만 사실은 그들에게 한국어로 하나님의 사랑을 전해 주고 싶은 마음이 더욱 컸던 것 같다. 매주 기도할 시간이 없는 한국어 섬김이들은 차를 타고 가는 시간 동안 큐티도 나누고 외국인 노동자들을 위해 기도하는 귀한 시간을 가졌다. 그 기간 동안 하나님이 우리에게 주신 귀한 말씀이다.

"당신들이 나를 이곳에 팔았다고 해서 근심하지 마소서 한탄하지 마소서 하나님이 생명을 구원하시려고 나를 당신들보다 먼저 보내셨나이다" (창 45:5). "그런즉 나를 이리로 보낸 이는 당신들이 아니요 하나님이시라"(창 45:8).

애굽으로 팔려가 종살이 했던 요셉의 삶을 우리에게 보여 주시면서 이들도 비록 지금은 이 땅에서 힘들고 때로는 억울하게 살아가고 있지만 하나님이 이들을 이곳에 보내신 이유는 이들을 통하여 그 민족을 구원하시기 위함임을 알게 되었고, 우리는 그들에게 당신은 당신의 민족을 구원하기 위한 축복의 통로라고 축복하고 기도했다.

김OO 사모(72또래)

"Love is giving" _시온 섬김팀 겨자씨

인자의 온 것은 섬김을 받으려 함이 아니라 도리어 섬기려 하고 자기 목숨을 많은 사람의 대속물로 주려 함이니라 and to give his life as a ransom for many(막 10:45)

요한복음 12장에 보면 진정한 섬김의 모습이 어떠한지에 대해서 살펴볼 수 있다. 마리아는 자신의 가장 소중한 머리로 주님의 가장 지저분한 발을 씻겨 드렸다. 그런데 또 한 사람이 등장한다. 그는 가룟 유다이다. 이 둘의 차이는 너무나도 극명하다. 마리아는 섬길 때 말로 섬기는 것이 아니라, 순전한 나드향으로, 눈물로 섬겼다. 그래서 요란한 소리가 나지 않는다. 그러나 가룟유다는 입술로만(lip service) 열심히(?) 섬기고 있다. 그렇기에 왜 '그것을 팔아 가난한 자들에게 주지 않느냐고' 화를 낸다. 정작 자신은 가난한 자들에게 돌아갈 돈을 가로채고 있으면서 말이다. 이처럼 진정한 섬김이 없는 곳에는 소리만 요란하다. 그러나 마리아의 섬김은 순전한 섬김이다. '순전하다'는 것은 '섞이지 않았다'는 의미이다. 섬김과 사랑은 다른 불순물이 섞이면 안 된다. 나도 영광을 받아야 되겠다는 생각이 섞이면, 더 이상 순전한 섬김이 될 수 없다. 나에게 유익이 돌아오겠다는 계산이 섞이면 그것은 더 이상 순전한 나드의 섬김이 아니다. 한 여인의 섬김으로 온 집안에 향기가 퍼졌다.

이 여인의 섬김의 원천은 주님의 사랑에서 나오고 있다. 주님의 전적인 사랑을 받은 여인이 자신의 전 존재를 다 드려서 주님을 섬기는 것이다. 주님은 이 세상에서 명성을 얻거나, 인기를 얻거나, 권위를 얻기 위해서 사신 분이 아니다. 전적으로 자신의 전 존재를 '주시기' 위해서 사신 분이시다. 세상 사람들이 얻고자 하는 명성과 인기와 권세와 영광을 오히려 버리시고 자신의 생명을 주신 분이 예수님이시다. 목자 없이 유리 방황하는 이 땅의 양들을 위해, 눈물을 주셨고, 땀을 주셨고, 피까지 주셨고, 결국에는 생명까지 주셨다. 주님은 사도행전 20장 35절에서 "범사에 여러분에게 모본을 보여 준 바와 같이 수고하여 약한 사람들을 돕고 또 주 예수께서 친히 말씀하신 바 주는 것이 받는 것보다 복이 있다 하심을 기억하여야 할지니라"는 친히 하신 그 말씀을 몸소 실천하신 분이시다. 주님의 위대함은 무엇을 얻는 것이 아닌, 자신의 전 존재를 드림에 있는 것이다.

위의 마리아가 보여준 순전한 나드향과 같은 섬김의 향을 뿜어내는 청년들이 있다. 정말로 이름 없이, 빛도 없이 섬기는 지체들이 있다. 이들 섬기는 청년들은 절대로 자기의 의를 주장하지 않는다. 절대로 주님께 돌아갈 영광을 도적질하지 않는다. 오직 주님의 마음으로 오직 주께 영광 돌리기 위해서 섬기는 것이다. 그중에 시온 섬김팀에 대해서 소개하고 싶다. 신림청년교회가 약 10년 가까이 장애인 공동체인 '시온 찬양의 집'을 섬기기 위해 자발적으로 헌금하는 겨자씨 성금이 있는데, 여기에 그 내용을 간략하게 소개한다.

겨자씨 성금은 매년 1월 첫째 주에 원하시는 만큼의 구좌(1구좌 1,000원)를 신청하시고, 매월 첫째 주일마다 본당 계단에 마련되어 있는 겨자씨 봉투에 넣어 헌금함에 넣으시면 됩니다. 이렇게 모아진 겨자씨 성금은 다섯 가정, 아홉 분의 무의탁 노인(신림2, 6, 9동에 거주하시는)과 소년소녀 가장, 경기도 마석에 있는 장애인 공동체인 시온 찬양의 집을 섬기는데 사용되며(1994년-2004년까지 사역) 매월 마지막 주에 《예닮지》를 통해 내역이 보고됩니다. 신림청년교회가 섬기는 분들은 누구보다도, 그리고 무엇보다도 중보기도가 간절히 필요한 분들입니다. 그래서 겨자씨 회원들과 할아버지, 할머니, 그리고 시온 찬양의 집과 중보기도의 끈을 연결하고자 합니다.

겨자씨를 보신 적이 있으세요? 쌀 한 톨보다 작은 겨자씨가 자라면 새들이 깃들만한 나무로 자란다는 것이 놀랍지 않습니까? 우리의 작은 정성도 이렇게 놀라운 결실을 맺을 수 있습니다. 겨자씨 한 구좌로도 무의탁 반찬 하나를 더할 수 있습니다. 그리고 무엇보다 더 값진 것은 그 분들에게 우리를 위해 값없이 죽으신 그리스도의 사랑을 전함으로 주님을 영접케 할 수 있습니다. 당신의 참여와 기도만이 그분들의 빈손과 외로움을 채울 수 있습니다.

청년들의 자발적인 겨자씨 헌금과 부스러기와 같은 성금이 모아져서 주님의 위대한 사역을 감당해 왔다.

주님은 긍휼하심의 본체(本體)
_긍휼 사역 세미나를 듣고

교회에서 자체적으로 마련한 긍휼 사역 세미나에 청년 지체 중 한 사람(김 OO 형제, 77또래)이 참여하여 자신의 소감을 기록한 글을 아래에 소개한다. 자칫 젊은 시절에 여러 가지 분주한 일로 인해 하나님이 정말로 기뻐하시고 관심 있어 하시는 영역을 놓치기 쉬운 때에 귀한 세미나를 통해서 다시 한번 하나님의 긍휼하심에 대해서 깨닫게 되었다는 고백이다.

세미나 강사는 김용삼 전도사(지금은 목사)로, 신림교회 청년출신으로서 긍휼 사역에 대한 하나님의 부르심에 헌신한 전임 사역자이다. 지금은 서울역 노숙자들과 쪽방촌 사람들을 주님의 사랑으로 섬기고 있다. 2007년부터는 독립적으로 이 사역을 감당하고 있다.

구약시대 랍비들은 '긍휼'이 하나님의 가장 근본적인 속성이라고 말하였다. 또한 사람의 가장 놀라운 표현이라고도 하였다. 하나님의 긍휼을 가장 잘 나타내는 부분은 '호세아'이다. 긍휼의 마음은 너무나 애타지만 받아 주고, 다시 받아 주고, 또 받아 주는 마음이다. 어떠한 진노하는 상황에도 불구하고… "에브라임이여 내가 어찌 너를 놓겠느냐 이스라엘이여 내가 어찌 너를 버리겠느냐 내가 어찌 너를 아드마 같이 놓겠느냐 어찌 너를 스보임 같이 두겠느냐 내 마음이 내 속에서 돌이키어 나의 긍휼이 온전히 불붙듯 하도다"(호 11:8-9) 죄악된 인간은 이런 주님의 마음을 근본적으로 가질 수 없다. 긍휼을 가장 많이 구했던 곳은 다윗이 등장하는 시편(특히 123편)이다. "하늘에 계시는 주여 내가 눈을 들어 주께 향하나이다 상전의 손을 바라보는 종들의 눈 같이, 여주인의 손을 바라보는 여종의 눈 같이 우리의 눈이 여호와 하나님을 바라보며 우리에게 은혜 베풀어 주시기를 기다리나이다 여호와여 우리에게 은혜를 베푸시고 또 은혜를 베푸소서 심한 멸시가 우리에게 넘치나이다"(시 123:1-3) 우리는 근본적으로 긍휼을 구해야 하는 존재인 것이다. 긍휼의 본체이신 주님이 내 안에 들어오셨을 때 그분의 긍휼하심이 나를 감동시킬 때 그때 행하는 사역이 바로 '긍휼 사역'이 되는 것이다.

성경에서 '이웃'을 가장 잘 비유한 부분은 바로 선한 사마리아인이 강도 만난 사람을 긍휼의 마음으로 섬기는 부분이다. 여기에서 알 수 있는 이웃의 핵심은 하나님의 긍휼의 마음을 품고 바라봐야 할 사람은 우리와 '무관한' 사람이라는 것이다. 이는 우리가 섬겨야 하는 사람이 바로 모든 사람임을 뜻한다.(마 22장 참고) 이웃을 사랑하는 것은 율법이요, 강령이며, 주님의 가장 큰 계명이다. 그리고 바로 하나님을 사랑하는 것이다. 하나님에 대한 사랑이 바로 이웃에게 드러나는 것이다.

예배란 무엇일까? "이것이 어찌 내가 기뻐하는 금식이 되겠으며 이것이 어찌 사람이 자기의 마음을 괴롭게 하는 날이 되겠느냐 그의 머리를 갈대 같이 숙이고 굵은 베와 재를 펴는 것을 어찌 금식이라 하겠으며 여호와께 열납될 날이라 하겠느냐 내가 기뻐하는 금식은 흉악의 결박을 풀어 주며 멍에의 줄을 끌러 주며 압제 당하는 자를 자유하게 하며 모든 멍에를 꺾는 것이 아니겠느냐 또 주린 자에게 네 양식을 나누어주며 유리하는 빈민을 집에 들이며 헐벗은 자를 보면 입히며 또 네 골육을 피하여 스스로 숨지 아니하는 것이 아니겠느냐 그리하면 네 빛이 새벽 같이 비칠 것이며 네 치유가 급속할 것이며 네 공의가 네 앞에 행하고 여호와의 영광이 네 뒤에 호위하리니 네가 부를 때에는 나 여호와가 응답하겠고 네가 부르짖을 때에는 내가 여기 있다 하더라"(사 58:5-9) 주님이 가장 기뻐하는 예배는 하나님 사랑과 이웃사랑이 만나는 지점에서 드려지는 예배이다. 예수님이 십자가에서 드렸던 바로 그 예배이다. 십자가의 산 제물로 드렸던 예배이다. 이것이 가장 거룩한 예배이다.

"외치는 자의 소리여 이르되 너희는 광야에서 여호와의 길을 예비하라 사막에서 우리 하나님의 대로를 평탄하게 하라 … 여호와의 영광이 나타나고 모든 육체가 그것을 함께 보리라 대저 여호와의 입이 말씀하셨느니라"(사 40:3-5). 주님께서 우리를 보내시고 우리가 긍휼 사역을 할 수 있기를 바라고 계신다. 하지만 우리가 긍휼 사역을 할 수 있는 것이 아니다. 주님께 간구해야 할 수 있는 것이다. 주님을 인격적으로 만난 후에만 할 수 있는 것이다. 긍휼 사역을 하지 않고는 견딜 수 없을 때, 하지 않을 수 없을 때 하는 것이다.

세미나를 들으면서 내가 느낀 것은 지금 내가 하고 있는 사역은 정말 아무것도 아니라는 점이다. 더욱 열악한 상황에서 힘들게 '긍휼 사역'을 하고 있는 사람이 많음을 알게 되었다. 그들에게 있어서 힘든 상황은 없을 것이다. 기쁜 마음으로 주님의 일을 행할 테니까 말이다. 그러므로 내가 어떻게, 어떠한 마음가짐으로 사역해야 하는지는 굳이 말하지 않아도 마음으로 느끼고 있을 것이다. 그 불과 같은 마음으로, 그렇게 하는 것임을 알았다. 하나님의 일을 하는 데 있어서 재정으로 인해 어려워하지 않아도, 고민하지 않아도 그런 기도제목을 올리지 않아도, 모든 것을 채워 주시고 해결해 주시는 하나님이시므로 이 믿음 하나만 가지고 가면 되는 것이다. 그러한 주님을 찬양하고 감사하는 마음을 가지고서 말이다. 오직 주님에 대한 믿음이 얼마나 중요한 것인지 알게 되었다.

주님께서는 우리가 구하지 않아도 우리가 교회에서 세상에서 긍휼 사역을 하게 되면 가장 적절하게 일으켜 세워주시는 분이다. 그런 주님이시다. 문제는 내가 정말 긍휼 사역을 하고 있는가이다. 내가 과연 긍휼의 마음을 품고 사역을 하고 있는가, 내가 섬기는 모든 사람에 대해 주님의 마음으로 애통해하고 있는가? 정말 부끄럽다. 긍휼의 마음이 바탕이 되지 않으면 껍데기와 같은 사역임을 알아야 할 것이다. 저를 불쌍히 여겨 주소서. 저의 마음에 긍휼의 마음을 품게 하소서. 우리들을 불쌍히 여겨 주소서. 우리들의 마음에 긍휼의 마음을 품게 하소서! 아멘.

주 안에서 우리 모두 하나
_수해 피해를 입은 마산을 다녀와서

교회 청년들과 또한 서울역 소망을 찾는 사람들(일명 소찾사, 서울역에서 노숙하거나 쪽방에 거주하시는 분들을 지칭함)과 함께 마산의 수해 지역을 방문하여 함께 섬기고 돌아온 일도 있었다. 물론 기존의 청년뿐만 아니라, 자활의 소망을 간직하고 다른 사람의 어려움과 필요를 돕기 위해 소찾사 사람들이 함께 동행한 것이 의미 있는 사건이었다.

태풍의 피해로 어려움을 겪는 마산의 수재민을 돕기 위해 자신의 중요한 공부를 내려놓고 서울역 노숙자들과 함께 마산을 다녀온 한 형제의 글을 여

기에 소개한다. 현재 (2007년) 윤OO 형제는 사법시험에 합격하여 사법연수
원에 다니고 있다.

　　지난주 화요일 아침에 교회에서 소망을 찾는 분들과 함께 마산에 수해
지역으로 자원봉사를 떠났다. 교회에서 8명, 소찾사님들도 8명해서 16명
이 함께 가게 되었다. 처음에는 소찾사 분들과 함께 봉고차 한대로 함께
가려 했는데, 그분들 옷에서 나는 냄새가 장난이 아니었다. 목사님께 익
히 들어서 그러려니 생각했는데 가히 상상을 초월했다. 그래도 어쩔 수
없다고 생각하고 차 타고 숨 한번 크게 들이쉬려는데 전 목사님께서 차를
한 대 더 가져가라고 하셨다. 안도의 한숨을 쉬었다. 나의 연약한 모습을
또 한 번 발견하는 순간이었다.

　　마산에서 1시쯤에 도착해서 점심 식사를 한 후에 곧바로 비닐하우스가
무너진 곳으로 향했다. 꽃을 재배하는 튼튼하던 하우스가 여지없이 넘어
져 쇠뼈대가 모두 휘어지고, 찢겨진 비닐은 여기저기 나뒹굴고 있었다.
휘어진 쇠 뼈대와 찢겨진 비닐을 바라보니 마치 수해를 당한 분들의 마음
을 보는 것만 같았다. 다음 번 수리할 때 쓸 수 있는 도구들은 철거해서
한 곳으로 모으고, 찢겨진 비닐은 모아서 버리는 일을 했다. 모두들 너나
할 것 없이 자기 일처럼 열심히 일하셨다. 특히 소찾사님들이 열심이셨
다. 하루 벌어 먹고 살기도 힘든 분들이신데 수해 소식을 듣고 돕기 위해
하루 일당을 포기하고 이곳에 오신 분들이었다. 그분들에게는 커다란 결
단이었다.

　　저녁 6시쯤까지 일을 마치고 수해 입으신 분들을 위로하며 배요한 목
사님의 눈물의 기도로 그곳에서 새 소망을 주시기를 소망하며 축복기도
를 하고 발걸음을 옮겼다. 배인 땀을 씻으려 모두 근처 목욕탕으로 향했
다. 수해지역이라서 목욕비도 일인당 1,000원밖에 받지 않았다. 욕탕에
서 모두들 씻고 휴식을 취하는데 옆에 계신 집사님께서 '모두들 옷을 벗
으니 누가 누군지 알 수가 없네.' 라고 말씀하셨다. 순간 하나님의 오른손
이 내 머리를 강타하는 것처럼 깨닫는 것이 있었다. 우리 모두가 주님 앞

에 똑같은 죄인인데 나는 뭐가 그리 잘났다고 저분들을 천히 여기는가, 저분들 몸에서 나는 냄새보다 더한 악취가 내 마음에서 나는 것을 깨닫게 하셨다. '주님 용서해 주십시오. 제가 죄인입니다. 제가 바리새인과 율법 학자 같은 자입니다. 사람을 겉모습으로만 판단하고 그리스도의 마음으로 바라보지 못하는 마음에 문둥병이 걸린 자입니다. 주님! 당신의 보혈로 나의 병든 가슴을 씻겨 주십시오.' 가슴을 치며 회개하지 않을 수 없었다.

··· 다음 날은 바닷가 쪽으로 향했다. 집이 바닷가 바로 앞이어서 폭풍과 해일로 인해 집이 모두 물에 잠겼었던 곳이었다. 담은 무너지고 전기는 물이 차서 모두 고장 나고, 바닥은 깨져 있었다. 주인아저씨는 태풍 피해 당시에 옆집 사람을 구하려다가 그만 손을 다쳐서 복구 작업도 하실 수 없는 상황이었다. 지역교회 목사님의 인도 하에 깨진 바닥과 무너진 출입구에 공굴이 작업을 했다. 돌로 채우고, 모래와 시멘트를 섞고, 또 물을 부어 적당히 반죽하듯이 이기어서 발랐다. 오후 4시쯤까지 작업을 끝내고 보니 한결 나아 보였다. 차츰 소망이 회복되고 평화가 깃드는 것 같았다. 김용삼 전도사님의 지역교회를 축복하는 소망의 기도를 끝으로 모든 일정을 마치고 서울로 향했다.

이번에 마산을 다녀오면서 한 번도 수해를 입은 적이 없는 나로서는 수재민들의 마음을 깊이 이해할 수 있는 귀한 체험이었고, 소찾사님들과 함께 하며 중심을 보시는 하나님을 깊이 깨닫는 소중한 시간들이었다.

특히 2003년도에는 전 성도들이 계획한 전교인 체육대회를 취소하고, 태풍 피해를 입은 지역에 체육대회 예산에다 첨가하여 1,000만 원을 구호 헌금으로 보내었고, 이 구호헌금으로 마산 구산면에 희망의 집(5호)이 준공되었으며, 그해 12월 23일에 준공 감사 예배를 드렸다. 아울러 이 해에는 신림 청장년들과 소찾사 분들이 함께 재난을 입은 지역을 직접 찾아가서 도와주기도 하였다.

그 외에도 2005년 10월 23일 파키스탄 지진 구호금으로 1,000만 원을 보내었고, 2006년 3월 12일에는 필리핀 구호헌금으로 1,000만 원을 총회 사회부에 헌금하였으며, 2006년 8월 6일에는 한국기독교 연합 봉사단에 집중호우 긴급 구호 기금으로 1,000만 원을 헌금하기도 하였다. 필요시에 임시 당회를 열고, 기도하면서 한 주 전체 헌금을 재난과 피해를 입은 지역에, 물론 국내외를 막론하고 보내기도 하였다.

양육과 outreach를 함께 이룬 청년 수련회
_양육 Pole + 선교 Pole

2004년에는 그동안 신림 청년교회가 지향해 온 양육과 선교가 조화를 이룬 수련회를 가지게 되었다. 전반기에 기독교 핵심가치 배우기를 통해 전 지체들이 양육을 받고, 그해 여름에 네 곳의 영역을 흩어져서 섬기다가, 다시 한번 한자리에 모여 결단하고 각자의 삶의 자리로 흩어지는 소중한 경험을 하게 되었다.

성령님과 함께 떠나는 Holy Mission(윗 청년) 여름 수련회

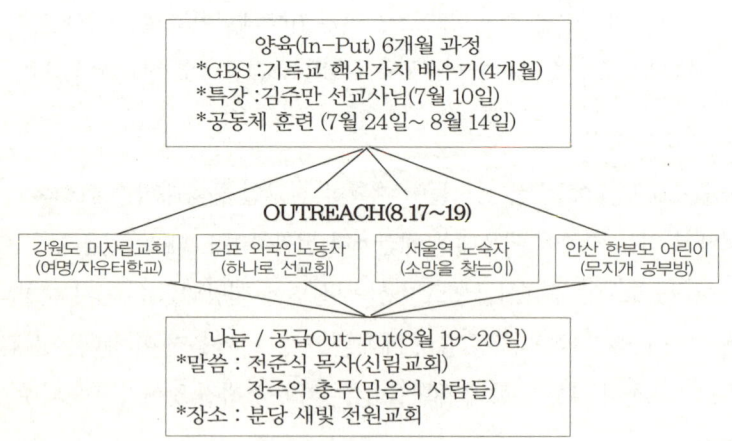

양육(In-Put) 6개월 과정
*GBS :기독교 핵심가치 배우기(4개월)
*특강 :김주만 선교사님(7월 10일)
*공동체 훈련 (7월 24일~ 8월 14일)

OUTREACH(8.17~19)

| 강원도 미자립교회 (여명/자유터학교) | 김포 외국인노동자 (하나로 선교회) | 서울역 노숙자 (소망을 찾는이) | 안산 한부모 어린이 (무지개 공부방) |

나눔 / 공급Out-Put(8월 19~20일)
*말씀 : 전준식 목사(신림교회)
장주익 총무(믿음의 사람들)
*장소 : 분당 새빛 전원교회

"주 여호와의 영이 내게 내리셨으니 이는 여호와께서 내게 기름을 부으사 가난한 자에게 아름다운 소식을 전하게 하려 하심이라 나를 보내사 마음이 상한 자를 고치며 포로된 자에게 자유를, 갇힌 자에게 놓임을 선포하며"(사 61:1)

(1) 먼저 아웃리치 이전에 말씀과 공동체 훈련으로 한 몸(Body)을 만드는 것을 가장 중요하게 생각하고 있다. 그리고 그 일환으로 우리는 이미 '기독교의 핵심 가치'라는 제목의 주제별 GBS를 실시하였다(Holy Mission, Holy Passion 함께). 우린 GBS를 통해 현실의 다양한 주제 속에서 하나님을 발견하고 적용하는 공부를 하였고, 그 마지막은 예수님의 지상 대 명령인 선교에 대한 내용이다. 그리고 우린 새롭게 구성된 팀 내에서 약 한 달에 가까운 공동체 훈련 및 사역준비를 하게 되었다.

(2) 그 다음으로 우린 4개의 사역지, 곧 강원도 미자립교회, 김포 외국인 노동자들, 안산 한 부모 어린이들, 및 서울역 소망을 찾는 이들에게 나아가 아웃리치 수련회를 실시하게 된다. 그 과정에서 우린 한 몸으로 섬김과 전도를 실천할 것이고 사역지에서 특별히 드려지는 놀라운 예배를 또한 경험하게 될 것이다. 더욱이 우리를 재정과 기도로 후원하는 다수의 중보기도팀과 함께 이 사역을 진행해 가며 영적 싸움에 효과적으로 대응해 갈 것이다.

(3) 마지막으로 우린 분당의 베이스캠프(새빛 전원교회)에 돌아와 우릴 환송하신 목사님을 위시한 중보기도자들로부터 환영을 받고, 우리가 경험한 놀라운 복음의 열매들을 나누며, 말씀으로 새롭게 무장하는 시간들을 가질 것이다. 그리고 우린 다시금 일상의 영역으로 구별된 자로의 파송을 받게 될 것이다.

가장 예배를 통해 완성되는 거룩한 공동체
_회복과 도전

　복음서에 보면 사단은 예수님을 시험할 때 자신을 예배하라고 유혹한다. "이르되 만일 내게 엎드려 경배하면 이 모든 것을 네게 주리라(if you will bow down and worship me)"(마 4:9) 왜 하필이면 사단은 '예배'를 노렸을까? 다른 영역들도 많은데… 이제 공생애를 시작하며 하나님 나라의 확장을 위해 출발하는 예수님에게 있어서 가장 중요한 영역이 무엇인지 마귀는 잘 알고 있었던 것이다. 인류의 구원사역을 완성하러 오신 주님에게 있어서도 하나님과의 예배가 무너지면 아무것도 할 수 없음을 마귀는 알고 있었던 것이다. 동일하게 어둠의 영은 바로 이 예배의 영역을 들고 우리에게 접근한다. 다른 신앙 행위들도 많은데, 사단이 그것을 노리는 것은 하나님을 예배하는 것이 우리 모든 삶의 중심인 것을 그가 더 잘 알기 때문에 전략적으로 접근하는 것이다. 예배가 무너지면 다 무너지는 것이다. 예배가 변질되면 모든 영역이 다 변질될 수밖에 없다. 아무리 교제가 탁월하고, 성경 공부가 잘되고, 전도가 활성화되어도, 구제를 잘해도, 봉사를 열심히 해도 예배가 죽으면 아무 소용이 없다는 것을 깨닫는 것이 중요하다. 예배가 죽은 교회 치고 부흥하는 교회는 없다. 반대로 예배가 뜨겁고 살아 있는데, 부흥하지 않는 교회도 없다.

예배에 목숨을 거는 청년교회

하나님을 찾는 것은 하나님을 예배하는 것이다_마틴 루터

하나님이 원하시는 건강한 신앙 인격이란 무엇일까? 하나님에 대해서는 무조건 예배 잘 드리고, 사람들은 무조건 사랑할 줄 알고, 물질은 잘 사용할 줄 아는 것을 배운 사람이다. 이것에서 타락하면 예배드려야 할 하나님은 무시하고, 사랑해야 할 사람은 사용하고, 사용해야할 물질은 사랑한다.

참된 예배자를 찾으시는 주님의 음성에 반응하는 교회가 청년교회이다. 신림청년교회는 예배에 올인 한다고 해도 과언이 아니다. 영적 리더십인 담임목사와 모든 교역자들이 2시간 이내의 예배를 위해서 모든 수고를 아끼지 않는다. 또한 모든 임원들과 사역자들도 주일 예배를 섬기는 자로서 자신의 정체성을 인식하고 있다. 설교자들은 일주일 내내 하나님의 말씀을 성령의 검으로 쪼개는 시간이 가장 소중한 시간으로 여기며, 또한 임원과 역원들은 오직 예배를 위해서 준비하고, 기도하고, 예배를 섬기는 자들이다. 또한 각 사역 마을과 비전 마을들도, 즉 샘 찬양단과 오직 믿음-오직 예수 성가단, 멀티 마을 등 이들의 존재 목적도 '온전한 예배'를 세우기 위함이다. 모든 예배를 섬기는 부서들이 주일 두 시간 드려지는 예배를 위해서 혼신의 힘을 쏟는다. 왜냐하면 청년의 회복과 부흥과 모든 것은 예배에 달려 있기 때문이다. 예배 안에 기쁨과 감격과 감동이 있기 때문이다. 신림청년교회에는 예배를 통해서

도전을 받고, 양육을 받고, 회복되고, 제자로서의 삶을 결단하게 된다. 이 모든 과정이 예배를 통해서 이루어지게 된다고 해도 과언이 아니다.

인간의 말로 위로하고 격려하는 것은 분명한 한계가 있다. 사람의 교훈과 징계도 한계가 있다. 그러나 예배를 통해서 하나님이 임재하시고, 만지시면 반드시 역사가 일어난다. 신림 청년공동체에서는 바로 이 예배를 통해서 하나님의 역사하심과 성령의 운행하심을 체험한다.

신림청년교회의 예배를 통해서 우리의 유전인자가 바뀌는 경험을 하게 된다. 우리의 본래 유전인자 DNA 속에는 죄성이 내재되어 있다. 시기와 질투와 불성실함과, 불충함과, 속됨과, 음란함과… 이런 유전인자를 빼내고 예수 그리스도의 생명의 유전 인자를 투입하는 작업이 예배 가운데 일어나는 것이다. 예배를 통해서 죄의 유전인자를 뽑아내고, 거룩함의 유전인자가 들어오는 것을 경험하게 되는 것이다. 어둠의 유전인자를 뽑아내고, 빛의 유전인자를 투입하는 것, 죽음의 유전인자를 빼어내고 생명의 유전인자를 받아들이는 작업이 예배를 통해서 발생하게 되는 것이다. 즉 살아 있는 예배를 통해서 거룩한 핵 이식 작업이 이루어지는 것이다.

자가 발전 vs 자기 희생
_Self-help vs Self-sacrifice

신림 청년 예배에서 강조하는 것 중의 하나가 자가 발전, 자가 동력으로 가는 것은 하나님 나라에 합당하지 않다는 것이다. 그것은 곧 자기 만족, 자기 영광으로 끝나기 때문이다. 이런 경우 나중에는 바닥을 드러내고 공동체에서 바가지 긁는 소리만 요란하게 나게 된다. 오직 하나님 나라에 합당한, 하나님의 영광을 보기 위해서는 나의 열심이 아니라, 나의 열정이 아니라, 하나님의 열심, 하나님의 열정으로 달려가야 한다는 것이다.

열왕기상 19장의 엘리야를 통해서 귀한 진리를 깨닫게 된다. 엘리야가 위대한 사역을 감당하고 난 이후 지쳤을 때, 완전히 burn out 되었을 때, 하나님이 엘리야를 찾아오신다. 그리고 하나님이 직접 엘리야를 먹이신다. 다시 말하면 하나님의 것으로 엘리야를 먹이고, 엘리야는 그 하나님이 주신 양식의 힘으로 하나님의 산 호렙으로 달려가게 된다. 이때 자신에게 임한 하나님 앞에 엘리야는 이렇게 항변한다. "내가 만군의 하나님 여호와께 열심이 유별하오니 … 오직 나만 남았거늘"(왕상 19:10) 다시 말하면 '나의 열심', '나의 열정'으로 사역을 감당했다는 것을 강조하고 있다. 그것도 두 번씩이나 아주 강조하고 있다. '나의 열심', '나만 남았다'라는 말을 강조하고 있다. 그 결과는 겉으로 보이는 위대한 일을 성취했다 할지라도 낙심과 좌절이 그를 휘어잡고 말았다. 이에 하나님께서 엘리야를 회복하시는 장면이 나온다. '크고 강한 바람'과 '지신'과 '불'을 차례대로 엘리야 앞에 보내신다. 이런 것들은 '엘리야의 열심과 열정'으로 이룬 사역들을 상징한다고 볼 수 있다. 그런데 그 속에서 하나님은 임재하시지 않으셨다. 그 이후 세미한 음성이 엘리야에게 임하고, 바알에게 무릎 꿇지 않고, 바알에게 입 맞추지 않은 칠천인을 남겨두었다는 하나님의 음성을 듣게 된다. 엘리야가 깨닫지 못하는 하나님의 열정과 하나님의 열심히 그 땅을 이미 다스리고 있음을 엘리야에게 보여주는 장면이다.

각 청년들이 각자의 살과 각자의 피를 태워서 달려가는 것이 아니라, 예배를 통한, 주님의 임재를 통한, 성령의 기름부으심으로 달려가기를 강력하게 권고하고 있다. 자기 살을 태워서 가는 자들은 항상 뒤끝이 좋지 않다. 매케한 연기만 날 뿐이다. 자기에게도 무익하고 다른 사람에게도 피해를 준다. 이에 대한 가장 좋은 예가 복음서에 나오는데, 주님의 제자들이 두 번 만선의 기쁨을 누리는 사건에서 찾아볼 수 있다.

복음서에 보면 주님이 시몬 베드로를 비롯한 제자들에게 만선의 기쁨을 두 번 주셨다. 처음에 제자들을 부르셨을 때하고(눅 5:5), 십자가 사건 후 부활하신 이후에(요 21장) 또 한번 만선의 기쁨을 주셨다. 부활하신 이후 주님이 시몬 베드로와 제자들에게 만선의 기쁨을 주셨는데, 시몬 베드로가 올라가 그물을 육지에 끌어 올렸다. 그런데 놀라운 것은 잡은 물고기의 숫자가 153마리나 되는 것이었다. 그런데 중요한 것은 그 153마리라는 숫자에 있는 것이 아니라, '그물이 찢어지지 아니하였다' 라고 기록하고 있다는 것이다. 처음에는(눅 5:5)에는 고기를 많이 잡기는 했으나, 그물이 분명히 찢어졌다고 기록하고 있다. 그러나 오늘 베드로의 그물은 동일하게 고기가 많이 잡혔지만 그물이 찢어지지 아니하였다고 증거하고 있습니다. 무슨 의미일까? 무슨 차이가 있는가? 이것을 나의 영적인 삶에 그대로 적용해 보자.

처음에는 내가 스스로, 나의 의지로 하는 그물질에는 많은 열매가 있지만 동시에 많이 빠져나가는 것을 보게 된다. 부활하신 주님을 만나기 이전에는 내 노력으로 고기를 많이 잡기도 하지만, 대부분이 나의 의지와는 나의 노력과는 상관없이 뚫린 구멍사이로, 찢어진 그물 사이로 허망하게 빠져 나가는 것을 보게 된다. 그렇기에 실제로 열매를 얻을 수가 없었다. 그러나 부활하신 주님을 진정으로 만난 이후의 사역은 절대로 그물이 찢어지지 않는 것이다. 이때부터 진정한 사역이 시작되는 것이다. 베드로의 목양도 이때부터 새로운 전기를 마련하게 되는 것이다. 이때는 절대로 그물이 찢어지지 않는 것이다.

청년들도 자칫하면 자가발전(Self-help)으로 모든 것을 하려는 유혹이 있다. 그러나 자가 발전에는 한계가 있다. 반드시 바닥이 드러난다. 그러나 성령의 기름 부으심과 하나님의 열심으로 하는 사역은 반드시 열매를 맺게 된다.

나 주님의 기쁨(조) 되기 원하네
_예배자의 자세

청년의 시기는 진정한 존경과 경배자를 찾는 시기이다. 자신의 전 생애를

다 바쳐서 헌신할 대상을 찾는 시기이기도 하다. 그것이 어떤 청년에게는 이성이 될 수 있고, 물질(복음서의 부자 청년 관원)이 될 수도 있고, 권력과 명예가 될 수도 있다. 신림 청년들은 예배를 통해서 자신의 전 삶의 영역을 다 드려서 주님을 기쁘시게 하기를 고백하며 결단하는 공동체이다. 기쁨으로 자발적으로 주님의 기쁨조가 되기를 원하는 청년 공동체이다. 그것을 예배를 통해서 표현하고 있다. 신림청년들은 모두가 예배를 통한 주님의 기쁨(조)이 되기를 원하며 또한 그렇게 노력하고 있다. 예배를 통한 주님의 기쁨(조)에 대해서 생각나게 하는 장면이 에스더서에 나온다.

성경 에스더서에 보면 별과 같이 빛나는 에스더가 등장하기 전에 에스더에 필적할 만한 아름나운 여인 한 사람이 더 나온다. 그 사람의 이름은 와스디인데, 폐위를 당하고, 에스더가 왕후로 중용된다. 와스디가 폐위를 당하게 된 이유가 '왕이 얼굴을 보고 싶은데 얼굴을 보여주지 않은 것' 때문이다. 아마 와스디에게 개인적인 이유가 있었을 것이다. 그렇지만 와스디가 이 당시 왕권이 어떠한지를 알았다면, 나의 감정, 나의 어떠함과 상관없이 왕의 부르심에 응해야만 했던 것이다.

우리 모두는 영원한 왕이신 주님 앞에서 행하는 신부들이다. 따라서 나의 왕께서 우리를 부르시면 그 앞에 서야 하는 것이 나의 본분이다. 나의 기분과, 감정과 상관없이 말이다. 나의 어떠함에 상관없이 주님이 나를 부르시면 나는 예배자로 그 분 앞에 서야 한다. 그런데 나는 와스디처럼 그 부르심에 응답하지 못하는 수만 가지 이유가 있다. 그렇지만 그분이 나를 부르시고, 찾으시고, 나의 예배를 받고 싶어 하신다면 나는 열 일을 제쳐두고 그분을 예배해야 한다. 주님이 나를 부르시면, 나의 얼굴을 보고 싶어 하시면, 나의 찬양과 경배와 예배를 받고 싶어 하신다면, 나는 만사를 제쳐두고 주님 앞에 서야 한다. 주님 앞에 서는 것, 주님 앞에 예배드리는 것, 왕 앞에 행하는 것에 대해서 다시 한번 생각하게 하는 내용이다. 나의 기분과 감정과 나의 어떠함에 상관없이 주님은 여전히 나의 왕이시며, 그분은 나의 찬양과 경배와 예배를 받으시기에 합당한 분이시며, 그분이 나를 보고 싶어 하신다는 사실 하나만으로도 나는 충분히 예배드릴 이유가 있는 것이다. 아래의 고백이 나와 청년 모두의 고백이기를 소망한다.

"주님! 주님은 나의 영원한 왕이십니다. 주님을 온전히 예배하는 자가 되고 싶습니다. 나의 기분과 감정에 상관없이 말입니다. 주님은 나의 전 생애를 다 바쳐서 경배 받으시기에 합당한 분이십니다. 나의 삶의 전 영역에서 주님을 신뢰하고 주님을 예배하고 싶습니다. 주님을 겸손이 따르고 싶습니다. 나 주님의 기쁨(조) 되기 원합니다."

예배자로 인해 Over하시는 하나님
_'Show 하는 것 vs 거룩한 Over'

영적 리더인 담임목사의 별명이 '오버 맨(Over Man)' 이다. 특히 예배와 말씀에서 자주 'over' 하시는 모습을 볼 수 있다. 예배시간에 over하시는 영적 리더를 통해서 신림교회 청년들은 하나님의 성품과 마음을 배우게 된다. 왜냐하면 우리 청년들이 신앙하는 하나님이 '오버' 하시는 분이시기 때문이다. 특히 하나님은 예배(자)로 인해 '오버' 하시는 분이시다. 예배(자)로 인해 정신을 못 차리시는 분이 바로 하나님이시다. 분명한 것은 신림 청년들은 예배를 통해서 '세상적으로 까부는 것(Show)' 과 '거룩하게 Over하는 것' 의 차이를 배우고 깨닫게 된다.

구약성경 에스라 6장에 보면 예배(자)로 인해 오버하시는 하나님을 찾아볼 수 있다. 하나님의 때가 되어 이스라엘 백성들을 바벨론 포로에서 귀환하게 하셨다. 역사를 주관하시는 하나님께서 당시 고레스 왕을 감동시켜서, 귀환 명령을 내리게 하셨고, 더 나아가 성전을 재건할 수 있도록 허락을 받았다. 그런데 여러 가지 난관으로 인해, 어려움에 봉착하게 되고 다시 에스라 6장에서는 다리오 왕을 통해서 고레스 왕의 칙령을 확증하게 되는 상황이 나온다. 그런데 이 부분을 잘 살펴보면 고레스 왕과 다리오 왕이 심하다 싶을 정도로 Over하는 것을 볼 수 있다. 포로귀한 명령만 해도 과분한 것인데, 안전하게 돌아갈 수 있게 안전 장치도 마련해 주고, 더 나아가 성전을 짓는 모든 비용을 바사 제국의 국가 세금으로 충당해 주겠다고 선언하는 것이다. 당시 패권국가 왕이 뭐가 아쉬워서 포로로 잡혀온 변방의 히브리 민족(하바리 민족)을 이렇게까지 대우해 주는 것일까? 나중에 다리오 왕은 성전 재건 뿐만 아니라, 그 성전 재건 과정과 그 이후에 들어가는 제사 비용, 즉 제수용품까지 제공하겠다고 선포하고 나섰다. 무지 Over하는 장면을 볼 수 있다. 이유는 무엇일까?

에스라서를 쭉 읽어보면 해답이 나온다. 이들은 포로에서 귀환한 후, 자신들의 삶의 터전도 안정되지 않은 상황에서 제일 먼저 하나님의 집을 건축하는 데 올인하였고, 첫 기공식에서 하나님 앞에 예배할 때 남녀노소 모두가 한마음으로 하나님께 감격하며 예배를 드렸던 사람들이다. 그렇다 이들은 하나님 앞에 예배하기로 결정한 사람들이다. 삶의 가장 우선순위에서 자신의 안정된 보금자리와, 직장과, 삶의 산적한 문제가 우선이 아니라, 하나님 앞에 예배드리기로 결정하고 그 예배에 최상의 가치를 부여하니까 하나님께서 너무너무 기뻐하신 나머지 Over하고 있는 것이다. 이것은 고레스 왕이나 다리오 왕의 Over가 아니라, 하나님의 거룩한 Over하심이다. 언제 하나님의 Over하심을 볼 수 있는가? 그것은 내가 나의 삶의 환경이나, 나의 기분과 감정에 상관없이 예배하기로 결정하였을 때 Over하시는 하나님을 볼 수 있다.

또 한 곳을 더 찾아보자. 사무엘하 6장 12절 이하에 보면 다윗이 Over하는 모습을 볼 수 있다. 그것은 외지에 오랜 시간 머물러 있었던 하나님의 임재의 상징인 법궤가 다윗성으로 들어왔을 때이다. 그때 다윗은 거룩한 하나님의 임재 앞에서 Over하고 있는 것이다. 그는 덩실덩실 춤을 추면서 하나님을 기뻐하였고, 하나님을 예배하였다. 신하들과 사울의 딸 미갈이 보는 앞에서 허리춤이 내려갈 정도로 기뻐하였던 것이다. 하나님이 이런 다윗의 예배를 기뻐하셨고, 사도행전 13장 22절에서 다윗을 가리켜 '내 마음에 맞는 사람'이라고 칭찬하셨다.

거룩하게 Over하는 다윗을 'Show'하고 있다고 멸시한 미갈은 어떻게 되었나? 하나님께서 태의 문을 닫아버렸다. 예배를 무시하고, 거룩한 Over가 아닌, Show하는 자들에게 주시는 하나님의 경고는 바로 '영적인 태의 문'을 닫는 것이다. 그러면 그 어떤 열매도 맺을 수가 없는 것이다. "Show를 중단하고 거룩하게 Over하는 예배자로 서십시오."

본질 vs 비본질
_신앙인 vs 종교인

세상은 본질보다 skill을 원하고 그것을 가르친다. 그러나 하나님은 본질을 가르치신다. 요한복음 15장에서 주님은 비유로 말씀하시기를 하나님 아버지는 포도원 농부이시고, 예수님은 포도나무이시고, 우리는 그 나무에 붙어 있는 가지라고 비유하셨다. 우리는 포도나무 가지이다. 포도나무의 정체성과 본질은 열매에 있다. 그런데 우리가 포도나무 가지이면서도 여전히 비본질적인 것에만 관심을 두는 경향이 많다. 포도나무와 그 가지는 관상용으로 쓸 수 없다. "그는 주 앞에 자라나기를 연한 순 같고 마른 땅에서 나온 줄기 같아서 고운 모양도 없고 풍채도 없은즉 우리의 보기에 흠모할 만한 아름다운 것이 없도다.(사53:2)" 또한 가구나 건물의 튼튼한 재목으로도 쓸 수가 없다. 하다 못해 불쏘시개에도 적합하지 않다. 오직 그 열매가 포도나무의 본질이다. 그 열매를 통해서 하나님과 사람을 기쁘게 하는 것이다. 때로는 연약한 사람을 회복시키기도 하고, 잔치에 없어서는 안 될 중요한 항목이 되기도 한다. 이는 성령의 열매이며, 믿음의 가치를 말한다. 세상은 방법을 원하지만 하나님은 믿음으로 반응하는 것과 열매 맺는 것을 원하신다. 세상은 자기를 드러내는 방법을 가르치지만 하나님은 중심을 보기를 원하신다. 세상은 넓은 길을 찾아가는 방법을 가르치지만 하나님은 좁은 길을 가기를 원하신다. 신림공동체의 예배도 바로 이 하나님의 본질을 찾아가는 과정이라고 볼 수 있다.

신림 청년교회가 예배에서의 말씀과 성경공부의 학습에서 가장 강조하는 것 중에 하나가 본질적인 것과 비본질적인 것을 구분하는 것이다. 교회의 본질은 건물이 아니다. 교회의 본질은 숫자에 있지도 않다. 교회의 본질은 화려한 프로그램에 있지 않다. 오직 교회의 본질은 '생명'에 있고, 그 생명을 위한 '선교'에 있고, 그 선교를 위한 '십자가의 복음'이 교회의 본질이다. 또한 선교를 이야기 할 때 본질은 돈이 아니라, 마음(Mind)이 중요하다. 육신적인 할례(물 세례)는 비본질적인 것이며, 본질은 마음의 할례(성령 세례)이다. 하나님은 기능인과 탤런트를 찾는 것이 아니라, 예배자를 찾으신다(요 4:23). 예배자가 본질적인 영역이다. 대부분의 청년들이 비본질적인 것에 시간과 정열을 드리고, 비본질적인 것 때문에 두려워하고 자유함이 없는 경우가 많다. 그렇기에 신림 청년 교회의 예배에서는 율법이 아닌 복음을 강력하게 선포하고 있다. 선물이 아닌, 선물을 주신 주님께 Focus를 맞추라고 말씀하고 있다. 이 세상의 그 어떤 것이 아닌 십자가의 보혈이 주는 안식과 자유함을 강조하고 있다. 비전이 아닌 비전을 주신 하나님께, 종교인이 아닌 진정한 신앙인으로서 세움 받아야 함을 강조하고 있다.

"주님, 나와 모든 청년지체들이 주님이 허락해 주신 귀한 것들에만(선물, 은사) 마음을 빼앗기고 그것에 집중하는 어리석은 자가 되지 않게 해 주십시오. 그것을 허락해 주신 그 신실하신 아버지께 더 마음과 사랑을 드리며 그분 앞에 머무는 삶을 견지하게 하소서."

그러기 위해서는 인생에 있어서, 신앙에 있어서 가장 본질적인 가치인 십자가를 붙드는 삶이 참으로 중요하다고 할 수 있다. 아니 십자가를 각자의 삶의 중심에 꽂아야 한다. 그래서 그 십자가에서 흐르는 보혈이 모든 삶에 있어이 세상 그 어디에도 진정한 안식처가 없다. 청년들 대부분이 이 안식처를 다른 데서 찾고 있다. 어떤 이는 이성에서 찾고, 어떤 이는 알콜에서 찾고, 오락과 도박과 세상적 출세에서 찾고 있다. 그러나 이런 것에는 참된 안식이 없음을 곧 깨닫게 된다. 오직 십자가 아래에 거할 때 진정한 쉼을 얻게 된다. 성 어거스틴도 오랜 방황을 한 후에 주님 안에 거하였을 때, 주님과 온전한 사귐을 갖게 되었을 때 진정한 안식을 누리게 되었다. 청년들도 여러 가지 상황으로 인해 안식함을 누리지 못하는 지체들이 참 많은데, 날마다 십자가로 더 가까이 나아가 주님이 주시는 참된 안식과 자유함을 누릴 수 있기를 간절히 소망한다.

우리 청년들은 비전에 목숨을 거는 것이 아니라, 그 비전을 주신 하나님께 더 초점을 맞추어야 한다. 하나님께로부터 오는 그 어떤 것이 아니라, 하나님 자체에 초점을 맞추어야 한다. 성경에 관한 그 어떤 것이 아니라, 성경 자체에 집중해야 한다. 사랑에 관한 그 어떤 것이 아닌 사랑 자체이신 주님을 깊이 만날 때 사랑을 알게 된다. 그래서 본질적인 것은 하나님 말씀 그 자체에 더 오랜 시간 머물고, 사랑을 말하는 자들이 아니라 사랑하는(사랑스런) 존재가 되는 것이 중요하며, 은혜에 대해서 말하는 자들이 아니라, 은혜스러운 존재가 되는 것이 정말 중요한 본질이다.

무엇보다도 청년들은 신앙인이 되어야지 종교인이 되어서는 안 된다. 신앙인과 종교인의 차이가 무엇인가? 신앙인은 기쁨이 있다. 그러나 종교인에는 의무감만 있다. 신앙인은 자발적이다. 그러나 종교인은 형식적이다. 신앙인은 영향력이지만, 종교인은 고인 물과 같다. 새벽이슬 같은 모든 주의 청년들이 단순한 종교인에 머무는 것이 아니라, 참된 신앙인으로 거듭나길 간절히 소망한다.

공동체의 소중함
_tour하는 자 vs 예수 공동체에 속한 자

사도행전 20장에 보면 청년 유두고 사건이 나온다. 그는 창문 턱에 걸터 앉아 말씀을 듣고 있었다. 그리고 결국 졸다가 떨어져서 죽게 되고 다시 살아난 청년이다. 오늘 수많은 한국교회의 청년들의 모습이 바로 유두고의 모습이 아닌가 하는 생각이 든다. 공동체에 깊숙이 들어오는 것도 싫고, 그렇다고 교회 밖으로 과감하게 뛰쳐나갈 용기도 없고, 그저 어중간하게 앉아서 눈치만 보다가, 그러다가 졸다가 하는 연약한 모습을 오늘날 한국교회 청년들에게서 찾아볼 수 있다.

신림청년교회가 예배 중에 강조하는 것 중의 하나가 공동체의 소중함이다. 단순히 교회를 Tour하는 사람들이 많기에 그들을 향해 공개적으로 예배시간에 공동체에 들어와서 예배드리고, 훈련받기를 권면하고 있다. 아니 강력하게 요구하고 있다는 표현이 맞을 것이다. 공공연하게 설교 도중 청년들을 향하여 교회를 투어(Tour)하지 말라고 강조하면서, 공동체의 중요성을 강조하고 있다. 교회 공동체에 속하지 않고 겉도는 지체들을 향하여, 교회를 떠나라고(?) 공공연히 말씀하실 때, 청년들에게 역효과가 나타나는 것이 아니라 오히려 자극이 되어, 교회 공동체에 들어오는 경우도 많이 있다.

신앙은 혼자서 도 닦는 것이 아니라고 강조한다. 신앙은 솔리스트 연주가 아니라는 것이다. 오늘날 한국교회의 가장 큰 문제는 바로 '개인적인 수양과 도 닦음'에만 관심을 가졌지, 하나님 나라를 함께 이루어 가는 것에 대해서는 무관심했다는 것이다.

신림공동체 내에서도 묻어다니는 사람이 있고, 붙어다니는 사람이 있다. 묻어다니는 사람은 자신을 오픈하지 않는, 아니 싫어하는 사람이다. 그러나 붙어다니는 사람은 자신을 기꺼이 오픈하는 사람이다. 묻어다니는 사람은 교회를 이리 저리 Tour하는 사람이며, 붙어다니는 사람은 예수 공동체에 속한 사람이다. 물론 교회 공동체의 구성원들이 완벽한 사람들로 이루어진 공동체가 아니다. 그렇지만, 온전하지 못한 사람들이 모여서 예수 그리스도의 보혈로 되어져 가는 사람들의 공동체이다. 즉 공사중인 사람들이 모인 공동체이다. 그런데 묻어다니는 사람들은 이런 공사중인 공동체의 연약함과, 어리숙함과, 불편함이라는 이유로 인해 공동체에 들어오기를 꺼려한다는 것이다. 그렇지만, 붙어다니는 사람은 '철이 철을 날카롭게 한다'는 말씀에 의지하여, 공동체에 깊숙이 들어와서, 도전을 받고, 도전을 주는 사람이다.

신앙에 있어서 중간지대는 없다. 주님이 가장 싫어하는 색은 회색이며, 가장 싫어하는 지역도 회색지대이며, 회칠한 무덤을 가장 싫어하신다. 청년들이 특성상 얽매이기 싫어하고, 자유분방한 것을 좋아하는 특성상 교회의 공동체에 들어오기를 싫어하는 사람들이 많이 있다. 또한 여러 가지 시험과 고시와 진로와 직장 문제로 인해서 공동체에 소속됨으로 오는 여러 가지 시간적, 정신적 손해를 감수하려고 하지 않는 것이 특징이다. 그렇지만 신림청년교회에서 그런 자들은 그 어떠한 신앙의 유익도 얻을 수 없다. 왜냐하면 공공연히 교회를 떠나라고 엄포(?)하시는 담임목사의 메시지 때문이다. 공동체에 들어와서 양육 받고, 양육하지 않는 사람들은 아예 악수의 손도 주지 않고 있다. 그만큼 공동체의 소중함에 대해서 강조하고 있는 교회가 신림교회이다. 젊었을 때 양육 받지 못하면 나이가 들어서도 양육 받지 못하는 것이고, 그렇다면 주님의 제자로서의 삶은 요원한 것이다. 군사로서의 삶은 꿈에도 생각할 수 없는 것이다. 그렇다면 교회는 주의 나라를 위한 강한 용사를 길러내는 영적인 논산 훈련소가 아니라, 종합병원으로 전락하고 말 것이기 때문이다.

이를 통해 결국 공동체의 소중함을 인식하고 깨달은 청년지체들이 자발적으로 신림 공동체 안으로 들어오게 되고, 훈련받게 되고, 군사로 거듭나게 되는 것을 볼 수 있다.

하나님의 마음
_참 인간적인 총독 vs 십자가 위의 강도

신림청년교회의 예배에서 강조하는 것 중의 하나가 하나님의 마음을 아는 것이다. 그것은 영혼에 대한 관심이며, 그 불신 영혼의 무게를 느끼는 것이다. 특히 믿지 않지만 법 없이도 살아가는 사람들이 많은 시대이다. 그러나 '예수 그리스도에 대한 인격적인 고백이 없으면' 그들의 선함과 착함과 공로는 '낡아지는 옷'과 같은 것이라고 강조하고 있다. 그래서 신림청년교회는 따로 '총동원 전도주일'이나 '한사람 초청잔치'나, '새생명 전도 축제'와 같은 일회성의 프로그램을 하지는 않지만, 매주 마지막 주는 '전도주일'로 지키고 있다. 이때는 새신자 뿐만 아니라, 복음에 대해서 잘못 알고 있는 기존의 헌신자들을 대상으로 강력하게 복음으로 돌아올 것을 권면하고 있다.

이 시간은 복음을 듣지 못한 자들에게는 생명수와 같은 주의 말씀이 선포되고, 또한 기존의 성도들에게는 복음의 본질에 덧입혀진 세상적인 이끼들과 가지들을 제거하는 시간이다. 이 예배시간을 통해서 세속적인 가치관을 씻어내는 시간이다. 세속적인 인본주의를 깨뜨리는 시간이다. 이에 대한 좋은 실례를 성경의 빌라도 총독에게서 배울 수 있다.

빌라도를 생각해 본다. 빌라도는 무슨 큰 죄를 지었기에, 지금까지도 개혁교회를 비롯한 모든 고백자들의 입에서 주님의 고난의 직접적인 원인 제공자로 소개되고 있을까? "본디오 빌라도에게 고난을 받으사" 본문을 잘 읽어보면 인간적으로 보면 빌라도는 죄가 없는 것처럼 보인다. 윤리적으로 보면 빌라도는 예수를 놓아주기 위해 최선을 다한 것처럼 보인다. 할 만큼 했던 것이다. 그러나 분명한 것이 하나 있는데, 그것은 하나님이 사람을 판단하실 때는 윤리적으로나 인간적인 면에서 보는 것이 아니라, 그가 주님의 편에 서 있느냐 그렇지 않느냐를 보는 것이다.

십자가의 강도는 윤리적으로 보면 은혜를 받을 수 없다. 그러나 그가 마지막 순간에 예수를 주로 고백하였기에 그는 주와 함께 낙원에 있게 되는 것이다. 빌라도는 인정은 있었지만, 그는 예수를 인격적으로 만나지 못했다. 그는 자신의 직분에 합당한 책임을 다하지 못했다. 그만큼 높은 지위를 가졌으면 그만큼의 책임이 따르는데 빌라도는 이것을 감당하지 못했고, 하나님보다 사람을 더 두려워 하였고, 하나님의 마음보다 사람의 여론을 더 중시했다. 여기서 우리는 분명히 해야 한다. 예수를 주로 고백하는 사람이냐, 아니면 예수를 못 박는 사람이냐 둘 중의 하나를 선택해야 한다. 빌라도를 통해 우리에게 보여주는 중요한 메시지는 '중간 지대는 없다' 는 것이다. 천국 아니면 지옥이지, 연옥은 없다. 예수를 믿지 않으면, 나머지는 예수를 반대하는 사람과 똑같은 이치이다. 그렇다면 이것도 선교적 관점으로 연결될 수 있다. 오늘날 많은 성도들과 청년들이 이 빌라도의 위치에 서 있다. 그렇지만 주님과의 인격적인 만남과 고백이 없이는 절대로 하나님의 의를 이룰 수 없다는 것을 이들은 깨닫지 못한다.

위에서 보는 바와 같이 십자가상에서 구원받은 한 강도가 진정한 인생 역전의 꿈을 이루었다. 로또가 인생 역전이 아니다. 진정한 인생 역전은 십자가상에서 마지막 순간에 주를 만나 그분께 신앙을 고백하고, 그래서 빌라도 총독에 비해 이름도 없는 한 강도였지만, 그래서 지옥에 갈 인생이었지만, 천국에 이르게 된 것, 돈으로 살 수 없는 영원한 하나님 나라에 이르게 된 것이다. 예배에서 이루어져야 할 사건이 바로 십자가 상에서 구원받은 한 강도의 사건이어야 한다. 지옥 가야 할 영혼이 하나님 나라에 이르게 되는 것, 아무 공로 없으나 전적으로 주님의 은혜로 영원한 소망을 갖게 되는 것 이 모든 것이 예배를 통해서 일어나야 한다. 그것이 진정 하나님의 마음을 헤아리는 것이다.

"여러분의 부모와 형제자매를 생각해 보라. 예수를 믿지는 않지만 인간적으로 참 좋은 사람들이 있을 수 있다. 아니 주위에서 참 많이 볼 수 있다. 여러분이 교회 출석하는 것을 반대하지 않는다. 이들 중의 어떤 사람들은 법 없이도 살 수 있는 사람이라고 칭찬 받을 만한 사람들이다. 그러나 이들이 인격적으로 예수를 고백하고 받아들이지 않았다면 그 사람은 예수님의 반대편에 서 있는 사람임에 틀림없다. 아무리 윤리적으로 흠이 없고 도덕적으로 깨끗한 삶을 살아도 그 영혼은 참으로 불쌍한 영혼이다. 주님께로 돌아오기까지 그 영혼은 쉼을 얻지 못하는 것이다. 그렇다면 우리가 그들에게 해 줄 수 있고, 해야만 하는 최고−최선의 선물은 너무나 자명한 것이다."

그것은 바로 영혼에 대한 관심과 안타까움이다. 그것이 곧 하나님의 마음이며, 이 마음을 예배시간을 통해서 계속해서 확인해야 한다.

아래에 하나님의 마음을 시원케 하기 위해 결단한 한 자매(고○○ 자매, 81 또래)의 글을 간략하게 소개한다. 신림청년교회에 등록하고 지금은 새가족부를 섬기는 자매이다.

하나님의 인도하심을 되돌아보면 인내하시고 후원자 되시고, 나를 너무 잘 아시고 내가 혼란스러울까봐 조금씩 조금씩 나도 모르는 사이에 나를 변화시켜 주신 하나님이심을 고백하게 됩니다.

누구나 어렸을 적 한번은 가보는 교회를 저는 대학 4학년이 되어서야 처음으로 가보게 되었습니다. 제가 사는 곳에 교회가 없었기도 했고 저의 삶과는 무관한 종교의 하나라고만 생각했기에 저에게 있어 종교는 정말 선택이었습니다. 그러던 중 대학 3학년 때 마지막 강의 시간 교수님께서 예수님에 대해 진심어린 눈빛으로 말씀하실 때에 처음으로 호기심이 생겼습니다. 새로운 세상이 있을 것 같다는 생각에 잠시나마 경험하고픈 생각이 들었지만, 그곳과는 전혀 관계 없었던 그동안의 삶의 영향으로 그 생각은 거기에서 멈췄습니다.

그러던 중 하나님께서 제 생각을 정리해 주셨습니다. 저의 그동안의 삶을 돌아보게 하셨고, 어렸을 때부터 하나님을 알게 될 때까지 나를 위해 준비하셨던 하나님의 사람들을 생각나게 해 주셨고, 그들이 왜 내 옆에 있었는지 깨닫게 해 주셨습니다.

졸업 후 공부로 인하여 신림동에 오게 되어 목자와 함께 온 교회가 바로 신림교회입니다. 교회 공동체 생활 경험이 없어서 등록하는 것조차 익숙하지 않았고, 내 자아가 어느새 또 다시 꿈틀하여 무언가 확신이 들지 않으면 등록하지 않겠다고 생각했습니다. 목자의 권유도 무시하고 3개월이 지나서야 목사님의 강력한 설교로 인해 또 다시, 어쩔 수 없이 등록하게 되었는데, 새가족반에서 뜻밖에 함께 거하는 것이 믿음이란 리더의 말에 '우와! 우리 하나님은 정말 정확히 나를 아시는 분이시구나!' 라는 생각이 들었습니다.

벌써 이 신림교회에 온지 2년의 시간이 흘렀습니다. 생각해 보면 정말 하나님의 인도하심을 느끼게 됩니다. 비록 그 시간들을 경험하고 있을 때에는 보이지 않는 길을 간다는 것이 어렵고, 믿지 않는 가족들과 나의 불안정한 상황으로 인하여서 내가 주님을 배반하면 어쩌지 라는 생각으로 한동안은 걱정에 사로잡혀 내가 지금 하나님을 찬양하고 부르짖는 일이 나중에 생각할 때 가식이 되면 어쩌나 걱정했습니다. 그럼에도 불구하고 나를 포기치 않으시고 끝까지 하나님의 자녀로 지금까지 인도하신 하나님을 기억하게 하셨고, 그 후 마음이 평안해졌습니다.

이젠 하나님의 형상대로 지음 받은 새로운 피조물로서 하나님과 텔레파시가 통했으면 하는 생각을 합니다. 그래서 끝까지 가서야 어쩔 수 없이 끌려왔던 신앙이 아니라 주의 뜻을 알아 일찍 항복함으로 하나님의 마음을 시원케 해 드리는 자녀가 되고 싶습니다. 또한 주님이 나를 위해 하나님의 사람들을 세심하게 심어 놓으시고 사용하셨던 것처럼 저 또한 다른 믿지 않는 자들을 향한 하나님의 도구가 되고 싶습니다. 당장 열매가 보이지 않을지라도 신실하신 하나님이 이루어 주실 것을 믿습니다.

거룩함과 순결한 그릇
_튼튼한 그릇 vs 깨어진 그릇

> 큰 집에는 금 그릇과 은 그릇뿐 아니라 나무 그릇과 질그릇도 있어 귀하게 쓰는 것도 있고 천하게 쓰는 것도 있나니 그러므로 누구든지 이런 것에서 자기를 깨끗하게 하면 귀히 쓰는 그릇이 되어 거룩하고 주인의 쓰심에 합당하며 모든 선한 일에 준비함이 되리라 또한 너는 청년의 정욕을 피하고 주를 깨끗한 마음으로 부르는 자들과 함께 의와 믿음과 사랑과 화평을 따르라(딤후 2:20-22)

하나님의 성품 가운데 그의 거룩하심이 가장 중요하고 첫 번째가 되는 이유는 그것이 이 땅에서만이 아니라 하늘나라에서도 영원토록 계속되기 때문이다. 이사야의 소명장인 6장에서 천사들(스랍)이 외치는 소리도, 요한계시록 4장 8절에서 네 생물들이 쉼 없이 노래하고 있는 주제가 바로 '거룩하다. 거룩하다. 거룩하다.' 이다. '위대하다. 전능하다. 탁월하시다.' 가 아니라, '거룩하다.' 이다. 이것은 하늘과 땅의 모든 것이 항상 변함없이 염두에 두어야 하는 하나님의 성품으로 그의 모든 성품들 가운데 가장 뛰어난 그의 거룩하심을 꼽으시기 때문이다. 예수 그리스도의 아름다움은 바로 그의 거룩함으로부터 나온다.

나를 비롯한 많은 청년들의 마음 속 깊은 곳에서는 가끔 이런 울림이 있다. "하나님 저도 주님의 사역 가운데 위대하게, 크게 쓰임 받고 싶습니다. 그런데 하나님은 왜 저를…" 항상 하나님이 나를 사용하시지 않는 것이 문제라고 생각해 왔다. 하나님이 나를 쓰시기만 하시면 좋을 텐데… 그런데 오늘 말씀에서, 문제는 쓰시지 않는 하나님께 있는 것이 아니라, 거룩함으로 준비되지 않은 나에게 있음을 가르쳐 주신다. 하나님이 쓰시지 못할 그릇은 없다. 그런데 나의 그릇이 순결함으로 깨끗함으로 준비되지 못한 게 문제이다. 정작 탄식해야 할 것은 "주님 왜 저는 주님이 쓰시기에 합당한 순결한 그릇으로 드리지 못하는 것입니까?"이다. 그렇다. "주님, 이 시간 주의 말씀과 주의 흘리신 보혈로 나를 정결케 하옵소서."

하나님이 원하시는 것은 순결한 그릇, 거룩한 그릇이며, 또한 하나님이 찾으시는 자도 이 시대 앞에 하나님의 거룩과 순결을 나타낼 거룩한 자를 찾으신다고 말씀하신다. 하나님이 원하시는 거룩하고 순결한 그릇은 하나님의 손에 의해 철저하게 부서진, 깨뜨려진 그릇이다. 세상에서 원하는 그릇은 튼튼하고, 화려하고, 실용적인 그릇이다. 그렇지만 하나님이 원하시는 것은 철저하게 깨어지고 부서져서 다시 하나님의 손에 의해 만들어진 그릇이다. 더 많이 부서지고, 더 많이 깨어진 만큼 하나님께서 잘 쓰실 수 있다. 세상은, "얼마나 튼튼한가? 얼마나 화려한가"를 강조한다. 그러나 하나님은 이런 것에 관심을 두는 것이 아니라, "얼마나 많이 부서졌나?, 얼마나 철저하게 깨어졌나?"를 보신다. "얼마나 세상적으로 부요한지가 아니라, 얼마나 심령이 가난한지를 보신다." 즉 하나님의 손에 의해 다루어진 만큼 우리를 사용하신다.

예배 시간은 철저하게 하나님의 손에 의해서 깨어지는 경험을 하는 시간이다. 예배 시간은 결코 삯군 목자를 통해서 값싼 은혜와 동정을 받는 시간이 아니라, 엄위한 하나님의 말씀 앞에 자신의 전 존재가 완전히 발가벗겨지는 경험을 하는 시간이다. 예배 시간을 통해서 더 많이 깨어지고, 갈아지고, 엎어지고, 또 부서지는 경험이 있어야 한다. 그것이 진정한 예배의 기쁨이다.

2002년 기독교 월간지인 《기독교 사상》의 "짧은 두레박" 코너에 '더운갈이'라는 말의 유래를 소개한 것을 보게 되었다. 이 말이 우리 청년들에게 주는 영적인 의미가 크다고 할 수 있다. 각종 고시의 결과 발표와 기다림으로 낙심하고 초조해 하는 지체들, 취업을 준비하고 공무원 시험을 준비하면서 힘들어하는 지체들에게 이 말이 힘이 되었으면 좋겠다.

더운갈이의 유래는 이렇다. 모내기철이 지나가는데도, 비가 오지 않아 힘든 시기에, 결코 농부는 농사를 포기하지 않고, 물기 하나 없는 논을, 거북이 등처럼 갈라진 그 논을 계속해서 갈고 또 갈고 하는 작업을 계속한다. 그러다 보면 거북 등처럼 갈라졌던 마른 논은 어느새 먼지처럼 고운가루가 되고 만다. 그러던 어느 날 하늘에서 빗방울이 떨어지면, 온 식구가 논으로 달려 나가 모를 꽂았다. 먼지와 같이 고운 흙이 비를 맞으면 이내 곤죽이 되는지라, 새삼스레 논을 갈고 모를 심을 필요가 없이 그냥 모를 꽂아 나가기만 하면 되었다. 그렇게 가문 날 마른 땅을 갈고 또 가는 것을 '더운갈이'라 했다.

때때로 우리의 삶에도 막막한 가뭄이 이어질 때가 있다. 은혜의 단비를 주시겠다고 약속하셨는데, 몇 년째 기근과 가뭄이 계속되는 삶의 자리를 그저 안타깝게 바라보는 청년들이 있다. 논이 바닥을 드러내듯이 이제는 마음의 여유와 평안이 메말라 완전히 밑바닥이 드러나고, 그래서 우리의 연약한 모습이 그대로 드러나 결국에는 대책 없이 마음이 갈라질 때가 있다. 그럴 때일수록 새벽이슬 같은 주의 청년들은 우리 조상들의 '더운갈이'를 기억했으면 좋겠다. 반드시 은혜의 소낙비는 온다, 기필코 오고야 만다는 확신 아래 오늘도 팍팍한 우리의 삶의 자리를 말씀으로 기경하는 청년들이 되기를 소망한다. 말씀의 쟁기를 들고 우리의 삶의 자리를 갈아 엎기를 소망한다. 말씀의 검으로 쪼개고 쪼개고, 미세한 가루가 될 때까지 쪼개는 작업이 우리 청년들에게 일어났으면 좋겠다. 이런 영적인 '더운갈이'를 하는 청년들에게 주님이 마침내 은혜의 소낙비를 장대비와 같이 부어주실 것이다.

찬양 중에도 이런 찬양이 있다. "우리 함께 기도해 주 앞에 나와 무릎 꿇고 / 긍휼 베푸시는 주 하늘을 향해 두 손 들고 / 하늘 문이 열리고 은혜의 빗줄기 이 땅 가득 내리도록 / 마침내 주 오셔서 은혜의 빗줄기 우리 위에 부으시도록" 말씀과 기도와 신뢰함으로 우리의 지경과 삶의 자리를 기경하고, 갈고, 또 갈아 엎는 자들에게 주시는 주의 은총이 여기에 있는 것이다.

하나님은 거룩하게, 완전히 부서진 자들로서 준비된 자들에게 은혜의 소낙비를 부어 주신다. 청년들에게 있어 중요한 것은 거룩함으로 준비하는 것이다. 그것은 나 자신이 주님 앞에 부서지는 경험을 하는 것이고, 그것도 완전하게 박살나는 깨어짐이 있어야 하는 것이다. 주님께서 이 시대에 청년들에게 요구하는 것도 동일하게 '거룩함'이다. 왜냐하면 거룩함이 힘이고, 거룩함이 영향력이고, 거룩함이 전부이기 때문이다.

주님께서 청년들과 우리 모두에게 요구하는 거룩함은 3중적 거룩함이다. (1) (처음)우리의 부르심도 거룩한 부르심이다. 우리를 부르심은 주님의 거룩함을 위해서(for) 부르신 것이고, 주님의 거룩함으로(toward) 부르심을 받은 것이다. (2) (중간)우리의 그릇(삶)도 거룩한 그릇으로 부르신다. 우리의 삶의 여정도 거룩함이어야 한다. 우리의 삶의 자리에서도 거룩함의 영향력을 나타내야 한다. (3) (끝)우리의 마지막도 거룩한 신부로 마감해야 한다. 우리의 종착역도 주님의 거룩한 신부로서의 자리가 되어야 한다.

"주님! 신림 청년들도, 저도 그렇게 순결한 그릇으로 서고 싶습니다. 내 안에 모든 세상적인 것들과 더러운 것들을 성령으로 태워 주시고, 비워 주십시오. 그래서 언젠가 주님 앞에 설 때는 거룩한 신부로 서기를 원합니다. 아멘."

주님 더욱 사랑합니다

한국교회가 지금까지 가장 큰 관심을 가졌던 다섯 개의 B(5B)가 있다고 한
다. 첫째 B는 BUILDING이다. 그야말로 목숨 걸고(?) 건축에 매달린다. 그것
이 목회 성공의 바로미터라고 말하는 사람도 있다. 그러나 신림교회는 교세
를 자랑하고 과시하고자 하는 무의미한 본당 건축을 지양하고 있다. 그래서
지금도 여러모로 열악한(?) 본당에서 주일 예배를 6번 나눠드린다. 둘째 B는
BAPTISM인데, 신림교회는 세례에 목숨을 거는 교회가 아니다. 중요한 것은
세례교인이나 종교인이 되는 것이 아니라, 참된 신앙인이 되는 것이기에 제
대로 된 구원의 확신을 강조한다. 따라서 성찬식 때는 세례 받은 자들뿐만 아
니라, 구원의 확신이 있는 자들은 예수님의 살과 피에 동참하도록 권면하고
있다. 셋째 B는 BURIAL PLACE이다. 신림교회는 우리 모두가 하나님 나라
의 시민권자임을 강조하면서 교회 공원묘지를 사지 않기로 결정하고 선포하
였다. 물론 교회 기도원(수양관)도 갖지(짓지) 않기로 선포하였다. 넷째 B는
BUS이다. 신림교회에서는 버스를 운영하지 않을 뿐만 아니라, 그런 것에 예
산을 사용하지 않기로 결정하였다. 버스 타고 교회 올 정도면 가까운 교회에

서 신앙생활 하시라고 권면한다. 성도가 이사를 가면 자연스럽게 아무런 갈등 없이 목회자들이 가까운 교회를 소개해 준다. 다섯 번째 B는 BUDGET이다. 신림교회는 인위적인 예산을 세우고 이를 달성하기(?) 위해 항존 직분자들이나 성도들을 압박하지 않는다. 물론 한 해의 예산을 합리적으로 세운다. 그렇지만 그 예산 확보의 필요성을 주보나 소식지에 밝혀서 은근히 압박하는 일은 없다. 특정한 사역의 예산 확보를 위해 부흥회를 한 적도 없다. 신림교회에서 항존 직분자들을 세울 때 세움 받은 사람들로 하여금 은연중에 교회에 일정한 헌금을 강요하는 일은 절대로 없다. 주님이 거하시는 성전을 좋게 하려고 신혼부부의 월세금을 빼라고 하지 않는다. 또한 정직한 수고의 댓가를 강조한다. 다른 기타 여러 헌금에 대해서는 강조하지 않지만 선교헌금 만큼은 반드시 강조하는 교회이다. 타교인이라 할지라도 신림교회에서 예배를 (새벽, 금요심야, 오후 등) 한번이라도 드린다면 이 선교헌금 만큼은 반드시 신림교회에서 하도록 권면한다. 그렇게 많지 않은 예산이지만, 친교나 교제 항목의 예산을 줄이고, 철저하게 양육과 선교하는 방향으로 예산을 사용하고 있다.

이처럼 신림교회는 5B가 제대로 갖추어지지 않은 교회이지만 성경적인 교회로 나가기 위해 발버둥치고 있다. 이를 통해 주님께서 지금까지 은혜를 부어주셨고, 그 은혜를 흘려보내게 하셨다.

담임목사의 말씀에 대한 순수한 열정, 한 주간 동안 깊은 말씀의 묵상을 통해서 나오는 말씀의 깊이, 목회의 본질이라 할 수 있는 십자가와 보혈을 강조하는 설교, 청년부에 대한 관심 등을 통해서 수많은 청년들이 그 말씀에 반응하는 교회가 신림청년교회이다. 신림 청년들은 하나같이 말씀 앞에 영적인 '파산선고'를 당하고, 주님 앞에서 '완전 무장해제' 되어 새로운 피조물로서 거듭나는 경험을 하게 된다.

아울러 살아 있는 하나님의 말씀 외에는 다른 그 어떤 것도 강조하지 않는 세 번의 말씀 수련회를 통해서 영적으로 크게 성장하였다. 프로그램이나 일회성의 이벤트에 그치는 목회가 아니라, 말씀으로 양육하는 영적 리더십의 목회가 청년들에게 효과적으로 나타나고 있는 것이다.

십자가 없는 부활, 십자가 고난 없는 영광, 십자가 없는 출세를 추구하려는 청년들에게 자발적인 고난에 동참하라고 말씀하고 있다. 따라서 신림청년교회의 강단에서는 자주 예수 그리스도의 보혈이 뿌려지고, 그 피비린내 나는 보혈로 샤워하라고 강력하게 권고하고 있다. 그리고 그 중심에 십자가를 온전히 세우라고 말하고 있는 것이다. 자기 삶의 중심에, 정수리에 십자가를 세우라고, 그 십자가에서 흐르는 보혈이 진정한 생명을 살리는 역사가 일으킨다고 강조하고 있다.

또한 말씀으로 양육을 받은 사람들은 한사람도 예외적인 사람이 없이, 주이긴 삶의 자리에서 선교사적인 삶을 살아가도록 강력하게 요구받고 있다. 이는 십자가를 자신의 삶에 세우는 것으로(양육) 만족하는 것이 아니라, 그 십자가를 들고 나가라고 명령(선교)하는 것이다. 그래서 그에 반응하여 수많은 청년들과 성도들이 선교지로 달려 나가기도 하고, 선교헌금을 통해서 선교에 동참하고 있다.

양육과 선교라는 두 기둥과 십자가의 보혈을 강조하는 영적 리더십의 목회 방침 위에 성령의 기름 부으심으로 말미암아 신림청년교회는 계속적으로 주님을 더욱 사랑하는 교회(2007년 교회 표어)로 나아가고 있다. 주님의 보혈로 숨쉬고, 주님의 보혈로 성장하고, 주님의 보혈의 능력으로 세상을 향해 달려가는 교회 공동체가 신림 청년 공동체이다.

필자는 신림(청년)교회가 흠이 없는 완벽한 교회라고는 생각하지 않는다. 아마도 주님께서 다시 이 땅에 오시기 전까지 완벽한(?) 교회는 찾아 볼 수 없을 것이다. 때문에 신림교회도 나름대로 부족한 점이 있다. 그래서 때로는 아픔도 있고 실망함도 있다. 시행착오도 있었다. 그렇지만 중요한 것은 신림교회의 영적 리더와 모든 성도들이 한 영으로(one in spirit) 주님이 원하시는 성경적인 교회를 만들어 가려고 몸부림치고 있다는 것과, 그 중심에 새벽이슬 같은 주의 청년들이 있다는 점이다. 오직 십자가 보혈의 말씀으로 양육 받고, 그렇게 양육 받은 자들이 그 십자가를 들고 각자의 삶의 자리와 열방을 향해 달려 나가고 있다. 지금도 신림교회는 '공사중'이다. 그렇지만 소망이 있는 것은 '우리(신림교회) 안에서 착한 일을 시작하신 주님께서 그리스도의 예수의 날까지 이루실 것(빌 1:6)'을 분명히 확신하기 때문이다.